DU
DROIT DE CITÉ ROMAINE

ÉTUDES D'ÉPIGRAPHIE JURIDIQUE

PAR

N.-HENRY MICHEL

AGRÉGÉ A LA FACULTÉ DE DROIT DE PARIS
CHARGÉ D'UN COURS DE DROIT ROMAIN

PREMIÈRE SÉRIE

DES SIGNES DISTINCTIFS DE LA QUALITÉ
DE CITOYEN ROMAIN

PARIS
L. LAROSE ET FORCEL

Libraires-Éditeurs

22, RUE SOUFFLOT, 22

1885

DU

DROIT DE CITÉ ROMAINE

ÉTUDES D'ÉPIGRAPHIE JURIDIQUE

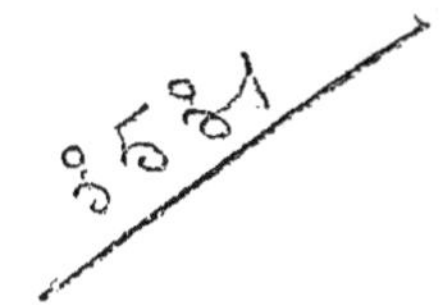

IMPRIMERIE
CONTANT-LAGUERRE

BAR LE-DUC

DU

DROIT DE CITÉ ROMAINE

ÉTUDES D'ÉPIGRAPHIE JURIDIQUE

PAR

N.-HENRY MICHEL

AGRÉGÉ A LA FACULTÉ DE DROIT DE PARIS
CHARGÉ D'UN COURS DE DROIT ROMAIN

PREMIÈRE SÉRIE

DES SIGNES DISTINCTIFS DE LA QUALITÉ
DE CITOYEN ROMAIN

PARIS

L. LAROSE ET FORCEL

Libraires-Éditeurs

22, RUE SOUFFLOT, 22

1885

DROIT DE CITÉ ROMAINE

ÉTUDES D'ÉPIGRAPHIE JURIDIQUE

Pour étudier, d'une manière complète, le droit de cité romaine, il faut l'envisager à trois points de vue différents.

Quels sont les modes d'acquérir la qualité de citoyen romain? Telle est la première question qui s'impose à l'examen. Pour la résoudre, je serais obligé de passer successivement en revue les divers modes d'acquisition du droit de cité. On naît citoyen romain, mais on peut aussi le devenir. A quelles conditions naît-on citoyen romain? Dans quelles circonstances un pérégrin ou un latin peut-il acquérir la qualité de citoyen romain par la naturalisation ou par le bienfait de la loi? Tels sont les divers points qu'il me faudrait traiter, si je voulais rechercher quels sont ceux qui ont le droit de se dire citoyens romains.

Cette qualité de citoyen romain conférait de très grands avantages à ceux qui en étaient investis. Quels sont précisément ces avantages? En quoi consistent-ils? Tel est le deuxième point de vue auquel on peut se placer pour étudier la cité romaine. Cette deuxième étude est encore plus complexe que la précédente; elle conduit en effet sur le domaine du droit public et sur celui du droit privé.

Les avantages accordés aux citoyens romains étaient considérables. Ils étaient tels qu'en envisageant l'organisation politique et sociale de Rome à la fin de la République et pendant les deux premiers siècles de l'Empire, on peut considérer l'ensemble des citoyens romains comme formant une vaste aristocratie par laquelle était gouverné l'*orbis romanus*.

La tendance de toute aristocratie est de se distinguer de la masse du peuple par des signes extérieurs. On peut dès lors conjecturer que l'aristocratie formée par l'ensemble des citoyens romains avait pris soin d'adopter certains signes extérieurs, propres à faire reconnaître ces citoyens romains et à empêcher toute confusion entre eux et le reste des sujets, latins ou pérégrins. Quels sont ces signes extérieurs par lesquels s'annonçait la qualité de citoyen romain? Telle est la troisième question qu'il faut résoudre, quand on veut donner une idée complète du droit de cité romaine.

Cette troisième question est la seule qui sera traitée dans ces premières études. Les modes d'acquérir la cité romaine, les avantages attachés à la qualité de citoyen romain feront l'objet d'études ultérieures.

Ayant ainsi posé les limites de la question que je me propose d'examiner, il me faut tout d'abord rechercher quels sont ces signes extérieurs par lesquels s'annonçait la qualité de citoyen romain. Ces signes sont au nombre de trois : le costume, la langue et surtout le nom. Les citoyens romains portaient un costume spécial qui leur était réservé à l'exclusion des non citoyens : c'est la toge. Ils parlaient nécessairement le latin. Enfin, ils portaient des noms ayant une physionomie particulière et construits suivant des règles fixes.

Ces études seront dès lors divisées en trois parties. Dans chacune d'elles, j'étudierai l'un des signes annoncés : d'abord la toge, ensuite la langue, enfin le nom.

PREMIÈRE PARTIE.

DE LA TOGE.

La toge est le costume officiel du citoyen romain :
lui seul a le droit de la porter, et, en principe tout au
moins, c'est le costume qu'il doit revêtir pour se présenter en public. La proposition ainsi formulée est
certaine, elle n'est pas contestable ; toutefois, il est
bon de citer quelques-uns des textes sur lesquels elle
s'appuie. J'emprunterai mes deux premiers textes à
deux poètes latins ; l'un m'est donné par Virgile,
l'autre par Horace.

Virgile, dans le premier chant de l'*Énéide*, faisant
allusion aux futures destinées du peuple romain,
s'exprime de la manière suivante :

« ..... *Quin aspera Juno,*
Quae mare nunc terrasque metu coelumque fatigat,
Consilia in melius referet mecumque fovebit
Romanos, rerum dominos, gentemque togatam (1). »

..... *Et la cruelle Junon elle-même, qui maintenant
soulève ciel, terre et mer, reviendra à de meilleurs sen-
timents et protègera, comme moi, les Romains, les
maîtres du monde, la* GENS TOGATA, *la nation qui porte
la toge.*

(1) *Énéide*, ch. I, v. 279-282.

Pour Virgile, la nation romaine, c'est la *gens togata*. La toge est donc bien le vêtement caractéristique du citoyen romain.

La même idée est exprimée par Horace. Dans l'une de ses *Odes*, il félicite Auguste d'avoir repris les aigles romaines conquises par les Parthes sur les légions de Crassus; en même temps, il flétrit ceux des légionnaires qui, s'étant livrés aux vainqueurs, continuaient à vivre au milieu d'eux, il s'écrie :

> « .... *Et hostium,*
> *Proh Curia, inversique mores!*
> *Consenuit socerorum in arvis*
> *Sub rege Medo, Marsus et Appulus*
> *Anciliorum, et nominis, et togae*
> *Oblitus, aeternaeque Vestae* (1). »

Et le Marse et l'Apulien, ô curie! ô mœurs dégénérées! a vieilli dans les domaines d'un beau-père ennemi, sous un roi Mède; oublieux des boucliers sacrés, de son nom et de sa toge et de l'éternelle Vesta.

Oublieux de son nom et de sa toge, c'est-à-dire de tout ce qui caractérise le citoyen romain.

La Gaule cisalpine était appelée *Gallia togata;* cette qualification lui est donnée notamment par les *Commentaires* de César, livre VIII, § 52 (2).

---

(1) Horace, *Odes,* l. III, o. 5, v. 6-11.

(2) On sait que le livre VIII des *Commentaires* n'est pas l'œuvre de César ; il a été composé par *A. Hirtius Pansa,* son lieutenant.

Voici le passage auquel je fais allusion :

« *Quum omnes regiones Galliae togatae Caesar percucurrisset, summa cum celeritate ad exercitum Nemetocennam rediit; legionibusque ex omnibus hibernis ad fines Trevirorum evocatis, eo profectus est, ibique exercitum lustravit.* »

Je joins la phrase suivante; elle contient encore notre expression : « *T. Labienum Galliae togatae praefecit, quo majore commendatione conciliaretur ad consulatus petitionem.* »

Après avoir parcouru tous les cantons de la GALLIA TOGATA *(Gaule cisalpine), César retourna au plus vite à Nemetocenna* (1) *joindre son armée, donna à ses légions, qui étaient en quartier d'hiver, rendez-vous sur les frontières des Trévires, s'y rendit et y fit la revue de toutes ses troupes.*

..... *Il confia à T. Labiénus le gouvernement de la Gaule cisalpine* (GALLIA TOGATA), *afin qu'il fût plus en état de le seconder dans la demande qu'il voulait faire du consulat.*

A deux reprises, le livre VIII des Commentaires emploie l'expression *Gallia togata* pour désigner la Gaule cisalpine; c'était une expression reçue, s'appliquant à la Gaule transpadane comme à la Gaule cis-

____

(1) *Nemetocenna* ou *Nemetacum*, ville de la Gaule-Belgique qui occupait l'emplacement d'Arras.

padane. Elle se justifie par ce fait que la Gaule cisalpine, bien que n'étant pas encore incorporée au reste de l'Italie, se trouvait cependant peuplée de citoyens romains, c'est-à-dire de personnes ayant le droit de porter la toge et la portant effectivement.

Les textes signalés ne sont pas les seuls qui nous montrent la toge comme étant le costume officiel du citoyen romain et l'un de ces signes extérieurs annonçant à tous les yeux la qualité de citoyen romain. Il est inutile de signaler tous ces textes. Je tiens cependant à citer un passage de l'*Apokolokyntosis* complétant la série des preuves fournies ci-dessus. L'empereur Claude avait usé libéralement du droit de conférer la cité romaine. L'auteur de l'*Apokolokyntosis*, satire composée après la mort de Claude pour ridiculiser l'apothéose de cet empereur et longtemps attribuée à Sénèque, trouve là matière à raillerie. Il fait parler Clotho dans les termes suivants [1] :

« *Sed Clotho : Ego mehercule, inquit, pusillum temporis adjicere illi volebam, dum hos pauculos, qui supersunt, civitate donaret. Constituerat enim omnes Graecos, Gallos, Hispanos, Britannos, togatos videre.* »

Mais Clotho : Quant à moi, je voulais lui donner encore quelques jours de vie, lui laisser le temps de

____

[1] *Apokolokyntosis*, ch. III.

conférer la qualité de citoyen romain au petit nombre de ceux qui n'en étaient pas encore revêtus. Il s'était juré de voir revêtus de la toge tous les sujets de l'Empire, Grecs et Gaulois, Espagnols et Bretons.

S'il est vrai de dire que la toge est l'un des signes extérieurs auxquels on reconnaît les citoyens romains; s'il est vrai de dire que les citoyens romains seuls ont le droit de porter la toge, il faut décider que le citoyen romain, perdant sa qualité de citoyen, perdait en même temps le droit de revêtir la toge. Un citoyen romain pouvait être privé de sa qualité dans différentes circonstances; notamment, la perte de la qualité de citoyen romain était la conséquence de condamnations à certaines peines; tel était l'effet d'un jugement prononçant, contre un citoyen romain, la peine de l'interdiction de l'eau et du feu ou de la déportation. Le citoyen romain qui se voyait interdire l'eau et le feu ou qui était condamné à la déportation perdait certainement le droit de porter la toge. Nous avons une lettre de Pline le Jeune qui nous le dit formellement [1]. Dans cette lettre, Pline annonce à *Munitianus* que *Valerius Licinianus* professe la rhétorique en Sicile. Pline avait assisté à la première leçon et il avait trouvé le rhéteur fort éloquent. *Valerius Licinianus* avait été condamné par Domitien comme coupable d'inceste commis avec la vestale

---

[1] Pline le Jeune, *Lettres*, IV, 11 (*édit. Lemaire*, t. I, p. 224).

Cornelia. La vestale, frappée de la peine de mort, avait été enterrée vive; Domitien, faisant grâce de la vie à *Valerius Licinianus,* s'était contenté de prononcer contre lui la peine de la déportation. Nerva lui permit de résider en Sicile; c'est là que Pline l'entendit. Notre auteur cherche visiblement à réhabiliter ce personnage peu intéressant; il dépeint ce rhéteur au moment où il commence son discours, et s'exprime dans les termes suivants :

« *Idem, quum graeco pallio amictus intrasset (carent enim togae jure, quibus aqua et igni interdictum est), postquam se composuit, circumspexitque habitum suum : latine, inquit, declamaturus sum.* »

Il se présenta couvert du pallium grec (car ils perdent le droit de porter la toge, ceux auxquels on a interdit l'eau et le feu), après avoir composé son attitude : Je parlerai latin, dit-il.

Pline nous dit formellement que ceux qui ont été frappés d'une condamnation leur interdisant l'eau et le feu perdent le droit de porter la toge; il nous dit donc que les citoyens romains seuls ont le droit de porter la toge. Si, en effet, le citoyen auquel un jugement interdit l'eau et le feu perd le droit de porter la toge, c'est que, par l'effet d'une telle condamnation, il perd la qualité de citoyen romain.

Le jeune citoyen romain prenait la toge virile au

moment même où, devenu pubère, il était inscrit sur la liste des citoyens romains. A l'origine, dès les premiers temps de la période républicaine, c'était la famille qui désignait ceux de ses membres qui, devenus pubères, devaient être inscrits sur la liste des citoyens et quitter la robe prétexte pour prendre la toge virile. La désignation était faite arbitrairement; cependant, elle ne pouvait être reculée au delà de l'âge de dix-sept ans. C'est en effet à partir de cet âge que, dans la constitution de Servius Tullius, les jeunes citoyens romains étaient inscrits dans les centuries de *juniores* et pouvaient être astreints au service militaire. Sous l'Empire, alors que la constitution de Servius Tullius était disparue depuis longtemps, ces usages tombèrent en désuétude. Ils présentaient cependant de grands avantages : ce changement de costume annonçait, en effet, qu'un grand changement s'était opéré dans la capacité juridique du jeune romain. La toge virile, revêtue par celui-ci, annonçait à tous les yeux que, pubère, il était désormais investi de la capacité juridique. La coutume ayant été modifiée, il fallut déterminer à partir de quel âge les jeunes citoyens romains seraient considérés comme étant pubères. Ce n'est pas sans peine que le droit romain parvint à se fixer sur ce point, objet de discussions entre les deux grandes écoles de jurisconsultes. Les Proculiens voulaient que la puberté des jeunes garçons fût fixée d'une manière uniforme à l'âge de 14 ans; mais cette solution n'était pas admise par les

Sabiniens; toutefois elle finit par l'emporter et elle est consacrée par les Institutes de Justinien [1].

Ce changement de costume, correspondant à un changement dans la capacité politique et juridique du jeune Romain, était, pour la famille, l'occasion de fêtes et de réjouissances [2]; ordinairement le souvenir en était conservé par l'érection de quelque monument. Il nous est parvenu plusieurs inscriptions gravées sur des monuments de ce genre, élevés en vue de célébrer le jour où un jeune citoyen romain, appartenant à une grande famille, avait pris la toge virile. Voici l'une de ces inscriptions [3] :

L · RAGONIO · L · F · PAP · TVSCEN

QVINTIANO · C · I

OB · HONOREM

TOGAE · VIRILIS

VERECVNDINVS · SER

DOMINO · OPTIMO

5

Lucio Ragonio, Lucii filio, Papiria (tribu) Tuscenio Quintiano, clarissimo juveni, ob honorem togae virilis. Verecundinus servus domino optimo.

A L. Ragonius Tuscenius Quintianus, fils de L. Ra-

<hr>

(1) Ulpien, *Reg.* XI, § 28; Gaius, *Com.* I, § 196; Inst. pr. *Quib. mod. tut. finit.*, I, 22.

(2) La toge virile était prise au moment des fêtes en l'honneur de Bacchus. Voy. Ovide, *Fast.*, III, v. 771-788; Catul., 68, v. 15; Cicéron, *ad Atticum*, VI, 1 (*édit. Lemaire*, p. 601).

(3) Orelli, *Inscriptionum latinarum collectio*, n° 2701. Voy. aussi : *Corpus inscriptionum latinarum*, t. X, n° 7346.

gonius, de la tribu Papiria, en l'honneur du jour où il a pris la toge virile. L'esclave Verecundinus au meilleur des maîtres.

Cette inscription était donc gravée sur un monument élevé par un esclave voulant perpétuer le souvenir du jour où son jeune maître avait pris la toge virile.

L. Ragonius, en l'honneur duquel le monument a été élevé, appartenait à une grande famille. La preuve en est fournie par une autre inscription se référant au même personnage et nous apprenant, qu'à un certain moment, il avait été consul. Voici cette inscription [1] :

L · RAGONIO · L · F · PAP · VRINATIO

LARCIO · QVINTIANO · COS

SODALI HADRIANALI LEG LEG

XIIII GEM DONIS · MILIT · DONATO AB

5   IMP · | COMMODO | ANTONINO AVG

PROCOS PROV SARDIN · IVRIDICO

PER · APVL · PRAEF F D PRAET

AED · PL · Q̄ · PR · PR · PROVINC ·

AFRICAE · SEVIRO

10   TI · CL · PHAEDIMPVS ·

H   C

Lucio Ragonio, Lucii filio, Papiria (tribu), Urinatio Larcio Quintiano, consuli, sodali Hadrianali, legato

[1] Wilmanns, *Exempla inscriptionum latinarum*, n° 1195.

legionis quartae decimae geminae, donis militaribus donato ab Imperatore Commodo Antonino Augusto, proconsuli provinciae Sardiniae, juridico per Apuliam, praefecto frumenti dandi, praetori, aedili plebis, quaestori pro praetore provinciae Africae, seviro. Tiberius Claudius Phaedimpus, honoris causa.

A L. Ragonius, fils de L. Ragonius, inscrit dans la tribu Papiria, Urinatius Larcius Quintianus, membre du collège chargé du culte organisé pour honorer Hadrien, légat de la légion quatorzième gemina, honoré de dons militaires par l'empereur Imperator Commode Antonin, proconsul de la province de Sardaigne, chargé des fonctions de Juridicus dans l'Apulie, préfet chargé de veiller aux distributions de blé, préteur, édile plébéien, questeur propréteur de la province d'Afrique, sevir. Ti. Claudius Phaedimpus, pour lui faire honneur.

L. Ragonius a été consul : l'inscription le dit formellement; mais nous ne connaissons pas la date de l'année pendant laquelle il remplit cette magistrature; ce fut probablement sous le règne de Commode.

Le nom de cet empereur est inscrit dans un carré; voici le motif qui explique ce procédé de transcription. Après la mort de Commode, sa mémoire fut condamnée par le Sénat, et son nom fut enlevé au ciseau de tous les monuments sur lesquels il était gravé; plus tard, ce nom fut rétabli par les ordres de Septime Sévère. Notre inscription nous fournit l'exemple d'un fait qui s'est reproduit plusieurs fois dans l'histoire de l'Empire romain.

La légion 14e *gemina* était cantonnée dans la Pannonie supérieure ; elle porte le nom de *gemina*, parce qu'elle avait été formée des débris de deux autres légions ; c'était en effet l'usage de donner ce surnom aux légions créées de cette manière.

L. Ragonius reçut des *dona militaria ;* c'est probablement alors qu'il était légat de la légion 14e *gemina* qu'il obtint ces décorations, au cours de l'une des guerres faites par Commode sur le Danube au commencement de son règne.

Le citoyen romain prenait donc la toge virile au moment où il devenait pubère ; il la portait pendant sa vie et la conservait même après sa mort. C'est, en effet, enseveli dans une toge que le corps du citoyen romain était porté sur le bûcher. Il est fait allusion à cet usage dans un passage de Juvénal et aussi dans un fragment curieux du Digeste. Voici d'abord le texte de Juvénal [1] :

> « *Pars magna Italiae est, si verum admittimus, in qua*
> *Nemo togam sumit, nisi mortuus....... »*

A vrai dire, dans une grande partie de l'Italie, on ne prend la toge qu'après la mort.

---

[1] Juvénal, *Sat.*, 3, v. 171.

Le fragment du Digeste, dont je viens de parler, est du jurisconsulte Paul [1]. Il est trop long pour le citer en entier; aussi, me contenterai-je de rapporter l'hypothèse faite par le jurisconsulte, la solution donnée par lui, et de signaler l'intérêt que présente cette solution. Le jurisconsulte Paul suppose qu'un fils de famille a acheté une toge, puis qu'il meurt après avoir fait cet achat. Le père de famille emploie la toge achetée dans les funérailles du fils (*dedicavit eam in funus ejus*). Le texte fait donc allusion à l'usage rappelé, en vertu duquel les citoyens romains étaient ensevelis dans leur toge. Supposant que la toge n'a pas été payée, le jurisconsulte se demande si le vendeur peut agir *de peculio* contre le *paterfamilias*. Paul résout la question affirmativement. Ce qui fait que notre texte a une certaine importance au point de vue juridique, c'est que, dans la discussion de la question, Paul rapporte une décision donnée par le jurisconsulte Neratius, dans laquelle celui-ci accordait, non pas l'action *de peculio*, mais l'action *de in rem verso*. Le texte présente donc de l'intérêt dans la question de savoir s'il faut admettre une action *de in rem verso* à côté de l'action *de peculio*, distincte de l'action *de peculio*. J'ajoute que les Institutes de Justinien [2] semblent bien nous dire qu'il n'y avait qu'une seule et même action, à la fois *de peculio* et *de in rem verso*.

[1] Fragm. 19, *De in rem verso*, Dig. XV, 3.
[2] Inst., § 4, *Quod cum eo q. in al. pot.*, IV, 7.

La toge était le costume caractéristique du citoyen romain : tout ce qui vient d'être dit le prouve jusqu'à l'évidence. C'était le costume officiel, mais elle était aussi portée dans les usages de la vie privée. C'est sur ces deux points qu'il me faut maintenant faire porter mon examen.

La toge était le costume officiel du citoyen romain.

Le citoyen romain devait revêtir la toge toutes les fois qu'il voulait remplir une fonction officielle ou accomplir un acte public. Le citoyen recevant une communication du Sénat devait être revêtu de la toge ; il en était de même du magistrat remplissant les fonctions de sa charge. On sait dans quelles circonstances *T. Quinctius Cincinnatus* fut nommé dictateur. En l'an 297 *u. c.*, les Éques avaient surpris le consul *Minucius* dans un défilé où ils le tenaient enfermé, lui et son armée. La situation parut tellement grave au Sénat qu'il se décida à remettre les destinées de Rome entre les mains d'un dictateur ; son choix se porta sur *T. Quinctius Cincinnatus*. Le dictateur nommé étant absent, le Sénat désigna des délégués avec mission de lui faire connaître son élévation à la dictature. Ces faits rappelés, voici le récit de Tite-Live :

« *Ibi ab legatis, seu fossam fodiens palae innixus, seu quum araret, operi certe, id quid constat, agresti intentus; salute data invicem redditaque, rogatus, ut, quod bene verteret ipsi reique publicae, togatus man-*

data senatus audiret. Admiratus rogitansque : Satin salve? Togam propere e tugurio proferre uxorem Raciliam jubet; qua simul, absterso pulvere ac sudore, velatus processit, dictatorem eum legati gratulantes consalutant, in urbem vocant..... [1]. »

Là, il fut trouvé par les délégués du Sénat, occupé à creuser un fossé ou à tout autre travail champêtre; il les reçut appuyé sur sa bêche; après les saluts d'usage donnés et rendus, les délégués l'invitent à revêtir sa toge pour recevoir communication des ordres du Sénat. Lui, étonné, demande s'il y a quelque chose de nouveau, ordonne à sa femme Racilia de prendre en toute hâte sa toge dans la maison et de la lui apporter; puis, après avoir essuyé la poussière et la sueur qui le couvraient, il se présente revêtu de la toge. Alors les délégués du Sénat le proclament dictateur, le félicitent et le pressent de se rendre à Rome.

La scène est jolie, et, probablement, elle est inventée à plaisir; mais, quelle qu'en soit l'authenticité, elle nous montre que le citoyen romain devait revêtir la toge toutes les fois qu'il s'agissait pour lui de recevoir communication officielle d'un ordre du Sénat ou même d'un magistrat.

Le citoyen romain devait aussi revêtir la toge, lorsque lui-même remplissait un rôle officiel. C'est ainsi que le préteur siégeant au *forum*, sur son tribunal,

---

[1] Tite-Live, *Ann.,* liv. III, ch. 26.

devait nécessairement être revêtu de la toge. Il en était de même du proconsul ou propréteur gouverneur d'une province, lorsqu'il rendait la justice ou entendait les réclamations formulées par les provinciaux. Les preuves de ce que j'avance sont nombreuses ; je me contenterai de citer un texte ; je l'emprunte à Cicéron. Il nous dit, dans le deuxième discours contre Verrès, que le municipe de *Vibo Valentia* [1] avait résolu de prier celui-ci d'intervenir dans des affaires qui l'intéressaient. Dans ce but, il lui avait envoyé des délégués qui s'étaient fait accompagner de *M. Marius* pour prendre la parole en leur nom. Cicéron raconte avec quel sans-gêne Verrès reçut les ambassadeurs envoyés par *Valentia*, et lui reproche d'avoir manqué de tenue :

« *Non modo id refugisti, sed eo ipso tempore, quum esses in littore, Tertia illa tua, quam tecum deportabas, erat in omnium conspectu; ipsis autem Valentinis, ex tam illustri nobilique municipio, tantis de rebus responsum nullum dedisti, quum esses cum tunica pulla et pallio* [2]. »

Non seulement tu refusas d'accéder à leur désir, mais, dans le même temps, comme tu te trouvais sur le bord de la mer, escorté de cette Tertia que tu conduisais partout avec toi, revêtu d'une tunique grise et d'un

____

(1) *Vibo Valentia,* qui s'appelle aujourd'hui *Bivona,* est une ville du *Brutium.*

(2) Cic., *In Verr.,* actio II, lib. V, § 16.

pallium, tu ne pris même pas la peine de répondre à ces ambassadeurs d'un noble et illustre municipe.

L'indignation de Cicéron est motivée. Verrès, il faut le reconnaître, prenait une singulière attitude pour recevoir les délégués qui venaient lui présenter les doléances d'une ville. Donnant audience à des ambassadeurs, il aurait dû être revêtu de la toge romaine et non du *pallium* grec.

La toge n'était pas seulement le costume officiel, c'était aussi le costume habituellement porté, dans la vie privée, par les citoyens romains. Il en était ainsi tout au moins pendant les beaux temps de la République romaine. Le citoyen romain habitant les provinces se faisait reconnaître par son costume; la toge le distinguait de la masse des provinciaux, si bien que, en cas d'émeute, il lui suffisait, pour se déguiser, de quitter la toge et de prendre le *pallium*. C'est grâce à un tel déguisement qu'un certain nombre de citoyens romains échappèrent à la mort, lorsque, en l'année 666 *u. c.*, Mithridate s'empara de l'Asie et donna l'ordre de mettre à mort tous les citoyens romains. Parmi ceux-ci, se trouvait ce *P. Rutilius Rufus* que Cicéron nous présente comme un homme d'un courage antique, le modèle de toutes les vertus.

« ..... *Facilius certe P. Rutilium Rufum necessitatis excusatio defendet; qui quum a Mithridate Mitylenis oppressus esset, crudelitatem regis in togatos vestitus mutatione vitavit. Ergo ille P. Rutilius, qui documentum fuit hominibus nostris virtutis, antiquitatis, prudentiae, consularis homo, soccos habuit et pallium* [1]. »

P. Rutilius Rufus trouvera plus facilement une excuse dans la nécessité, lui qui, pressé par Mithridate dans Mitylène, put échapper à la fureur du roi contre les citoyens romains (in togatos), *en changeant de vêtement. De telle sorte que P. Rutilius, lui qui fut pour tous les hommes de notre époque le modèle du courage et de la sagesse antique, ce consulaire, chaussa des socques et jeta sur ses épaules un pallium.*

Cicéron, dans l'espèce, défendait un client auquel on reprochait, entre autres méfaits, d'avoir quitté la toge pour le *pallium* et de s'être promené dans les rues d'Alexandrie sans les insignes du citoyen romain ; c'est pour l'excuser que l'orateur invoquait l'exemple de *P. Rutilius.* Qu'il me soit permis d'ajouter que, au moment où il quittait Mitylène dès socques aux pieds et un *pallium* sur les épaules, *P. Rutilius Rufus* faisait preuve plus encore d'une prudence consommée que d'un courage antique. Cicéron qualifie notre personnage de consulaire : c'est en effet l'un des deux consuls de l'année 649 *u. c.* Il avait donc exercé le consulat dix-sept ans avant l'année où se place le fait rapporté par Cicéron. Si j'insiste sur ce point, c'est que nous avons précisément une inscription men-

_____
[1] Cic., *Oratio pro C. Rabirio Postumo*, § 10.

tionnant le consulat de *P. Rutilius Rufus* [1]. C'est une très longue inscription contenant le texte d'une loi relative à des travaux de construction à exécuter dans la colonie de *Puteolani* [2]. Voici la première partie de cette loi ; elle contient l'indication du consulat de *P. Rutilius.*

AB • COLONIA • DEDVCTA • ANNO • XC

N • FVFIDIO • N • F • M • PVLLIO • DVO • VIR •

P • RVTILIO • CN • MALLIO • COS

OPERVM • LEX • II •

5 LEX • PARIETI • FACIENDO • IN • AREA • QVAE • EST • ANTE

AEDEM • SERAPI • TRANS • VIAM •

Ab colonia deducta anno nonagesimo. Numerio Fufidio Numerii filio, Marco Pullio duoviris. Publio Rutilio, Cnaeo Mallio consulibus. Operum lex secunda. Lex parieti faciendo in area quae est ante aedem Serapis, trans viam.

La 90ᵉ année à partir du jour où une colonie a été conduite à Pouzzoles ; N. Fufidius, fils de N. Fufidius, et M. Pullius étant duumvirs. P. Rutilius et Cn. Mallius étant consuls à Rome. Deuxième loi relative aux travaux. Loi fixant les conditions de l'adjudication des travaux de construction à exécuter sur le terrain qui se trouve devant le temple de Sérapis, au delà de la voie.

----

(1) Wilmanns, n° 697.

(2) *Pouzzoles.*

Il faut remarquer la manière dont la date est donnée. A Pouzzoles, on prenait comme ère officielle le jour où une colonie romaine avait été établie dans la ville. Cette *deductio coloniae* se produisit en l'année 560 *u. c.* Dès lors la 90ᵉ année à partir de l'établissement de la colonie était bien l'année 649. Cette manière de compter les années était assez fréquente dans l'Empire romain; il arrivait souvent qu'une province prenait, comme ère particulière, le jour où elle avait été organisée comme province romaine.

La toge, dans tous les cas, n'était qu'un vêtement civil; il eût été étrange de se présenter dans un camp revêtu d'une toge. Le vêtement militaire était le *sagum;* de là les expressions : *Saga sumere, ad togam redire*, pour exprimer que l'on prenait les armes ou, au contraire, qu'on les déposait.

Si la toge était encore le vêtement habituel des citoyens romains à la fin de la République, les choses avaient bien changé dès le commencement de l'Empire. Déjà sous Auguste, la masse du petit peuple, les affranchis citoyens romains qui encombraient de leur nombre la ville de Rome, n'avaient que fort rarement l'occasion de porter le costume officiel. Les classes les plus nombreuses ne portaient plus la toge, mais une tunique faite d'une étoffe grise. De même que nous voyons les auteurs latins employer l'expression *gens togata* pour désigner les citoyens romains, de même nous les voyons employer l'expression *tuni catus popellus,* pour désigner le menu peuple, ce qui devait comprendre un bon nombre de citoyens romains. C'est encore à Horace que nous empruntons nos exemples :

> « . . . . *Vulteium mane Philippus*
> *Vilia vendentem tunicato scruta popello*
> *Occupat, et salvere jubet prior* (1). . . . . . . »

Un matin, Philippus surprend Vulteius vendant de vieilles défroques au menu peuple (tunicato popello), *et il le prévient par son salut.*

Cet usage de substituer la tunique, vêtement plus commode et plus léger, à la toge, vêtement lourd et encombrant, gagnait peu à peu les hautes classes de la société. Auguste, qui se prétendait le restaurateur des anciennes mœurs, voulut réagir contre cette tendance. Suétone (2) nous apprend en effet que ce prince prit des mesures pour assigner à chaque catégorie de citoyens des places spéciales dans les théâtres et amphithéâtres, et qu'il défendit l'accès des bancs à ceux qui, n'étant pas revêtus de la toge, portaient des tuniques grises. Ici, comme sur bien d'autres points, les mesures prises par Auguste furent impuissantes à

(1) Horace, *Epitr.* I, 7, v. 64-66.

(2) Suet., *Aug.,* 40 : *Etiam habitum vestitumque pristinum reducere studuit. Ac visa quondam pro concione pullatorum turba, indignabundus et clamitans, en*

> *Romanos, rerum dominos, gentemque togatam !*

negotium aedilibus dedit, ne quem posthac paterentur in foro circove, nisi positis lacernis, togatum consistere.

réformer les mœurs et, peu à peu, le peuple romain perdit l'habitude de porter la toge dans la vie privée. Mais la toge resta toujours le costume officiel, et elle fut toujours de rigueur lorsqu'on accomplissait un acte officiel.

La toge était de laine et de couleur blanche. La toge grise était le vêtement de deuil, porté dans les cérémonies funèbres. Le rôle de la toge grise (*toga pulla*) nous est indiqué dans une longue inscription gravée sur deux tables de marbre appelées *Cénotaphes de Pise*. Cette inscription est relative à des cérémonies funèbres décrétées par les décurions de Pise en l'honneur des mânes de L. et C. César, fils adoptifs d'Auguste, morts, le premier en l'année 755, le second en l'année 756 *u. c.* L'inscription, contenant en tout plus de cent lignes, est trop longue pour être donnée en entier : je me contente de transcrire les quelques lignes faisant allusion à la *toga pulla*. Elles sont extraites de la première table et mentionnent les cérémonies funèbres décrétées en l'honneur des mânes de *L. Caesar*.

.... VTIQVE
APUD EAM ARAM QUOD · ANNIS A · D · XII · K · SEPT ·
PVBLICE MANIBVS EIVS PER MAGIS
TRATVS · EOSVE · QVI IBI IVRI DICENDO PRAERVNT · TOGIS PVLLIS AMICTOS ·
QVIBVS EORVM IVS FASQVE · ERIT EO DIE · EIVS VESTIS · HABENDAE INFERIAE
MITTANTVR (1)....

(1) Cette inscription est donnée par Wilmanns, n° 883.

... Afin que sur cet autel, chaque année, le douzième jour avant les kalendes de septembre, des sacrifices soient offerts publiquement à ses mânes par les magistrats et ceux qui auront le droit de rendre la justice, couverts de toges grises, vêtements dont l'usage sera licite et permis dans cette circonstance.

DEUXIÈME PARTIE.

DE LA LANGUE.

Le latin est la langue nationale des citoyens romains. Ce n'est pas à dire toutefois que quiconque parlait latin fût citoyen romain. Il est certain, en effet, que le latin était non-seulement la langue nationale des Romains, mais encore la langue nationale de tous les peuples du *Latium;* de telle sorte qu'avant l'année 664 *u. c.*, c'est-à-dire avant l'année où fut rendue la loi *Julia* accordant le droit de cité romaine aux Étrusques, Latins et Ombriens demeurés fidèles à Rome pendant la guerre sociale, il y avait beaucoup de personnes parlant le latin, et ne parlant que le latin, qui n'étaient pas citoyens romains. De même sous l'Empire, il pouvait très bien se faire, et en fait il devait souvent arriver, qu'un pérégrin, Grec, Gaulois ou Espagnol, parlât le latin sans être investi de la qualité de citoyen romain. Je ne veux donc pas dire que quiconque parlait latin fût citoyen romain. Tout ce que je veux exprimer, en présentant la langue latine comme l'un des signes extérieurs auxquels on reconnaît le citoyen romain, c'est que tout citoyen romain devait nécessairement parler le latin ; de telle sorte que pour

le Grec ou l'Asiatique acquérant la qualité de citoyen
romain, il y avait obligation absolue d'apprendre le
latin. Cela admis, lorsque, hors de l'Italie, on entendait un personnage parler le latin, il y avait de fortes
présomptions de croire qu'il était revêtu de la qualité
de citoyen romain.

Je ne puis invoquer un grand nombre de textes à
l'appui de ma manière de voir; je n'en citerai qu'un
seul, qui me paraît décisif : il m'est fourni par Dion
Cassius [1]. Voici l'analyse de ce texte : Sous le principat de l'empereur Claude, une émeute avait éclaté en
Lycie, et quelques citoyens romains avaient trouvé la
mort dans le mouvement. En pareille circonstance,
la répression ne se faisait pas attendre, et elle était
toujours énergique; le Sénat d'abord, les Empereurs
ensuite voulaient, par une rigueur impitoyable, inspirer aux provinciaux le respect de la vie et de la
personne des citoyens romains. Dans l'hypothèse,
Claude ne faillit pas à la tradition; il fit saisir et vendre comme esclaves tous ceux qui avaient pris part à
l'émeute. L'ordre rétabli, il communiqua l'affaire
au Sénat et lui fit connaître les mesures qu'il avait
prises. Le Sénat, désirant s'éclairer sur les causes et
les motifs de l'émeute, ouvrit une enquête; dans ce
but, il voulut entendre un Lycien, qui avait la qualité
de citoyen romain, et que ses compatriotes avaient envoyé à Rome, avec mission de défendre leurs intérêts.

---

[1] Dion Cassius, LX, § 17.

Le Lycien fut donc introduit devant le Sénat assemblé; on l'interrogea, et, bien entendu, les questions lui furent posées en latin. Notre Lycien ne put répondre aux questions; il ne les comprenait pas, ne sachant pas le latin. Dion Cassius nous raconte que Claude, témoin du fait, lui enleva, séance tenante, la qualité de citoyen romain, disant que celui-là n'était pas Romain, qui ne comprenait même pas le latin. Ce passage de Dion Cassius me semble prouver jusqu'à l'évidence que tout citoyen romain devait nécessairement parler le latin.

Toutefois cette proposition n'est pas admise sans contestation. Pour la combattre, on invoque un passage de Tite-Live qui semble bien indiquer que les villes grecques de l'Italie auxquelles avait été attribué le bénéfice de la cité romaine, continuaient à parler grec, même dans les actes officiels. Le texte, auquel je fais allusion, n'est pas long; voici ce qu'il nous dit :

« Cumanis eo anno petentibus permissum, ut publice latine loquerentur et praeconibus latine vendendi jus esset [1]. »

La même année, les habitants de Cumes obtinrent, sur leur demande, le droit de parler latin dans les actes publics, et, pour leurs crieurs, le droit de crier les enchères en latin.

(1) Tite-Live, *Annales,* liv. XL, ch. 42.

L'année à laquelle se réfère ce passage des *Annales*
est l'année 574 *u. c.* Cumes avait obtenu la cité romaine *sine suffragio* dès l'année 416 *u. c.;* dès lors, si
le renseignement donné par Tite-Live est exact, il y
avait 158 ans que les habitants de Cumes avaient la
cité romaine *sine suffragio* lorsqu'ils obtinrent, à titre
de faveur, nous dit le texte, le droit d'employer le
latin dans les actes publics, et le droit de faire crier
en latin les enchères publiques. Il semble que ce texte
fournit un argument invincible contre notre théorie.
Si, en effet, pendant plus d'un siècle et demi, les habitants de Cumes, bien que citoyens romains, continuèrent à employer la langue grecque, même dans les
actes officiels, c'est qu'en principe les citoyens romains n'étaient pas obligés de parler le latin. Voilà
l'objection. Je ne puis m'incliner devant un pareil
argument; je ne puis admettre qu'en l'année 574 *u. c.*
les habitants de Cumes aient obtenu, par faveur, le
droit de parler latin dans les actes publics. Voici
pourquoi : la première condition pour obtenir la *civi-*
tas romana, même *sine suffragio,* était, pour une cité
quelconque, d'abandonner son droit national et de se
soumettre au droit romain. La loi *Julia,* faite au cours
de la guerre sociale, accordait le droit de cité romaine
à tous les peuples de l'Italie restés fidèles à Rome;
mais elle décidait que tout peuple, voulant profiter du
bénéfice, devait abandonner son droit national pour
adopter l'usage du droit romain. Cette exigence souleva de violentes discussions à Naples et à Héraclée :

un grand nombre d'habitants de ces villes ne voulaient pas se soumettre à la condition [1]. Cumes, obtenant le droit de cité, avait donc dû abandonner son
droit national, ses usages grecs, pour suivre le droit
romain; et cependant, à en croire Tite-Live, les habitants de Cumes auraient continué d'employer la langue grecque dans les actes publics jusqu'en l'année
574 *u. c.;* de telle sorte que leurs magistrats auraient
appliqué le droit romain tout en parlant la langue
grecque. C'est là ce que je ne puis admettre : l'usage
du droit romain implique nécessairement l'usage de
la langue latine. J'écarte l'objection en affirmant que
Tite-Live s'est trompé. Il nous présente comme une
faveur accordée à Cumes un ordre qui lui avait été
imposé par le Sénat. Cumes était une ville grecque,
par conséquent sa langue usuelle était le grec et non
le latin ; aussi le crieur public, lançant les plaisante-
ries d'usage en grec, avait beaucoup plus de chance
de faire monter les enchères que s'il eût employé le
latin. Les choses dégénérèrent en abus, et en l'année
574 *u. c.* le Sénat voulut y mettre fin ; à cet effet il
donna aux habitants de Cumes l'ordre d'employer
le latin dans tous les actes publics et, par conséquent, dans les ventes aux enchères. On rencontre
fréquemment dans Tite-Live des erreurs du genre de
celle que je viens de signaler.

A un moment donné, le Sénat imposa donc aux

(1) Cicéron, *Pro Balbo,* n° 8.

habitants de Cumes l'obligation d'employer le latin dans les ventes aux enchères. Qu'il y ait eu ordre impératif, ce que j'affirme, ou faveur accordée, comme le dit Tite-Live, on peut s'étonner, au premier abord, que le Sénat juge à propos d'intervenir dans la police des ventes aux enchères. Cet étonnement disparaît quand on considère la grande place que ces ventes occupaient dans les habitudes des Romains. La vente aux enchères de l'ensemble du patrimoine était la conséquence de l'insolvabilité du débiteur, et, pendant une certaine période, quand un débiteur ne payait pas ses créanciers, ceux-ci n'avaient d'autre moyen d'obtenir un paiement total ou partiel que de provoquer une *missio in possessionem*, qui était bientôt suivie d'une vente en masse du patrimoine. Cette vente se faisait aux enchères publiques. De même, lorsqu'un citoyen mourait sans laisser d'héritier, l'ensemble de ses biens était vendu aux enchères ; cette vente était faite sous le nom du défunt. Toute vente aux enchères de l'ensemble d'un patrimoine avait quelque chose d'infamant pour celui sous le nom duquel elle était faite. C'était pour permettre à un maître insolvable d'échapper à cette tache que la loi *Aelia Sentia* lui reconnaissait le droit de donner, par testament, la liberté à l'un de ses esclaves en l'instituant son héritier. L'esclave affranchi et institué héritier par le testament devenait *heres necessarius ;* s'il y avait lieu de procéder à la vente en masse des biens laissés par le défunt, cette vente était faite sous le nom de l'héritier. Ces différents cas de ventes aux enchères sont bien connus. Ce ne sont pas les seuls : tous les jours, à Rome et dans les autres villes de l'Italie, il y avait des ventes aux enchères portant, non plus sur la masse des biens composant un patrimoine, mais sur des objets envisagés isolément. Caton l'Ancien recommandait déjà aux propriétaires ruraux d'employer la vente aux enchères pour écouler tous les produits de leurs domaines, huile, vin, blé : « *Auctionem uti faciat* [1] ». D'une manière générale, lorsqu'on voulait vendre des biens quelconques on les faisait vendre aux enchères.

Les ventes aux enchères se faisaient par l'intermédiaire de véritables commissaires-priseurs, assistés de crieurs publics appelés *praecones*. Elles pouvaient avoir lieu soit dans la maison même du vendeur, soit sur la place publique, soit enfin dans des bâtiments spécialement affectés à cet usage. La vente aux enchères faite dans les carrefours ou sur la place publique avait toujours quelque chose de déshonorant pour celui qui la subissait ; aussi, les insolvables eux-mêmes se faisaient-ils un point d'honneur de ne procéder à la vente de leurs biens que dans l' « *atrium auctionnarium*, » l'hôtel des ventes, comme on dirait aujourd'hui. Étant données ces habitudes des anciens, il n'y a plus lieu de s'étonner de voir le Sénat intervenir pour imposer aux habitants de Cumes l'usage

---

(1) Caton, *De re rustica*, 2, *in fine*.

du latin dans les ventes à l'encan. Ces mêmes habitudes nous expliquent pourquoi certaines personnes, faisant leur testament, ordonnaient la construction d'un *atrium auctionnarium* dans la ville dont elles étaient originaires. Le fait devait se présenter assez fréquemment. Nous avons une inscription nous faisant connaître qu'un certain *T. Pompullius Lappa* avait fait élever, dans une cité qu'il ne m'est pas possible de déterminer, un *atrium auctionnarium*. Voici cette inscription (1) :

T · POMPVLLIVS · L · F · LAPPA

II · VIR · QVINQ · TRIB · MILI · A   POPVLO

PRAEF · FABR · EX · TESTAMENTO · ATRIVM

AVCTIONNARIVM · FIERI · ET MERCVRIVM

5   AVGVSTVM · SACRVM · PONI · IVSSIT

ARBITRATV · EPAPHRAE · LIBERTI

Titus Pompullius, Lucii filius, Lappa, duumvir quinquennalis, tribunus militum a populo, praefectus fabrum, ex testamento atrium auctionnarium fieri et

____

(1) Orelli, nos 3439 et 3883. Le recueil d'Orelli donne deux fois cette inscription; dans les deux cas, elle est donnée dans les mêmes termes : il y a donc double emploi. M. Mommsen, dans le recueil des inscriptions du royaume de Naples, la considère comme douteuse; il l'exclut de la liste des inscriptions sincères et la range, sous le n° 834, parmi les *inscriptiones falsae vel suspectae*. La vérité est qu'il y a doute sur le lieu d'origine de l'inscription, mais son authenticité paraît bien certaine. Voy. ce que dit sur ce point Orelli-Henzen, p. 347, n° 3439. Mommsen lui-même a reconnu l'authenticité de l'inscription : il la donne dans le *Corpus inscriptionum latinarum*, t. IX, n° 3307.

*Mercurium Augustum sacrum poni jussit, arbitratu
Epaphrae liberti.*

*T. Pompullius, fils de Pompullius, Lappa, duum-
vir quinquennal, tribun des soldats nommé par le
peuple, intendant des ouvriers, a ordonné, par son testament, la construction de cette salle de vente aux
enchères, sous la direction de son affranchi Epaphra,
et de plus a voulu qu'on y consacrât cette statue à
Mercure Auguste.*

Le personnage désigné par l'inscription avait été
duumvir de la cité dans laquelle la halle avait été
élevée. On ne connaît pas exactement cette cité, puisqu'il y a doute sur l'origine de l'inscription. Celle-
ci ne se contente pas de dire que le personnage a
été duumvir : elle ajoute qu'il a été *duumvir quinquennalis*. Le *duumvir quinquennalis* est le magistrat
en fonction l'année pendant laquelle étaient faites les
opérations du cens; ces opérations se faisaient dans
les municipes, colonies et préfectures tous les cinq
ans : c'est pourquoi le magistrat qui y présidait prenait le nom de *quinquennalis*. Le duumvirat quinquennal était plus honorifique que le duumvirat ordinaire : aussi les inscriptions prennent-elles soin de
nous dire si le personnage désigné a été *duumvir
quinquennalis* ou simplement *duumvir juridicundo*,
c'est-à-dire duumvir non quinquennal.

T. Pompullius Lappa a rempli les fonctions de *tribunus militum a populo* : il a été commandant de

la milice locale. Ce chef était désigné par le peuple de la cité réuni dans ses comices ; c'est pour rappeler cette élection que l'élu était appelé *tribunus militum a populo*. Dans certaines provinces exposées aux incursions des ennemis, des brigands ou des pirates, les cités étaient autorisées par la loi à lever des corps de troupes pour repousser ces attaques et à choisir les officiers chargés de commander ces troupes. Toutes les inscriptions trouvées en Italie qui mentionnent un *tribunus militum a populo* sont des premières années du principat d'Auguste. A ce moment, on sortait à peine de longues guerres civiles. Il n'y a donc rien que de naturel à supposer que l'Italie n'était pas complètement pacifiée ; elle était, sans aucun doute, exposée aux déprédations commises par ces bandes qui se forment toujours à la suite des grandes commotions politiques. On conçoit dès lors que, pendant les premières années après la victoire d'*Actium*, les villes de l'Italie aient reçu le droit d'organiser des milices et de mettre à leurs têtes des officiers choisis par elles et prenant le titre de *tribunus militum a populo*. Ce *tribunus militum a populo* était donc un magistrat municipal et non un magistrat du peuple romain [1].

Enfin, notre *T. Pompullius Lappa* a été *praefectus fabrum*. Ce n'est pas là non plus une magistrature

---

[1] Voy. en sens contraire : Giraud, *Les Bronzes d'Ossuna, remarques nouvelles*, pages 54 et suiv.

publique de l'Empire. Au moment où un gouverneur prenait l'administration de sa province, il choisissait un personnage, ordinairement originaire de la province, se recommandant à lui par son habileté, et il en faisait un *praefectus fabrum*, c'est-à-dire qu'il lui confiait le soin de diriger les travaux exécutés dans la province pendant la durée de son gouvernement. Cette fonction de *praefectus fabrum* était souvent le point de départ d'une brillante carrière dans les fonctions publiques de l'Empire. Tel ne fut pas le cas de notre personnage, puisqu'il ne fit que remplir des fonctions municipales. Par son testament, il ordonna la construction d'un hôtel des ventes, et il chargea son affranchi *Epaphra* de diriger les travaux de construction. Enfin, il ordonna de placer dans cet *atrium auctionnarium* une statue de Mercure Auguste.

Qu'il me soit permis de présenter une dernière observation sur cette expression : *Mercurium Augustum*. En l'année 747 *u. c.*, Auguste avait restauré le culte des dieux lares : à partir de cette époque, ceux-ci prirent le nom de *Lares augustales*. Cette qualification leur fut donnée conformément à la coutume invariablement suivie par les Romains. C'était, en effet, un usage constant à Rome de donner à une route, à un édifice le nom du magistrat qui l'avait fait construire ; à une loi, à une institution quelconque le nom du magistrat qui l'avait fait voter ou qui l'avait organisée.

La réorganisation du culte des dieux lares fut l'un des actes les plus importants du règne d'Auguste. Les pays successivement soumis à l'empire de Rome avaient chacun leurs dieux particuliers. Ils avaient conservé, après la réunion, le culte de ces dieux ; mais un tel culte était en dehors du droit. La réorganisation du culte des dieux lares par Auguste eut pour résultat de régulariser cet état de fait. Les dieux provinciaux furent légalement reconnus et ils devinrent les dieux lares des cités par lesquelles ils étaient honorés. Ces divinités locales, bénéficiant d'une mesure due à l'initiative d'Auguste, virent l'épithète *Augustus* ajoutée à leur nom. Les collèges de prêtres chargés du culte de ces divinités prirent le nom d'*Augustales* : on rencontre souvent, dans les inscriptions, l'expression *sevir Augustalis*. Cette manière de qualifier le dieu et le collège était le résultat d'un usage constant, et non imaginé dans un but de flatterie à l'adresse de l'Empereur. Mercure, auquel notre personnage a élevé une statue, était donc une divinité locale de la cité inconnue dans laquelle la salle de vente aux enchères avait été élevée. Cette divinité avait profité de la réorganisation du culte des dieux lares par Auguste : voilà pourquoi notre Mercure est qualifié d'*Augustus*.

Le commentaire de l'inscription ci-dessus m'a conduit un peu loin de mon point de départ et m'a quelque peu détourné de l'objet principal de ces études : je voulais établir que la langue était l'un des signes auxquels on pouvait reconnaître les citoyens romains, puisque les citoyens romains devaient nécessairement parler le latin ; la preuve de cette proposition me semble fournie par le fait rapporté par Dion Cassius et signalé plus haut.

De même que l'usage de la toge tomba peu à peu en désuétude dans les usages de la vie privée malgré les mesures prises par Auguste pour maintenir les anciennes traditions, de même l'emploi de la langue latine dut être délaissé peu à peu, à mesure que les Empereurs multiplièrent le nombre des citoyens romains. Lorsqu'un Empereur conférait la qualité de citoyen romain, en bloc, à une province entière, il est à croire que déjà, parmi les nouveaux citoyens romains bénéficiant de la mesure, il en était quelques-uns peu familiers avec la langue latine. Lorsque Caracalla donna, par sa constitution fameuse, la qualité de citoyen romain à tous les pérégrins, il est certain qu'il y eut désormais dans les limites de l'Empire une multitude de citoyens ignorant le latin d'une manière absolue. J'ajoute qu'à cette époque, il n'y avait plus grand intérêt à faire reconnaître sa qualité de citoyen romain, une telle qualité n'étant plus qu'une lourde charge, sans compensation.

TROISIÈME PARTIE.

DU NOM.

Le nom constituait aussi l'un des signes indicatifs de la qualité de citoyen romain. Je puis même dire que c'était par le nom, bien plus que par le costume ou la langue, qu'un citoyen romain se distinguait de la masse des pérégrins. Le nom du citoyen romain n'était pas composé d'une manière arbitraire, mais suivant des règles fixes, si bien qu'à la seule lecture d'un nom écrit normalement, on pouvait reconnaître, sans danger d'erreur, la qualité de citoyen romain chez celui qui le portait. Bien plus, au seul aspect du nom, on pouvait déterminer la condition de l'individu, dire s'il était ingénu ou affranchi; chose qui n'était pas sans importance, étant donnée l'organisation politique et sociale des Romains. Dès l'époque historique, la formation du nom est soumise à des règles fixes qui ont persisté, sans changement appréciable, pendant toute la durée du haut Empire.

Quelle que soit l'époque à laquelle on remonte, on voit que les Romains ont toujours fait usage, pour désigner les personnes, de noms composés de plusieurs éléments. La remarque en est déjà faite par l'auteur du *Traité des noms* [1]. Toutefois Varron, cité par cet auteur, était d'un avis différent. Il prétendait qu'à l'origine, les noms en usage parmi les Italiotes étaient simples et formés d'un seul élément; à l'appui de sa manière de voir, il citait les noms bien connus de *Romulus, Remus, Faustulus*. Le système de Varron n'est pas fondé. Même en remontant jusqu'à ces temps plus ou moins historiques pendant lesquels auraient vécu *Romulus* et *Remus*, on voit déjà en usage les noms composés de plusieurs éléments, puisque, des premiers successeurs de *Romulus*, l'un s'appelle *Numa Pompilius* et l'autre *Tullus Hostilius*. Il en était déjà de même dans les temps antérieurs; l'aïeul de *Romulus* est en effet appelé *Numitor Sylvius*, et son grand-oncle *Amulus Sylvius*. Ainsi donc, il nous est permis de dire que les noms romains n'ont jamais été simples, mais qu'ils ont toujours été composés de plusieurs éléments.

Dès l'origine des temps historiques de Rome, par exemple au commencement du sixième siècle de la fondation de Rome, le nom complet d'un citoyen romain comprend en principe cinq éléments. Les choses restèrent dans cet état jusque vers la fin du dixième siècle de la fondation de Rome. Il n'y a rien

[1] L'antiquité romaine nous a laissé un petit traité sur les noms. Ce traité est très court; il ne se compose que de quelques pages. On l'attribue généralement à Valère-Maxime et on le donne à la suite des œuvres de cet auteur. Dans la plupart des éditions, il forme le livre dixième et dernier des œuvres de Valère-Maxime. Toutes les fois que je parlerai du *Traité des noms*, c'est à ce petit traité que je ferai allusion.

qui doive nous étonner dans cette multiplicité des éléments formant un nom. Dans les usages actuels, le nom n'a pas d'autre fonction que d'individualiser la personne. Pour atteindre ce but, il ne faudrait rigoureusement qu'un seul élément; et cependant, en fait, il n'est pas un seul d'entre nous qui n'ait qu'un seul nom. Nous avons tous au moins deux noms, un nom de famille et un prénom : les noms modernes sont donc composés de deux éléments. Les noms romains avaient d'abord pour objet, comme ceux des modernes, de déterminer l'individualité de la personne; mais ce n'était pas là leur seul but. Le nom romain indiquait en outre la qualité de citoyen romain et, de plus, la qualité d'ingénu ou d'affranchi chez celui qui le portait. Le nom romain ayant des fonctions multiples, on comprend qu'il fût composé d'éléments multiples.

Le nom complet et noté régulièrement se compose de cinq éléments. Les inscriptions nous fournissent à profusion des applications de la règle; je n'en citerai qu'une seule, prise au hasard [1] :

TI · IVLIO   TI · F · FAL

ITALICO

⁴ LEG · VII · MACEDON

⁴ LEG · XV · PRIMIGEN

⁴ LEG · XIII · GEM · P · ſ

____

[1] Wilmanns, nº 1439; Orelli-Henzen, nº 6768.

Tiberio Julio, Tiberii filio, Falerna (tribu), Italico; centurioni legionis septimae macedonicae; centurioni legionis quindecimae primigeniae; centurioni legionis decimae tertiae geminae, piae, fidelis.

A Ti. Julius, fils de Ti. Julius, inscrit dans la tribu *Falerna, Italicus;* centurion de la septième légion macédonique; centurion de la quinzième légion *primigenia;* centurion de la treizième légion *gemina,* pieuse et fidèle [1].

Ti. *Julius Italicus* a servi successivement dans les légions : septième macédonique, quinzième *primigenia,* treizième *gemina* pieuse et fidèle. La légion treizième macédonique, sur laquelle on n'a que fort peu de renseignements, avait pris ce surnom, soit parce qu'elle avait été formée en Macédoine, soit,

---

(1) Le sigle ⅂ désigne tout à la fois le grade de centurion et la centurie; on prétend que c'est l'image du cep de vigne, l'un des insignes du centurion. Pour déterminer le sens du sigle, il faut tenir compte du sens général de l'inscription dans laquelle on le rencontre. Dans l'inscription ci-dessus, il faut certainement le traduire par le mot *centurio.* Si au contraire le sigle était placé devant un nom d'homme, il faudrait le traduire par *centuria.* Tel est le sens qu'il faut lui donner dans l'inscription suivante :

COH · I · VIG

⅂ SEROTINI

Cohors prima vigilum, centuria Serotini. — *Première cohorte des vigiles, centurie de Serotinus.* (Ce fragment est extrait d'une longue inscription donnée par Wilmanns, n° 1501 b.) — Les diverses centuries composant la cohorte ne portaient pas de numéro; chacune d'elles était désignée par le nom du centurion qui la commandait. La légion portait un numéro d'ordre et, de plus, un ou plusieurs surnoms.

parce que, au moment de sa création, elle avait été composée surtout de citoyens romains originaires de la Macédoine. La carrière militaire de Julius Italicus n'a pas été brillante; il ne s'est pas élevé jusqu'aux grades supérieurs de l'armée : entré au service probablement comme simple soldat, il a reçu son congé alors qu'il remplissait les fonctions de centurion, de capitaine.

Abstraction faite de la carrière militaire indiquée par l'inscription, celle-ci nous donne un nom complet, régulier et noté normalement. Ce nom : *Ti. Julius Ti. f. Fal. Italicus,* se compose de cinq éléments. Nous y trouvons : *a*) un *praenomen* ou prénom : *Tiberius; b*) un *nomen gentilitium : Julius; c*) un *cognomen : Italicus; d*) l'indication de la filiation : fils de *Ti. Julius; e*) enfin le nom de la tribu dans laquelle il était inscrit en sa qualité de citoyen romain; cette tribu, c'est la tribu *Falerna*. La seule lecture de ce nom nous apprend que celui qui le porte est tout à la fois citoyen romain et ingénu.

L'ensemble de ces cinq éléments formant un nom complet peut être distribué en trois groupes. Dans le premier groupe, je place le *praenomen,* le *nomen gentilitium* et le *cognomen;* ces trois éléments forment ce que les auteurs latins appellent : *tria nomina.* Je place dans le second groupe l'indication de la tribu; c'est cette indication qui, pour un personnage obscur comme celui dont s'occupe notre inscription, nous fait connaître, d'une manière bien certaine, sa qualité de citoyen romain. Enfin, dans un troisième groupe, je place l'indication de la filiation. Toute inscription nous disant que tel personnage est fils d'un tel, nous dit, par là même, qu'il est ingénu ; s'il était affranchi, le mot *filius* serait remplacé par le mot *libertus*.

La réunion des cinq éléments constitue à proprement parler le *nomen;* dans le langage usuel, on emploie souvent l'expression *nomen* pour désigner le premier de ces trois groupes, c'est-à-dire, la réunion formée par le *praenomen*, le *nomen gentilitium* et le *cognomen*. Dans une acception encore plus restreinte, on emploie l'expression *nomen* pour désigner l'un des trois éléments composant le premier groupe, celui que j'ai appelé *nomen gentilitium*. Il est nécessaire de donner ces diverses acceptions du même mot pour éviter des confusions toujours possibles. J'emploierai, dans la suite de ces études, l'expression *nom complet* pour désigner la réunion des cinq éléments ; le mot *nomen*, tout seul, pour désigner l'ensemble des trois éléments composant le premier groupe ; enfin pour désigner le deuxième élément de ce premier groupe, élément qu'on appelle quelquefois *nomen, stricto sensu,* je me servirai de l'expression *nomen gentilitium,* ou bien du mot *gentilitium* tout seul.

Lorsqu'un personnage avait rempli de hautes fonctions à Rome, par exemple lorsqu'il y avait exercé le consulat et que l'on élevait un monument en son honneur, il était bien inutile d'indiquer, dans l'inscription, la tribu dont il faisait partie ; la mention des hautes magistratures exercées par le personnage suffisait pour faire connaître qu'il était citoyen romain. Les exemples de cette notation sont très nombreux. Je me contente de signaler l'inscription suivante [1] :

L · MANLIVS · L · F
ACIDINVS · TRIV · VIR
AQVILEIAE · COLONIAE
DEDVCENDAE

Lucius Manlius, Lucii filius, Acidinus, triumvir Aquileiae coloniae deducendae.

A L. Manlius, fils de L. Manlius, Acidinus, l'un des triumvirs chargés de l'établissement d'une colonie à Aquileia.

Cette inscription se trouvait sur le piédestal d'une statue élevée en l'honneur de *L. Manlius Acidinus*. Le nom du personnage est au nominatif. Ce fait ne se présente que très rarement, et on ne le rencontre que dans les inscriptions les plus anciennes. Ordinairement, en effet, le nom du personnage en l'honneur duquel un monument est élevé se met au datif. *L. Manlius Acidinus* avait été l'un des trois triumvirs chargés de veiller à l'établissement d'une colonie latine à Aquilée ; c'est en vue de reconnaître les ser-

_____

(1) Wilmanns, n° 650 ; Orelli, n° 70 ; *C. I. L.*, t. I, n° 538.

vices rendus par lui à la colonie que celle-ci lui éleva une statue.

L'inscription ne nous dit pas dans quelle tribu notre personnage se trouvait inscrit. Comme cette mention n'a pas d'autre objet que d'indiquer la qualité de citoyen romain chez celui qui est désigné, elle est inutile dans l'espèce : il est bien certain en effet qu'un personnage chargé par le Sénat de présider à l'installation d'une colonie ne peut être qu'un citoyen romain.

La colonie fondée à *Aquileia*[1] était une colonie latine, et non une colonie de citoyens romains. Ce renseignement ne nous est pas fourni par l'inscription, qui ne s'explique pas du tout sur ce point, mais il nous est donné par Tite-Live. Cet historien nous indique d'abord à quelle date l'établissement de la colonie fut ordonné, puis à quelle date elle fut fondée; enfin il nous donne le nom des trois triumvirs chargés de présider à l'installation de la colonie.

« *M. Claudius consul, Gallis ex provincia exactis, Istricum bellum moliri coepit, litteris ad senatum missis, ut sibi in Istriam traducere legiones liceret. Id senatui non placuit; illud agitabant, uti colonia Aquileia deduceretur, nec satis constabat, utrum latinam an civium romanorum deduci placeret; postremo latinam potius coloniam deducendam patres censuerunt. Trium-*

---

(1) *Aquileia*, aujourd'hui bourg de l'Istrie autrichienne, eut, dans l'antiquité, une importance considérable; elle fut détruite par Attila.

viri creati sunt : P. Scipio Nasica, C. Flaminius, L. Manlius Acidinus [1]. »

Les Gaulois chassés de cette province, le consul M. Claudius se mit à préparer la guerre contre l'Istrie, et fit demander au Sénat la permission de conduire ses légions dans ce pays. Le Sénat lui refusa cette permission; il discutait, en effet, l'établissement d'une colonie à Aquilée; et les sénateurs ne s'accordaient pas sur le point de savoir s'il fallait y fonder une colonie latine ou une colonie de citoyens romains; enfin, ils se décidèrent pour une colonie latine. P. Scipion Nasica, C. Flaminius et L. Manlius Acidinus furent nommés triumvirs.

C'est en l'année 571 *u. c.*, que l'établissement de la colonie fut décidé par le Sénat, mais la colonie ne fut installée qu'en l'année 573 *u. c.*. C'est ce qui nous est dit par Tite-Live :

« *Aquileia colonia latina eodem anno in agrum Gallorum est deducta. Tria millia peditum quinquagena jugera, centuriones centena, centena quadragena equites acceperunt; tres viri deduxerunt : P. Cornelius Scipio Nasica, C. Flaminius, L. Manlius Acidinus* [2]. »

[1] Tite-Live, *Ann.*, liv. XXXIX, § 55.
[2] Tite-Live, *Ann.*, liv. XL, § 34.

Dans la même année (année 573 u. c.) fut fondée, en territoire gaulois, la colonie latine d'Aquilée. Trois mille fantassins reçurent chacun cinquante arpents de terre; les centurions, chacun cent, et les cavaliers, chacun cent quarante; les trois commissaires chargés de surveiller l'installation de la colonie furent : P. Cornelius Scipio Nasica, C. Flaminius, L. Manlius Acidinus.

L. Manlius Acidinus fut l'un des consuls de l'année 575 *u. c.*

Ces considérations générales sur la composition du nom étant données, il me faut démontrer, d'abord, que le nom composé de la manière indiquée était propre aux citoyens romains; ensuite, que la composition signalée est régulière et normale c'est-à-dire, conforme aux prescriptions de la loi. Il est nécessaire de fournir cette double preuve, puisque je prétends que le nom est le signe par excellence auquel on reconnaît le citoyen romain.

Il n'est pas douteux que, dans les usages des Romains, les trois noms comprenant un *praenomen,* un *nomen gentilitium* et un *cognomen,* aient été employés pour désigner la même personne. L'exactitude de cette proposition est démontrée par de nombreux textes fournis, soit par les jurisconsultes, soit par les littérateurs. Il serait inutile de citer tous ces textes, mais il est bon de signaler les principaux.

Un premier texte est emprunté au Digeste; c'est le fragment 12, § 1, *Qui testam. fac. poss.,* Dig. XXVIII, 1.

Voici dans quel ordre d'idées raisonne Ulpien sous le nom duquel ce texte est placé. On sait que, pour faire un testament valable, il fallait nécessairement accomplir certaines formalités imposées par la loi. Le testament est, en effet, un acte solennel; c'est le caractère qu'il avait déjà dans le droit romain et qu'il a conservé dans le Code civil. Dès lors, il y avait toujours quelque difficulté à refaire un testament. Ulpien suppose qu'un testateur ayant fait, dans son testament, un legs à l'un de ses amis, ne l'a pas désigné d'une manière suffisamment précise; puis, il se demande si, pour compléter la désignation du légataire, le testateur sera obligé de refaire son testament, ou s'il lui suffira de faire un codicille. Ulpien résout la difficulté dans le dernier sens. Voilà sommairement l'hypothèse de notre texte; voici maintenant de quelle manière il se rattache à notre question des noms. Le jurisconsulte, voulant indiquer comment le testateur a pu se tromper dans la désignation du légataire, s'exprime dans les termes suivants :

« ...... *Titio legavit, quum multos Titios amicos haberet; erraverat in nomine, vel praenomine, vel cognomine, quum in corpore non errasset......* »

Il a fait un legs à Titius, alors qu'il avait plusieurs amis du nom de Titius, ou bien il s'est trompé sur le gentilitium, sur le prénom, ou sur le surnom, alors qu'il ne se trompait pas sur la personne.

Ce texte d'Ulpien nous prouve bien que, pour désigner la même personne, on employait un nom formé de trois éléments, puisqu'il nous montre qu'un testateur faisant un legs à tel de ses amis peut le désigner d'une manière inexacte en se trompant soit sur le prénom, soit sur le *gentilitium*, soit sur le *cognomen*.

L'existence de cet usage est aussi attestée dans plusieurs textes fournis par les littérateurs. Sénèque, dans son traité *De beneficiis*, s'exprime de la manière suivante [1] :

« *Si quid de Seneca accepisses, Annaeo te diceres debere, vel L. : non creditorem mutares, sed nomen; quoniam sive praenomen ejus, sive nomen dixisses, sive cognomen, idem tamen ille esset. Sic hunc Naturam vocas, Fatum, Fortunam; omnia ejusdem Dei nomina sunt, varie utentis sua potestate.* »

Si, ayant emprunté une somme d'argent à Sénèque, tu dis devoir à Annaeus ou à Lucius, tu ne changes pas de créancier, tu ne fais que changer la manière de le désigner; que tu emploies le prénom, le gentilitium ou le cognomen, c'est toujours la même personne que tu désignes. Il en est de même lorsque tu parles de nature, de destin, de fortune; ce sont-là les différents noms du même dieu, usant de sa puissance sous des formes diverses.

____

[1] Sénèque, *De beneficiis*, IV, 8.

Il résulte bien de ce passage que les Romains employaient trois noms pour désigner le même individu. Ce texte nous apprend en même temps que le nom de Sénèque était : *L. Annaeus Seneca*. Sénèque, nom sous lequel cet auteur est ordinairement désigné, n'est qu'un *cognomen*.

Juvénal, décrivant, dans l'une de ses satires, les avanies subies par un parasite, fait une allusion aux trois noms portés par les citoyens romains :

> *« Duceris planta, velut ictus ab Hercule Cacus,*
> *Et ponere foras, si quid tentaveris unquam*
> *Hiscere, tanquam habeas tria nomina... (1). »*

Tu seras traîné par les pieds et jeté dehors, comme Cacus fut traîné par Hercule, si tu essayes jamais de placer un mot dans la conversation, comme si tu avais trois noms.

Les trois noms, auxquels fait allusion Juvénal, sont le *praenomen*, le *nomen gentilitium* et le *cognomen;* il est probable, il est même certain que dans les premiers temps de Rome, ces trois noms étaient l'apanage de la noblesse romaine, et qu'ils étaient refusés aux plébéiens; mais, au moment où écrivait Juvénal, tous les citoyens romains avaient depuis longtemps le droit de porter les trois noms.

(1) Juvénal, *Sat.* 5, v. 125-127.

Enfin un dernier texte est fourni par Ausone :

« *Hoc numero tribus, et Sacro de monte tribuni;*
Tres equitum turmae; tria nomina nobiliorum (1). »

Les tribus étaient au nombre de trois; les tribuns au
nombre de trois (2), *lors de leur création sur le mont*
Sacré; il y avait trois escadrons de chevaliers, les no-
bles portaient trois noms.

Tout ce qu'il faut retenir de ce texte, c'est que,
dans l'usage, on se servait de trois noms pour désigner les Romains. Ainsi que je viens de le faire remarquer, à un moment donné, le droit de porter les
trois noms fut réservé à la noblesse, mais de bonne
heure, il fut étendu à tous les citoyens.

Les textes cités me semblent suffisants pour prouver que les Romains employaient trois noms différents
pour désigner la même personne; mais ils ne suffisent
pas pour prouver que le nom complet était formé de
la manière que j'ai indiquée. J'ai dit, en effet, que le
nom complet comprenait cinq éléments ; et cependant
tous les textes que je viens de signaler né parlent
que de trois noms, c'est-à-dire d'un nom formé de
trois éléments. Le nom complet comprend d'abord les
tria nomina, mais de plus, il renferme l'indication de
la filiation et de la tribu. Ces deux derniers éléments

(1) Ausone, *Gryphus ternarii numeri,* v. 79-80.
(2) Voy. frgt. 2, § 20, Dig. *De origine juris,* I, 2.

ne sont pas indiqués par les textes cités; il me faut donc chercher ailleurs la preuve de l'exactitude de ma proposition. Il me sera facile de la fournir.

Les trois noms étaient suffisants dans les usages de la vie privée; il est même certain que, dans la conversation par exemple, on ne s'astreignait pas à employer les trois noms pour désigner une personne. On se contentait d'en prendre deux, ou même un seul. Mais lorsqu'il s'agissait d'actes officiels ou publics, il fallait donner le nom complet, c'est-à-dire, les *tria nomina*, la filiation et la tribu. On sait que, à certaines époques fixes, on procédait, à Rome et dans les municipes, aux opérations du cens. Les opérations, faites par les magistrats compétents, comprenaient notamment l'inscription de tout citoyen sur des listes officielles; ces listes de citoyens romains, pour être régulières, devaient donner non-seulement les trois noms, mais encore la filiation et la tribu. Cela nous est dit expressément par la loi *Julia municipalis*, lorsqu'elle détermine de quelle manière les magistrats municipaux des villes de l'Italie devaient procéder aux opérations du cens. Le passage auquel je fais allusion commence à la ligne 142; je le donne en entier en raison de son importance :

« *Quae municipia coloniae praefecturae C(ivium) R(o-manorum) in Italia sunt, erunt; quei in eis municipieis coloneis / praefectureis maximum mag(istratum) maximamve potestatem ibei habebit tum, cum censor aliusve /*

quis mag(istratus) Romae populi censum aget, is die-
bus LX proxumeis, quibus sciet Romae censum populi |
agi, omnium municipium colonorum suorum queique
eius praefecturae erunt, q(uei) c(ives) R(omanei) erunt
censum | agito, eorumque nomina, praenomina, patres
aut patronos, tribus, cognomina, et quot annos | quis-
que eorum habet, et rationem pecuniae, ex formula
census, quae Romae ab eo, qui tum censum | populi
acturus erit, pro posita erit, ab ieis jurateis acci-
pito..... (1) »

Quant aux municipes, colonies, préfectures, com-

______

(1) Bruns, *Fontes juris romani antiqui*, p. 102; *C. I. L.*, t. I, p. 122. Le
texte cité est un fragment d'un texte beaucoup plus long gravé sur la
table d'Héraclée. On donne ce nom à une table de bronze brisée en trois
morceaux. Ils furent trouvés en l'année 1732, dans le lit du fleuve *Sa-*
landrella qui se jette dans le golfe de Tarente, non loin de l'endroit où
se trouvait l'ancienne ville d'Héraclée. Deux des trois morceaux composant la table furent transportés au musée de Naples ; le troisième morceau, comprenant la partie supérieure de la table, trouvé peu de temps
après les deux autres, fut vendu à un Anglais et transporté en Angleterre. Il y resta quelques années ; mais son propriétaire, Carteret Webb,
cédant aux sollicitations du roi de Naples, Charles III, lui restitua cette
troisième partie de la table, qui fut alors transportée à Naples et réunie
aux deux autres. Les deux morceaux qui n'ont pas quitté l'Italie sont appelés *aes napolitanum ;* le morceau qui a fait le voyage d'Angleterre, *aes*
britannicum. La table est gravée sur les deux faces ; d'un côté se trouve
un texte grec, de l'autre un texte latin. Le texte grec, de beaucoup le
plus ancien, est un décret pour la ville d'Héraclée ; le texte latin n'est
pas autre chose qu'un exemplaire de la *lex Julia municipalis ;* Savigny a
démontré l'exactitude de cette manière de voir. La loi *Julia municipalis*
est une loi ayant pour objet de réformer le régime municipal des villes
d'Italie. Elle est appelée *lex Julia* parce qu'elle fut rendue sur la proposition de Jules César, en l'année 709 *u. c.,* alors qu'il était consul pour
la quatrième fois. Nous n'avons qu'une partie de la loi, sans qu'il soit

posés de citoyens romains, qui sont dès maintenant en Italie ou y seront établis plus tard, ceux qui exer-ceront la magistrature ou le pouvoir suprême dans ces colonies au moment où le censeur ou tout autre magistrat procèdera au recensement du peuple à Rome, devront procéder au recensement des citoyens romains domiciliés dans le municipe, la colonie ou la préfec-ture, dans les soixante jours qui suivront celui où ils auront appris qu'on procédait au recensement du peuple à Rome; à cet effet, après leur avoir fait prêter serment, ils inscriront les noms, prénoms, pères ou patrons, tribus, surnoms de chacun de ces citoyens ro-

possible de déterminer avec exactitude quelles sont les parties faisant dé-faut.

La table d'Héraclée nous a donné la désignation exacte de la loi *Plae-òria*, rendue vers le sixième siècle de la fondation de Rome dans le but d'assurer une certaine protection aux pubères *sui juris* et mineurs de vingt-cinq ans. Cette loi est appelée par les manuscrits *lex Lectoria, lex Laetoria;* mais la table d'Héraclée la désigne sous le nom de *lex Plaeto-ria;* aussi est-ce cette dernière expression qui est généralement employée pour citer notre loi. Au premier abord, il peut paraître étrange qu'une loi, ayant pour objet l'organisation du régime municipal, fasse mention d'une disposition ayant surtout pour but de protéger les mineurs de vingt-cinq ans. Il est facile de résoudre cette difficulté. La loi *Julia,* traitant de l'organisation municipale, devait nécessairement s'occuper du recrutement de *l'ordo decurionum* et des magistrats chargés de l'administration de la cité; la loi devait donc indiquer quels sont ceux auxquels l'accès de la curie devait être ouvert ou fermé. La partie de la loi qui nous a été conservée donne une liste de personnes ne pouvant figurer au nombre des décurions et, par suite, incapables de remplir les magistratures mu-nicipales, puisque les magistrats étaient pris parmi les décurions. Cette liste nous est donnée dans les lignes 108-124. La simple lecture de cette partie du texte fait connaître que les citoyens exclus de l'ordre des dé-curions sont ceux qui ont été notés d'infamie. La loi *Plaetoria* organisait un *judicium publicum rei privatae,* pouvant être intenté par toute personne

mains; leur âge et fortune, le tout conformément à la formule dressée par le magistrat chargé de procéder au recensement du peuple romain...

Le texte est bien formel : il nous prouve que le nom officiel du citoyen romain se composait de cinq éléments, puisqu'il nous dit que les listes de citoyens romains, dressées par le magistrat chargé de procéder aux opérations du cens, doivent contenir non-seulement le *praenomen*, le *nomen gentilitium* et le *cognomen* des citoyens romains, mais de plus, le nom de leur père, s'ils sont ingénus, le nom du patron, s'il s'agit d'affranchis, et le nom de la tribu dans la-

contre celui qui, traitant avec un mineur de vingt-cinq ans, avait abusé de l'inexpérience de celui-ci pour s'enrichir à ses dépens. Celui qui était condamné à la suite d'une pareille instance était noté d'infamie et, par l'effet de la condamnation, devenait incapable de remplir les charges publiques. Voilà pourquoi la loi *Julia municipalis* nous parle de la loi *Plaetoria*.

La table d'Héraclée, dans les lignes 108-124, nous donne une énumération des cas dans lesquels était encourue l'infamie. On aperçoit nettement, dans cette énumération, la distinction entre l'infamie immédiate et l'infamie médiate. J'entends par infamie immédiate celle qui est prononcée directement par la loi contre ceux qui commettent certains faits ou exercent certaines professions ; c'est ainsi que, dans la loi *Julia municipalis*, l'infamie immédiate est prononcée contre celui qui s'est loué pour combattre comme gladiateur, contre celui qui *lanistaturam artem fecerit ;* contre celui qui *lenocinium faciet.* L'infamie est médiate, quand elle n'est pas prononcée directement par la loi. Dans certains cas, en effet, la loi ne prononce l'infamie que par l'intermédiaire du juge ; elle se contente d'attacher l'infamie à certaines condamnations prononcées dans telle ou telle circonstance.

Quand on compare la liste dressée par la loi *Julia* à celle qui nous est donnée dans le Digeste par le frgt. 1, *pr. De his qui notantur infamia*, 3, 2, on voit que, à très peu de chose près, les deux listes sont identiques.

quelle ils sont inscrits. L'inscription du citoyen romain sur les listes du cens étant un acte officiel, il fallait inscrire le citoyen sous son nom officiel. Le passage cité de la loi *Julia* nous prouve que ce nom officiel se compose bien de cinq éléments : *praenomen, nomen gentilitium,* filiation, tribu, *cognomen.*

Dans la pratique, on se conformait strictement aux prescriptions de la loi. J'en trouve la preuve dans un passage de Pline le Naturaliste. Voulant donner des exemples de longévité, cet auteur, prenant ses exemples (il le dit expressément) dans les registres du cens fait par Vespasien et son fils, cite un habitant de *Velleia,* qui avait atteint l'âge fabuleux de 140 ans, et le désigne de la manière suivante :

M. Mucius, M. filius, Galeria, Felix [1].

Marcus Mucius, fils de Marcus Mucius, inscrit dans la tribu Galeria, Felix.

Pline copiait purement et simplement les registres du cens; par conséquent le passage cité nous prouve que ces registres donnaient la désignation des citoyens romains conformément aux prescriptions formulées par la loi *Julia.*

La loi *Julia municipalis* n'est pas la seule loi nous donnant les éléments qui formaient officiellement le nom du citoyen romain. A côté d'elle, il me faut

(1) Pline, *Hist. nat.*, liv. VII, ch. 50 (édit. *Lemaire*).

citer la loi *Acilia repetundarum* [1]. Cette loi nous indique de quelle manière le préteur doit choisir les juges devant composer la *quaestio;* puis, en tête du chapitre 18, on lit ces mots : *Quos legerit, eos patrem tribum cognomenque indicet.* Le préteur, portant un juge sur la liste, devait donc indiquer non-seulement le *praenomen* et le *nomen gentilitium,* mais encore la filiation, la tribu et le *cognomen* du citoyen qu'il désignait.

Les observations présentées suffisent pour prouver que le nom officiel du citoyen romain était formé de la manière indiquée. Aussi, sans insister davantage sur ce point, je vais essayer de prouver que le nom construit de cette manière était le signe caractéristique permettant de distinguer le citoyen romain du non citoyen romain; c'est là la deuxième question annoncée plus haut.

Il est certain que les seuls citoyens romains avaient le droit d'être inscrits dans telle ou telle tribu romaine. Comme l'indication de la tribu est l'un des éléments essentiels constitutifs du nom complet, il est dès lors évident qu'un nom complet, composé de cinq éléments, ne pouvait désigner qu'un citoyen romain.

---

(1) Bruns, *Fontes juris romani antiqui,* pag. 56; *C. I. L.,* tome I, pag. 49-57. La *lex Acilia repetundarum,* dont le texte nous a été conservé en partie par des fragments d'une table d'airain, est de l'année 631 ou 632 *u. c.* Cicéron en parle avec éloge; elle est plus ancienne que la loi *Julia;* il y a, en effet, entre la date de ces deux lois une différence de 77 ou 78 ans.

Sur ce point, il n'y a pas de difficulté. Mais je vais plus loin et je prétends que le citoyen romain pouvait seul porter les *tria nomina;* de telle sorte que quiconque se faisait désigner par trois noms comprenant un *praenomen,* un *nomen gentilitium* et un *cognomen,* était un citoyen romain. Sa qualité de citoyen romain apparaissait ainsi à tous les yeux, sans qu'il lui fût nécessaire d'annoncer la tribu dans laquelle il était inscrit.

Pour établir l'exactitude de cette manière de voir, il me suffira de faire remarquer que tout pérégrin élevé à la qualité de citoyen romain s'empressait de prendre trois noms. Il empruntait le *praenomen* et le *gentilitium* du magistrat qui lui conférait la qualité de citoyen romain, ou du personnage à la demande duquel la concession avait été faite. A ces deux noms, le nouveau citoyen joignait son ancien nom de pérégrin, qui devenait alors un *cognomen.* Un tel changement serait inexplicable si nos trois noms n'étaient pas un signe caractéristique, indicatif de la qualité de citoyen romain.

Les exemples de ces changements de nom sont nombreux : le premier m'est donné par Cicéron.

César, pendant sa lutte contre Pompée et ses partisans, avait concédé la qualité de citoyen romain à une multitude de pérégrins ; c'était un moyen de s'assurer des adhérents. La lutte terminée, le dictateur s'avisa que, peut-être, les concessions faites par lui n'étaient pas toutes justifiées ; il ordonna une révision

des listes des citoyens romains dans le but de rayer
le nom de ceux qui seraient reconnus indignes et de
leur enlever, par ce moyen, la qualité de citoyen.
Dans ces circonstances, Cicéron écrivit au proconsul
Acilius, chargé de cette révision, pour lui recom-
mander l'un de ses clients et le prier de le maintenir
sur les listes. Voici de quelle manière il s'exprime :

« *Cum Demetrio Mega mihi vetustum hospitium est ;
familiaritas autem tanta quanta cum Siculo nullo ; ei
Dolabella, rogatu meo, civitatem a Caesare impetravit,
qua in re ego interfui ; itaque nunc P. Cornelius vo-
catur* [1]..... »

*Je suis lié avec Demetrius Mega, par les liens d'une
vieille hospitalité, et j'ai plus d'amitié pour lui que
pour aucun autre Sicilien ; Dolabella, à ma prière, obtint pour lui de César la qualité de citoyen romain ;
c'est pourquoi il s'appelle maintenant P. Cornelius
Mega...*

Ce texte est décisif ; il nous montre un Sicilien appelé *Demetrius Mega* qui, ayant obtenu la qualité de
citoyen romain à la demande de *P. Cornelius Dolabella,* s'empresse de prendre le *praenomen* et le *gentilitium* de ce personnage, en y joignant son ancien
nom de pérégrin, dont il fait un *cognomen.*
Voici un autre exemple de ce changement de nom

(1) Cicéron, *Epistolae ad diversos,* XIII, 36 (édit. *Lemaire,* t. II, p. 51).

opéré par un pérégrin au moment où il était élevé à la cité : il nous est fourni par les *Commentaires* de César [1]. *Caburus,* chef hélvète, avait été gratifié de la cité romaine par les soins de *C. Valerius Flaccus;* fait citoyen romain, il s'empressa de prendre le *prae-nomen* et le *gentilitium* de *C. Valerius,* en conservant son nom de pérégrin *Caburus,* dont il fit un *cogno-men.* Voici le passage des Commentaires auquel je fais allusion :

« *Commodissimum visum est C. Valerium Pro-cillum, C. Valerii Caburi filium, summa virtute et humanitate adolescentem (cujus pater a C. Valerio Flacco civitate donatus erat)..... ad eum mittere.* »

César jugea plus prudent d'envoyer comme ambas-sadeur à Arioviste C. Valerius Procillus, jeune homme plein d'honneur et de courage, fils de C. Valerius Ca-burus, (celui ci avait été gratifié de la cité romaine par C. Valerius Flaccus)...

Un tel changement qui se produisait toutes les fois qu'un non citoyen était élevé à la cité, nous prouve que les *tria nomina* étaient le signe de la qua-lité de citoyen romain.

Pour compléter ma démonstration, je signale un passage de Pausanias dans lequel cet auteur nous dit que les Romains, à la différence des Grecs, ne se

---

(1) César, *De bello gallico,* liv. I, § 47.

contentent pas d'un seul nom [1]. Je traduis ce texte de la manière suivante : *Les Romains ne se servent pas d'un nom unique donné par le père, mais la plupart d'entre eux en prennent trois ou même un plus grand nombre.*

Dans les usages ordinaires de la vie, on n'employait jamais le nom complet pour désigner un citoyen romain ; on ne se servait même pas des trois noms, ordinairement on n'en prenait que deux ou même qu'un seul. Pour s'assurer de l'exactitude de cette remarque, il suffit de jeter les yeux sur les *Commentaires* de César, sur les ouvrages de Cicéron ou de Tacite ; ce n'est que fort rarement que ces auteurs emploient les *tria nomina*. Mais toutes les fois qu'un citoyen romain voulait indiquer sa qualité, il prenait ses trois noms ; et s'il s'agissait pour lui de figurer dans un acte public, il prenait son nom complet.

L'ordre dans lequel les différents éléments du nom doivent être inscrits est celui qui a déjà été indiqué : le *praenomen,* le *nomen gentilitium,* la filiation, la tribu et le *cognomen.* Tel est l'ordre normal et régulier. Je m'empresse de faire remarquer qu'un tel ordre n'est jamais suivi rigoureusement par les auteurs. Les poètes, obligés de respecter la mesure, ne s'astreignent pas à mettre toujours le *praenomen* avant le *nomen gentilitium;* il leur arrive souvent de renverser l'ordre. Il n'y a pas que les poètes à prendre

(1) Pausanias, liv. VII, ch. 7, § 8.

de telles libertés; c'est ainsi que Cicéron n'hésite pas à placer le *nomen gentilitium* avant le *praenomen*, lorsqu'il pense qu'un tel artifice donnera plus d'harmonie à sa phrase. A titre d'exemple, je cite un passage du *De oratore* [1], dans lequel Cicéron nous parle d'un personnage qu'il appelle *Laelius Decimus*, alors qu'il devrait écrire : *D. Laelius*.

On trouve la même transposition dans une inscription bien connue et intéressante à plus d'un point de vue; je veux parler d'une inscription gravée sur le tombeau des Scipions et se rapportant à *L. Cornelius Scipio Barbatus*.

[2] *l* · *cornelio* · CN · F · SCIPIO ·

CORNELIVS · LVCIVS · SCIPIO · BARBATVS · GNAIVOD · PATRE

| PROGNATVS · FORTIS · VIR · SAPIENSQVE QVOIVS · FORMA ·

VIRTVTEI · PARISVMA | FVIT · CONSOL · CENSOR · AIDILIS

QVEI · FVIT · APVD · VOS TAVRASIA · CISAVNA | SAMNIO ·

CEPIT · SVBIGIT · OMNE · LOVCANOM · OPSIDESQVE · ABDOVCIT

Dans la copie de notre inscription donnée par Wilmanns [3], il y a des accents sur certaines syllabes; ces accents ne se trouvent pas sur le monument : ce sont des accents toniques ajoutés par l'auteur du re-

[1] Cicéron, *De oratore*, II, 6, *in fine*.

[2] On écrit en italiques les mots qui ont disparu de l'inscription et qu sont restitués. Les premiers mots de l'inscription sont écrits en lettres rouges; le reste est gravé sur le marbre.

[3] Wilmanns, n° 537.

cueil, parce que l'inscription forme un quatrain. Je
tiens à faire cette remarque parce qu'il y a un certain nombre d'inscriptions dont quelques syllabes sont
accentuées. L'accent alors n'est plus un accent toni-
que. Il n'est placé que sur les syllabes longues; mais
comme toutes les syllabes longues ne sont pas accentuées, il s'ensuit qu'on ne connaît pas la fonction de
l'accent dans les inscriptions accentuées.

L'inscription citée est intéressante, d'abord parce
qu'elle nous donne l'un des plus anciens monuments
de la langue latine. M. Duruy, dans son *Histoire des
Romains* [1], la présente comme étant le plus ancien;
cela n'est pas complètement exact, car l'inscription
gravée sur le tombeau du fils de notre Scipion, et
qui est aussi rapportée par Wilmanns [2], est certainement plus ancienne; l'inscription ci-dessus a dû
être gravée après le sixième siècle de la fondation de
Rome.

Elle est intéressante ensuite, parce qu'elle nous
fait connaître les magistratures exercées et les succès
militaires remportés par notre personnage, qui est le
bisaïeul de Scipion l'Africain.

Le prénom *Lucius* est écrit en toutes lettres, et
après le *nomen gentilitium*. Il y a là une double dérogation aux règles générales, dont il ne faut pas s'é-
tonner puisque l'inscription forme un quatrain.

En voici la traduction :

(1) Tome I, pages 331 et 332.
(2) Wilmanns, n° 538.

A Lucius Cornelius, fils de Gnaeus Cornelius, Scipion. — L. Cornelius Scipion Barbatus, fils de Gn., homme vaillant et sage, dont la beauté égalait le courage. Dans notre cité, il fut consul, censeur, édile, et prit Taurasia et Cisauna dans le Samnium, soumit toute la Lucanie et ramena des otages.

Il faut noter certaines formes archaïques : *Gnaivod,* pour *Gnaeo; quoius,* pour *cujus; virtutei,* pour *virtuti; consol,* pour *consul; aidilis, quei,* pour *aedilis, qui.*

Scipion Barbatus fut consul en l'année 456 *u. c.,* et censeur en l'année 464 *u. c.* L'inscription nous donne la liste des magistratures exercées par lui; elle nous donne aussi la liste de ses succès militaires. *L. Cornelius Scipio Barbatus* a pris *Taurasia* et *Cisauna* dans le Samnium, il a soumis toute la Lucanie; voilà ce que nous dit l'inscription. Il est très probable que ce sont là les seuls succès militaires qu'il ait remportés; si, en effet, il avait été vainqueur dans quelque autre grande bataille, l'inscription ne manquerait pas de le signaler, puisqu'elle n'a d'autre objet que de nous faire connaître les hauts faits du personnage. Et cependant, si nous en croyons Tite-Live, Scipion Barbatus aurait remporté un succès signalé sur les Étrusques.

En l'année 456 *u. c.,* les Samnites avaient formé une alliance avec les Étrusques; les deux peuples étaient en guerre avec Rome. Deux armées consulaires firent face à ce double péril ; l'une d'elles, commandée par le consul *Cn. Fulvius Maximus Centumalus*, fut dirigée contre les Samnites ; après plusieurs succès, elle s'empara de *Bovianum*. L'autre armée était commandée par *L. Cornelius Scipio Barbatus*, alors consul ; elle fut dirigée contre les Étrusques, et voici comment Tite-Live nous rend compte de la campagne :

« *Consules inter se provincias partiti sunt ; Scipioni Etruria, Fulvio Samnites obvenerunt ; diversique ad suum quisque bellum proficiscuntur. Scipioni segne bellum et simile prioris anni militiae exspectanti, hostes Volaterras instructo agmine occurrerunt. Pugnatum majore parte diei, magna utrinque caede ; nox incertis, qua data victoria esset, intervenit. Lux insequens victorem victumque ostendit ; nam Etrusci silentio noctis castra reliquerunt. Romanus egressus in aciem, ubi profectione hostium concessam victoriam videt, progressus ad castra vacuis cum plurima praeda (nam et stativa et trepide deserta fuerant) potitur* [1]. »

Les consuls se distribuèrent les attributions ; à Scipion échut l'Étrurie ; à Fulvius, la guerre contre les Samnites. Ils partent chacun de leur côté avec une armée. Scipion s'attendait à faire une guerre lente, semblable à la campagne de l'année précédente ; au lieu de cela, il rencontra les Étrusques rangés en ba-

[1] Tite-Live, *Annales*, liv. X, § 12.

taille près de Volaterre. On combattit pendant la plus grande partie du jour, avec un grand carnage des deux côtés. La nuit surprit les combattants, laissant la victoire incertaine. Le soleil en se levant montra le vainqueur et le vaincu; les Étrusques avaient profité de la nuit pour abandonner leur camp. Scipion sortit de son camp avec son armée rangée en bataille; voyant l'ennemi décampé, il reconnaît que c'est à lui qu'appartient la victoire; il s'avance, s'empare des camps abandonnés et fait un grand butin, car le départ de l'ennemi avait été précipité.

Voilà le récit de Tite-Live; en définitive, il nous présente la bataille de Volaterre comme un succès pour Scipion, puisque d'après lui, ce consul s'est emparé du camp ennemi et l'a pillé. Ce récit n'est certainement pas exact; l'inscription du tombeau des Scipions nous aurait fait connaître cette victoire, si elle existait, puisqu'elle prend soin de nous dire que Scipion a ramené des otages de Lucanie. Il est donc probable qu'au lieu d'une victoire remportée par les Romains, il n'y eut à Volaterre qu'une bataille sans résultat.

La composition du nom complet par lequel on désignait un citoyen romain me donne le plan qu'il me faut suivre pour en présenter la théorie. Le nom officiel du citoyen romain se composant de cinq éléments différents, j'étudierai chacun de ces éléments dans un chapitre spécial.

CHAPITRE I.

DU PRAENOMEN.

Le *praenomen* est un nom qui accompagne le *nomen gentilitium* en le précédant : le mot même l'indique. Il eut, à l'origine tout au moins, la même fonction que le prénom dans les usages modernes; il avait pour objet de compléter l'individualisation de la personne, en donnant le moyen de distinguer les uns des autres les différents membres de la même famille. Aussi longtemps qu'il eut cette fonction, le *praenomen* dut se présenter sous les formes les plus diverses; c'est ainsi que les personnages réels ou mythiques, auxquels l'histoire ou la légende attribuent un rôle plus ou moins considérable pendant les premières années de Rome, se présentent à nous avec des prénoms choisis arbitrairement. Je citerai, à titre d'exemple, *Numa Pompilius,* dont le père porte le nom de *Pompus Pompilius.* De bonne heure, il s'opéra dans la fonction du *praenomen* une transformation caractéristique; le nombre des prénoms se restreignant peu à peu, le *praenomen* ne fut plus choisi arbitrairement, mais sur une liste comprenant au maximum quarante noms.

On sait que cette transformation du prénom s'est

opérée à un moment donné. Pour s'en assurer, il suffit de jeter les yeux sur les fastes capitolins qui nous donnent les prénoms des consuls de la République et de l'Empire. Au premier coup d'œil, on aperçoit que les mêmes prénoms, en fort petit nombre, se reproduisent avec une régularité monotone. La transformation est donc bien certaine; mais il n'est pas possible d'indiquer avec précision et exactitude à quel moment, ni de quelle manière elle s'est produite. Il est probable que cette limitation étroite du nombre des prénoms est l'œuvre des patriciens. Les familles patriciennes, pour se distinguer des plébéiens, prirent l'habitude de donner à leurs enfants certains prénoms à l'exclusion de certains autres; si bien que peu à peu, l'esprit d'imitation aidant, les prénoms employés par les familles patriciennes restèrent seuls en usage; les autres tombèrent en désuétude.

Cette manière d'expliquer comment le nombre des prénoms romains fut restreint, dans des limites très étroites, n'est qu'une conjecture, il est vrai, mais elle repose sur des motifs sérieux. Si, en effet, je considère les patriciens comme ayant essayé, les premiers, de restreindre le nombre des prénoms, c'est que les inscriptions nous montrent que les plébéiens continuaient à choisir leurs prénoms arbitrairement à un moment où les patriciens ne les prenaient que sur une liste n'en comptant qu'un fort petit nombre. A l'appui de cette affirmation, voici trois inscriptions qui me paraissent probantes.

La première est une inscription gravée sur une coupe conservée au Louvre, au Musée des antiques [1].

CALENUS CANOLEIVS *f*ECIT

Fait par Calenus Canuleius.

C'est le nom de l'ouvrier qui a fait la coupe. Cet ouvrier porte deux noms *Calenus Canoleius* ou *Canuleius* [2]. Ce dernier nom est un *nomen gentilitium*, sa forme l'indique; donc *Calenus* est un prénom; c'est en effet un nom dont la fonction est d'individualiser la personne qui le porte et de permettre de la distinguer des autres membres de la famille. Comme il est placé devant le *nomen gentilitium*, j'ai donc raison de dire que c'est un prénom; la place qu'il occupe me défend de le considérer comme un *cognomen*. Mais c'est un *praenomen* choisi comme un *cognomen*, c'est-à-dire arbitrairement et non pas sur une liste strictement limitée.

La deuxième inscription est gravée sur une lame de bronze; elle donne le nom du graveur.

[1] *C. I. L.*, t. I, p. 24, n° 53.

[2] Ce qui est la même chose. Dans les inscriptions anciennes, l'*u* est très-souvent remplacé par un *o;* c'est ainsi que, dans une inscription citée plus haut, on a vu le mot *consul* écrit *consol.* Les trois inscriptions données sont anciennes; elles sont certainement antérieures à la deuxième guerre punique. On sait que la prise de Sagonte par Hannibal, en l'année 535 *u. c.*, peut être considérée comme le point de départ de la deuxième guerre punique; les inscriptions citées sont donc des premières années du sixième siècle de la fondation de Rome, ou même antérieures.

(1)   (2).

NOVIOS · PLAVTIOS · MED ROMAI · FECID

Novius Plautius me Romae fecit.

Fait à Rome par Novius Plautius.

Novius, nom faisant fonction de prénom, est choisi arbitrairement. *Novius* comme *Calenus* est un prénom plébéien ; ils sont l'un et l'autre portés par des artisans, par conséquent par des plébéiens.

Un troisième exemple de *praenomen,* ayant l'aspect d'un *cognomen,* c'est-à-dire choisi arbitrairement, nous est donné par une troisième inscription (3).

CLESIPVS · GEGANIVS

MAG · CAPI*tol* · MAG · LUPERC · VIAT · TR

Clesipus Geganius, magister Capitolinorum, magister Lupercorum, viator tribunorum.

Clesipus Geganius, remplissant les modestes fonctions d'appariteur des tribuns du peuple, était certai-

---

(1) Sur la lame de bronze sont dessinées trois figures de Bacchus ; la lame a été appliquée sur un coffret après que le dessin a été fait. Voy. *C. I. L.,* t. I, p. 25, n° 54 ; Wilmanns, n° 2828.

(2) L'adjonction d'un D à la fin des mots est fréquente dans les anciennes inscriptions ; l'inscription du tombeau des Scipions nous en a fourni un exemple. Quintilien fait allusion à cet ancien usage (*De oratore,* I, ch. 7).

(3) Wilmanns, n° 1317 ; *C. I. L.,* tom. I, p. 206, n° 805. Cette inscription est moins ancienne que les deux précédentes.

nement un plébéien. Le prénom *Clesipus* est aussi choisi arbitrairement et se présente avec l'aspect d'un *cognomen* bien plus qu'avec celui d'un *prae-nomen*. *Clesipus Geganius*, l'inscription l'indique, a été *magister collegii Capitolinorum*. Tite-Live [1] nous parle de la fondation de ce collège ; il la place vers l'année 364 *u. c.*, après l'incendie de Rome par les Gaulois ; l'inscription citée est l'une des rares inscriptions parlant de ce collège. Mommsen [2] prétend que *Clesipus Geganius* est le même que celui dont parle Pline l'Ancien [3], dans son *Histoire naturelle,* et sur le compte duquel il raconte une anecdote quelque peu légère, ne présentant d'ailleurs aucun intérêt dans cette discussion sur les prénoms plébéiens.

Ces trois inscriptions nous prouvent que les plébéiens ou, plus exactement, certaines classes de plébéiens, continuaient à choisir arbitrairement leurs prénoms, alors que les patriciens (les fastes consulaires l'indiquent) les choisissaient sur une liste très-restreinte. Il m'est donc permis de conjecturer que cette limitation du nombre des prénoms est l'œuvre des patriciens, et qu'elle a été imaginée par eux dans l'intention de se distinguer des plébéiens. Les inscriptions ci-dessus ne sont pas les seules que je puisse invoquer à l'appui de ma thèse ; j'en pourrais citer d'autres nous donnant des prénoms tels que *Pacuvius,*

(1) Tite-Live, *Annales,* liv. V, ch. 50.
(2) *C. I. L., loc. cit.*
(3) Pline, *Hist. nat.,* ch. 34, § 6 (édit. *Lemaire*).

Salvius, Trebius, Eppius, Fertor, Minutius, Ovius, Petronius, Popidius, prénoms mal construits, ne se rencontrant pas dans les fastes consulaires, qui peut-être n'étaient usités que dans certaines parties de l'Italie méridionale, et qui sont certainement portés par des plébéiens.

L'esprit d'imitation dut conduire les hautes classes de la plèbe à procéder de la même manière que les patriciens. De bonne heure, les grandes familles plébéiennes durent adopter les mêmes prénoms que les patriciens, et cela, afin de supprimer une différence bien sensible entre elles et ces familles rivales auxquelles elles disputaient l'influence politique. Quoi qu'il en soit, du jour où les plébéiens furent admis au consulat, il n'est plus possible de distinguer par le nom les consuls plébéiens des consuls patriciens; pour les uns comme pour les autres, les prénoms sont choisis de la même manière. Le premier consul plébéien [1] fut *L. Sextius Sex. filius Sextinus.* Son *praenomen* et celui de son père ont été choisis, comme les *praenomen* des consuls patriciens, sur la liste des prénoms.

La liste des *praenomen* romains est donc très-restreinte; il nous sera facile de la donner complètement. Quand on lit les inscriptions, et surtout la liste des consuls se référant aux années comprises dans la période qui commence avec la deuxième guerre

______
[1] C'est l'un des deux consuls de l'année 388 *u. c.*

punique et se continue jusqu'à la mort de Marc-Aurèle, on voit bientôt que la liste des prénoms ne comprenait, au maximum, que quarante *praenomen*. L'auteur du *Traité des noms*, déjà signalé et attribué à Valère-Maxime, nous dit que les Romains ne connaissaient que trente prénoms. Voici d'ailleurs le passage auquel je fais allusion :

« *Gentilitia nomina Varro putat fuisse innumera, et praenomina circa triginta* [1]. »

Varron pense que les GENTILITIA *sont innombrables, mais qu'il n'y a que trente prénoms, ou à peu près.*

Valère-Maxime nous donne ensuite une liste ne comprenant que 28 prénoms, et encore parmi eux s'en trouve-t-il un que je ne puis considérer comme étant un véritable prénom; il sera signalé plus loin. La liste donnée par le *Traité des noms* n'est pas complète : en réalité il y a environ quarante *praenomen*. En m'arrêtant à ce chiffre, je ne m'éloigne pas trop des indications fournies par Valère-Maxime, puisqu'il nous dit que Varron pensait qu'il y avait *à peu près* trente prénoms (*circa triginta*). D'ailleurs, j'ai fait figurer dans ma liste des *praenomen* cités par Valère-Maxime ou mentionnés dans les fastes consulaires, mais qui étaient déjà tombés en désuétude dans le courant du septième siècle, ou bien n'ap-

<hr>

[1] Valère-Maxime, liv. X.

paraissent que dans les premières années de l'Empire. Cela suffit pour expliquer comment ma liste contient quelques *praenomen* de plus que celle donnée par l'auteur du *Traité des noms*.

Je divise les prénoms romains en quatre classes. La première comprend les *praenomen* d'un usage fréquent, ayant toujours été employés et se rencontrant dans toutes les *gens*. Dans une seconde classe, je place des *praenomen* particuliers à certaines *gens*, en ce sens qu'on les rencontre plus fréquemment dans ces *gens* que dans les autres, ou même qu'on ne les rencontre que dans ces *gens;* sans distinguer d'ailleurs entre les *praenomen* ayant toujours été en usage et ceux qui, à un moment donné, ont été démodés. Je range dans une troisième classe des *praenomen* qui, dès le septième siècle, étaient démodés, et enfin, dans une quatrième, des *praenomen* qui apparaissent dans les premières années de l'Empire : ceux-ci sont ou complètement nouveaux, ou bien ce sont d'anciens *praenomen* tombés en désuétude pendant un certain temps et ayant repris faveur dans les premières années de l'Empire.

§ I. Praenomen *usuels se rencontrant dans toutes les* gens.

Cette première liste ne comprend que quatorze prénoms; elle n'est pas longue, et une liste si étroite de prénoms usuels suffit pour nous expliquer pourquoi les mêmes prénoms se retrouvent si souvent dans le nom des personnages ayant joué un rôle dans l'histoire de Rome. Voici ces quatorze prénoms : *Olus*, *Caius*, *Cnaeus*, *Decimus*, *Lucius*, *Manius*, *Marcus*, *Publius*, *Quintus*, *Servius*, *Sextus*, *Spurius*, *Tiberius*, *Titus*.

Tous ces *praenomen* s'écrivaient en abrégé, voilà la règle ; on ne trouve que fort rarement, dans les inscriptions, le *praenomen* écrit en toutes lettres ; la notation normale du prénom se fait donc par abréviation. Les rares exceptions à cette règle sont données par des inscriptions sans caractère officiel ou provenant de provinces éloignées de Rome, de telle sorte que ces exceptions peuvent être considérées comme de véritables fautes d'orthographe. Plutarque, dans ses *Questions romaines* (1), fait allusion à cet usage romain de n'écrire les prénoms qu'en abrégé. Voici la traduction du texte grec :

« *Pourquoi ceux qui n'ont pas de père légitime sont-ils appelés* Spurii? — *En grec* σπόρος *veut dire semence ; c'est pourtant une erreur de dire et d'écrire, comme le font les rhéteurs, que les* Spurii *sont ainsi appelés parce qu'ils sont* vulgo concepti. Spurius *est un prénom comme* Sextus, Decimus, Caius. *Les Romains n'écrivent pas ces prénoms en entier ; mais ils les notent tantôt par une seule lettre, comme* Titus, Lucius,

______

(1) Plutarque, *Quest. rom.*, 103.

Marcus; tantôt par deux lettres, comme Tiberius, Cnaeus; tantôt enfin par trois lettres, comme Sextus, Servius. Spurius s'écrit avec deux lettres, Sp. Les deux mêmes lettres servent aussi à désigner les enfants naturels, c'est-à-dire nés sine patre, *sans père légitime. Celui dont le prénom est Spurius, et celui qui est né en dehors des justes noces, sont donc désignés par le même sigle; on conçoit qu'il y ait eu là une source d'erreurs, à la suite desquelles on en est arrivé à appeler* Spurii *les enfants nés en dehors des justes noces.* »

Ce texte de Plutarque est très formel pour nous apprendre que l'usage romain était d'écrire le prénom en abrégé. Il suffit, d'ailleurs, de jeter les yeux sur un recueil d'inscriptions pour s'apercevoir de l'existence de cet usage.

Étant donnée cette règle épigraphique, il me faut nécessairement indiquer de quelle manière s'abrégeait chacun de nos quatorze prénoms. A cet effet, je vais les reprendre l'un après l'autre et, après avoir noté l'abréviation usitée, je donnerai à l'appui un exemple qui sera emprunté autant que possible aux fastes capitolins.

Olus. — Tel est le *praenomen* que j'ai placé en tête. Au premier abord, on peut s'étonner de lui voir tenir le premier rang, puisque j'ai rangé mes *praenomen* dans l'ordre alphabétique. Voici l'explication de cette bizarrerie apparente. Ce prénom qui, écrit en toutes lettres, prend un *O*, s'abrège par un *A*. C'est en considérant le sigle par lequel il est noté dans les inscriptions que je l'ai placé au premier rang. Il me faut dès lors prouver que notre prénom, écrit en toutes lettres est orthographié *Olus*, alors que, écrit en abrégé, il est noté : *A*.

L'orthographe *Olus* est donné par Aulu-Gelle qui, dans un passage de ses *Nuits attiques*, écrit ce *praenomen* en toutes lettres :

« *Bellum deinde in terra graecia maximum Peloponnesiacum, quod Thucydides memoriae mandavit, coeptum est circa annum fere, post conditam Romam, trecentesimum vicesimum tertium, qua tempestate Olus Postumius Tubertus dictator Romae fuit, qui filium suum, quod contra suum dictum in hostem pugnaverat, securi necavit* [1]. »

La guerre du Péloponèse, racontée par Thucydide, commença en Grèce vers l'année trois cent vingt-trois de la fondation de Rome, alors que Olus Postumius Tubertus *était dictateur à Rome; c'est lui qui fit périr, par la hache, son fils, qui avait combattu contre l'ennemi, malgré sa défense.*

Dans ce passage, Aulu-Gelle écrit le prénom *Olus* en toutes lettres, contrairement à la règle générale qui vient d'être formulée. La leçon *Olus* est celle qui est donnée par tous les manuscrits.

(1) Aulu-Gelle, *Nuits attiques*, liv. XVII, c. 21.

Ce n'est pas tout; il est un certain nombre d'inscriptions qui nous donnent le prénom *Olus* exceptionnellement écrit en toutes lettres; dans ces inscriptions, notre *praenomen* est orthographié comme dans le texte d'Aulu-Gelle, c'est-à-dire qu'il est écrit avec un *O*.

Telle est l'orthographe donnée dans l'inscription suivante [1] :

CAELESTI AUGVSTAE ET AESCVLAPIO AV

GVSTO ET GENIO CARTHAGINIS ET

GENIO DACIARVM

OLVS TERENTIUS

5 PVDENS VTTEDI

ANVS LEG · AVGG

LEG · XIII · GEM · LEG

AVGG · PRO PRAET

PROVINCIAE RETIAE

Caelesti Augustae, et Aesculapio et Genio Carthaginis et Genio Daciarum, Olus Terentius Pudens Uttedianus, legatus Augustorum duorum legionis tertiae decimae geminae, legatus Augustorum duorum pro praetore provinciae Retiae.

Monument élevé à Caelestis (Astarté) Auguste, à Esculape Auguste, au Génie de Carthage, au Génie des Dacies par Olus Terentius Pudens Uttedianus, légat des deux Empereurs de la légion treizième gemina, légat propréteur des deux Empereurs dans la Rhétie.

(1) Orelli, n° 1943.

Les deux inscriptions suivantes[1], rapprochées l'une de l'autre, nous donnent à la fois le sigle et l'orthographe de notre prénom.

(a)   AVFIDIA · MEROPE   (b)   AVFIDIAE · Ɔ L
OLVS · AVFIDIVS   APAMIAE
POSEIT   A · AVFIDIVS
PATER · POSIT

(a) *Aufidia Merope, Olus Aufidius poseit.*

Monument élevé à Aufidia Merops par Olus Aufidius.

(b) *Aufidiae, Aufidiae libertae* [2], *Apamiae, A. Aufidius pater posit.*

Monument élevé aux mânes d'Aufidia Apamia, affranchie d'Aufidia Merops, par son père A. Aufidius.

Les deux monuments ont été élevés par le même personnage *A. Aufidius.* L'une des inscriptions donne son *praenomen* en toutes lettres : il est écrit avec un *O.* L'autre le donne en abrégé conformément à la règle : il est écrit par un *A.* Il suffit donc de rapprocher ces deux inscriptions pour prouver que notre premier *praenomen* s'écrit en toutes lettres : *Olus;* en abrégé : *A.*

<hr>

(1) Wilmanns, n° 192. — *C. I. L.,* t. I, p. 252, n°ˢ 1281 et 1282.

(2) C'est de cette manière qu'il faut traduire le sigle Ɔ · L. L'explication en est donnée plus loin.

A. Aufidius est un affranchi; il a pu recevoir la liberté soit d'*Aufidia Merops*, la femme à laquelle il élève un monument, soit du père de celle-ci. Le monument sur lequel se trouve gravée la deuxième inscription est le tombeau d'une affranchie d'*Aufidia Merops*, qui est en même temps la fille de notre *A. Aufidius*. Elle était donc née, en dehors des justes noces, de l'union d'*A. Aufidius* avec une esclave. Il est possible que la naissance d'*Aufidia* se rapporte à un moment où son père était déjà sorti de l'esclavage par l'affranchissement. On sait, en effet, que les enfants nés en dehors des justes noces suivent la condition de la mère et non pas celle du père; et, par conséquent, *Aufidia* a pu naître esclave, bien que son père fût libre.

Les preuves fournies ne sont pas les seules qui puissent être données à l'appui de cette manière d'orthographier notre *praenomen* lorsqu'on l'écrit en toutes lettres. Dans les premiers temps de la République romaine, alors que le nombre des esclaves était fort réduit et qu'un *paterfamilias* n'en possédait qu'un ou deux, on se servait pour désigner l'esclave du *praenomen* du maître, au génitif, en le faisant suivre du mot *puer* qui, dans son sens primitif, désignait tout à la fois l'enfant, le fils de famille et l'esclave. C'est ainsi que l'esclave appartenant à un *paterfamilias* portant le prénom de *Marcus* ou de *Lucius*, s'appelait *Marcipor, Lucipor;* de même l'esclave d'*Olus* s'appelait *Olipor.* Cet usage nous est signalé par Festus [1], qui s'exprime de la manière suivante :

« *Quintipor servile nomen frequens apud antiquos erat, a praenomine domini ductum, ut Marcipor, Gaipor, quamvis sint qui, a numero natorum ex ancilla, quinto loco dictum putent.* »

Quintipor *était un nom d'esclave très fréquent chez les anciens; il était tiré du prénom du maître, comme Marcipor et Gaipor; quoique certains auteurs prétendent que le nom* Quintipor *fut donné au cinquième enfant né d'une femme esclave.*

L'esclave, désigné sous le nom d'*Olipor,* est donc l'esclave d'un maître ayant pour prénom *Olus.* Lorsqu'un esclave était affranchi et fait citoyen romain, il prenait le *praenomen* et le *nomen gentilitium* de son patron, et à ces deux noms il ajoutait son ancien nom d'esclave, qui devenait alors un *cognomen.* Les inscriptions qui nous donnent le *cognomen Olipor* l'écrivant toujours par un *O,* ce fait nous prouve encore que l'orthographe de notre *praenomen* est bien *Olus* et non *Aulus.* A titre d'exemple, je citerai la première ligne d'une longue inscription [2] :

A · CAECILI · A · L · OLĪPOR

(1) Festus, v° *Quintipor.*
(2) *C. I. L.,* t. I, p. 225, n° 1034.

Auli Caecilii, Auli Caecilii liberti, Olipor.

Olus Caecilius, affranchi d'Olus Caecilius, Olipor.

Cet Olipor avait été affranchi par un maître dont le *praenomen* et le *nomen gentilium* étaient *A. Caecilius;* fait libre et citoyen romain par l'affranchissement, il a pris le *praenomen* et le *nomen gentilitium* du maître, et il a ajouté à ces deux noms son nom d'esclave, *Olipor,* qui veut dire esclave d'*Olus*. En même temps qu'elle nous indique l'orthographe de notre *praenomen* lorsqu'il est écrit en toutes lettres, notre inscription nous fait connaître de quelle manière il était abrégé.

Gaius, dans le quatrième livre de ses *Commentaires* [1], nous donne des formules d'actions; il suppose ordinairement, dans ces formules, que le procès s'engage entre un demandeur qu'il appelle *A. Agerius* et un défendeur appelé *N. Negidius*. Il résulte de la discussion ci-dessus que si on veut écrire les *praenomen* en toutes lettres, il faut orthographier *Olus* et non *Aulus*.

Caius. — Tel est le *praenomen* qui, dans notre liste, est classé le second. Il s'écrit par un C, et on prononce comme s'il y avait un G. Il s'abrège par une seule lettre C.

(1) Voy. notamment *Com*. IV, §§ 136 et 137. Le *Manuale juris synopticum* de Pellat écrit *Aulus Agerius*, mais le manuscrit de Vérone porte A. A.

En l'année 582 *u. c.*, pour la première fois, les deux consuls étaient plébéiens. L'un d'eux était [1] :

C · POPILIUS · P · F · P · N · LAENAS

Caius Popilius, Publii Popilii filius, Publii Popilii nepos, Laenas.

La prononciation de notre prénom est tout aussi certaine que sa notation ; elle nous est donnée par Quintilien et par les inscriptions, lorsque, par exception, elles notent ce *praenomen* en toutes lettres.

Voici le texte de Quintilien [2] auquel il vient d'être fait allusion :

« *Quid ? quae scribuntur aliter quam enuntiantur ? Nam et Gajus* C *littera notatur, quae inversa* Ɔ *mulierem declarat, quia tam Cajas esse vocitatas, quam Cajos, etiam ex nuptialibus sacris apparet.* »

N'est-il pas enfin des mots qui se prononcent autre-

____

(1) *C. I. L.*, t. I, pag. 437.
(2) Quintilien, *de Oratore*, I, 7, § 28.
Ajoutez : Terentianus Maurus, *de Syllabis*, v. 893-897 :

> « *Scribimus praenomen unum et C quidem praeponimus,*
> *G tamen sonabit illic, quando Gnaeum enuntio.*
> *Asperum quia vox sonorem leviore interpolat*
> *Vel priores G Latini nondum ab apice finxerant;*
> *Caius praenomen inde C notatur, G sonat.* »

Marius Victorinus, *Ars grammatica*, liv. I, § 4, *in fine :* « *C autem et nomen habuisse G et usum praestitisse, quod nunc Gaius per C et Gnaeus per Cn, quamvis utriusque syllabae sonus G exprimat, scribuntur.* »

ment qu'ils ne s'écrivent? En effet, le prénom Gaius s'écrit avec la lettre C; cette lettre renversée désigne une femme; dans les cérémonies accompagnant le mariage, on voit en effet la femme s'appeler Caia et le mari Caius.

Ce passage de Quintilien[1] est important à plusieurs points de vue; il faut dès lors en fixer le sens et la portée exacte. Il nous prouve d'abord, d'une manière péremptoire, que notre *praenomen* s'écrit par un C et se prononce comme s'il y avait un G. Mais ce n'est pas tout. Quintilien nous dit que le Ɔ (C renversé) désigne une femme; puis, à cette occasion, il nous rappelle que, dans les cérémonies qui accompagnaient le mariage, le mari et la femme s'appelaient l'un *Caius* et l'autre *Caia*. Voici le sens de cette allusion. Le jour de la célébration du mariage arrivé, l'épouse était conduite solennellement dans la maison du mari; celui-ci la recevait sur le seuil, et, avant de la laisser entrer, il lui demandait comment elle s'appelait. La femme répondait d'après la formule consacrée : *Ubi tu Caius, ego Caia.* Il n'y avait là qu'une formule qui était modifiée suivant les cas; il est probable que la fiancée, au moment où elle se présentait ainsi devant son mari, employait le

____

(1) Voici la suite du passage : « ..... *Nec Gnaeus eam litteram in praenominis nota accipit, qua sonat; et columnam et consules, exempta N littera, legimus; et Suburra, quum tribus litteris notatur, C tertiam ostendit.* » Cela nous explique pourquoi les inscriptions écrivent, *cos.* pour *cons.*, *cojugi* pour *conjugi*.

praenomen de celui-ci, et même son *gentilitium* lorsque le mariage avait lieu avec *manus*, et non pas, d'une manière invariable, le prénom *Caius* donné par la formule.

Certains commentateurs, considérant que Quintilien nous dit que le signe Ɔ désigne une femme, et que, d'autre part, cet auteur rappelle la formule employée dans les cérémonies accompagnant le mariage, en ont conclu que le Ɔ devait se traduire par *Caia*. Cette manière d'entendre le passage de Quintilien est une erreur. Pour le prouver, il me suffira de citer et d'expliquer l'inscription suivante[1]:

T · LVSCIO · T · L · PARNACENI

LVSCIAE · T · L · MONTANAE

T · ATTIUS · Ɔ · L · AVCTVS · COIVGI

T · LVSCIVS · Ɔ · L · CORVMBVS · PATR

5   ONAE · PRO · MERITEIS · DANT · UBEI

EORUM · OSSA · QVIESCANT

Si le sigle Ɔ devait se traduire par Gaia, voici comment il faudrait lire cette inscription :

Tito Luscio, Titi Luscii liberto, Parnaceni; Lusciae, Titi Luscii libertae, Montanae; Titus Attius, Caiae libertus, Auctus, conjugi; Titus Luscius, Caiae libertus, Corumbus, patronae; pro meritis dant, ubi eorum ossa quiescant.

____

[1] *C. I. L.*, t. 1, p. 229, nº 1064. — Elle est aussi donnée par Orelli, nº 4488, mais inexactement.

*A T. Luscius Parnacenis, affranchi de T. Luscius; à
Luscia Montana, affranchie de T. Luscius. T. Attius
Auctus, affranchi de Caia, à son épouse; T. Luscius
Corumbus, affranchi de Caia, à sa patronne. Que leurs
os reposent dans ce monument qui leur est élevé pour
reconnaître leurs mérites.*

T. Attius Auctus, affranchi de *Caia,* cela ne signifie
rien, car on ne voit pas de quelle *Caia* il peut être
l'affranchi; mais l'erreur de cette interprétation du
sigle apparaît avec évidence, quand on lit la quatrième ligne de l'inscription : *T. Luscius Corumbus,
affranchi de Caia.* L'inscription nous indique, en
effet, que ce dernier personnage est l'affranchi de
Luscia Montana, et non pas d'une femme appelée
Caia, puisqu'elle nous dit que le monument est élevé
par *Corumbus* à sa patronne. La dédicace en étant
faite au nom de *Luscius Parnacenis* et de *Luscia Montana,* il est certain que celle-ci est la patronne de
Corumbus. Je suis donc autorisé à dire que *Corumbus*
a été affranchi par *Luscia Montana,* et non par une
femme appelée *Caia.* La traduction du sigle Ɔ par
Caia ne donnant pas le sens de notre inscription, il
faut l'écarter.

Si, au lieu d'indiquer le nom de la patronne de
Corumbus par le sigle Ɔ, l'inscription l'avait donné
en toutes lettres, voici de quelle manière elle aurait
été rédigée : *T. Luscius, Lusciae Montanae libertus,
Corumbus,* puisqu'il est démontré que *Luscia Mon-*

tana est la patronne de *Corumbus*. Ce rapprochement nous donne la signification du sigle Ɔ et le sens
du passage de Quintilien. Celui-ci nous dit que le
sigle désigne une femme; pour avoir le nom de cette
femme, il suffit de répéter au génitif et au féminin le
nom qui précède le Ɔ. Voilà la règle. Si nous l'ap-
pliquons à la lecture de notre inscription, elle nous
donnera un sens raisonnable. Nous la lirons de la
manière suivante :

*Tito Luscio, Titi Luscii liberto, Parnaceni; Lusciae,
Titi Luscii libertae, Montanae. Titus Attius, Attiae
libertus, Auctus, conjugi; Titus Luscius, Lusciae libertus, Corumbus, patronae; pro meritis dant, ubi eorum
ossa quiescant.*

Le monument est élevé à deux affranchis par deux
autres affranchis. C'est un tombeau dédié aux mânes
de *T. Luscius Parnacenis* et de *Luscia Montana,* tous
les deux affranchis d'un patron appelé *T. Luscius,* mais
dont le *cognomen* ne nous est pas connu, puisqu'il
n'est pas donné par l'inscription. Les deux construc-
teurs sont : d'abord *T. Attius Auctus,* affranchi d'une
femme appelée *Attia* et époux de *Luscia Montana;*
puis *T. Luscius Corumbus,* affranchi de *Luscia Montana;* et l'inscription nous dit que c'est à sa patronne
qu'il élève le monument.

Si on admet que, pour avoir le sens du sigle Ɔ · L,
il faut répéter au génitif féminin le nom qui précède,
il est facile de lire toutes les inscriptions dans les-

quelles ce sigle se rencontre et d'en donner un sens raisonnable. Il me suffira de citer un exemple à l'appui de cette affirmation (1).

<pre>
    L · CLODI · L · L · ARGENTILLI
      CLODIAE · Ɔ · L · PHILOTERAE
         SIBI · ET · SVIEIS
(2) Θ CLODIAE · L · Ɔ · L · HILARAE
</pre>

Lucio Clodio, Lucii liberto, Argentilli; Clodiae, Clodiae libertae, Philoterae; sibi et suis. Obitae Clodiae, Lucii et Clodiae libertae, Hilarae.

A L. Clodius Argentillis, affranchi de L. Clodius; à Clodia Philotera, affranchie de Clodia; pour eux et leurs enfants; à défunte Clodia Hilara, affranchie de L. Clodius et de Clodia.

Clodia Hilara, déjà morte au moment où le tombeau a été construit, étant esclave, avait deux maîtres, *L. Clodius Argentillis* et *Clodia Philotera,* qui en étaient copropriétaires. Affranchie avant sa mort par ses deux maîtres, elle avait deux patrons ; c'est ce que l'inscription indique en nous disant qu'elle est affranchie de *L. Clodius* et *Clodia Philotera.* Notre ma-

____

(1) *C. I. L.,* t. I, p. 226, n° 1042.

(2) Ce sigle Θ, appelé ordinairement *theta nigrum,* indique que la personne à côté du nom de laquelle il se trouve placé, était déjà morte au moment de l'érection du monument funèbre. C'est l'abréviation du mot *obitus* (Voy. Robert Mowat, *Bulletin épigraphique,* quatrième année, pag. 133 et suiv.). Le *theta nigrum* se rencontre fréquemment dans les inscriptions funéraires de la Gaule Narbonaise.

nière de traduire le sigle Ɔ donne un sens raisonnable à l'inscription, qui serait incompréhensible si on le traduisait par *Caia*.

La véritable prononciation de notre prénom *Caius* nous est donc donnée par le texte de Quintilien qui vient d'être expliqué; elle nous est aussi donnée par les inscriptions. Il est, en effet, un certain nombre d'inscriptions dont les unes, donnant le *praenomen* en toutes lettres, l'écrivent par un G, et dont les autres l'abrègent également par un G.

Voici d'abord une phrase extraite d'une longue inscription gravée sur deux tables de marbre appelées *Cénotaphes de Pise*. J'ai déjà eu l'occasion de citer cette inscription; elle énumère les honneurs funèbres votés en l'honneur de L. et C. César, les petits-fils d'Auguste, nés d'Agrippa et de Julie. Ces jeunes princes avaient été adoptés par leur grand-père, c'est pourquoi notre inscription les appelle fils d'Auguste.

« ..... *Utique arcus celeberrimo coloniae nostrae loco constituatur ornatus spoleis devictarum aut in fidem receptarum ab eo gentium, super eum statua pedestris ipsius triumphali ornatu, circaque eam duae equestres inauratae Gai et Luci Caesarum statuae ponantur* [1]. »

..... *Que sur la plus belle place de la ville, il soit élevé un arc de triomphe orné des dépouilles des na-*

(1) Wilmanns, n° 883, p. 282.

tions vaincues ou soumises; sur le sommet de l'arc de triomphe, une statue pédestre d'Auguste en costume triomphal; de chaque côté de lui, les statues équestres et dorées des Césars Lucius et Gaius.

Les prénoms *Lucius* et *Gaius* sont écrits en toutes lettres; il est bien certain que le prénom *Gaius* s'applique à celui des jeunes Césars que notre inscription appelle *C. Caesar;* par conséquent notre inscription nous prouve que notre *praenomen*, tout en s'écrivant *Caius*, se prononçait *Gaius*.

Dans d'autres inscriptions, notre *praenomen* est donné en abrégé, mais il est noté par un G, ce qui constitue une violation de la règle générale. Tel est le cas de l'inscription suivante [1] :

CASTORI · ET POLLVC*i*

G · ATEIVS · PECVLIAR

P · P · APOLLIN

EX STIPE DVPLA

FACIENDVM CVRAVIT

Castori et Polluci, Gaius Ateius Peculiaris, primipilaris, Apollinem ex stipe dupla faciendum curavit.

G. Ateius Peculiaris, primipilaire, a consacré le produit d'une quête, dont il a doublé de ses deniers le montant, à l'érection d'une statue d'Apollon dans le temple de Castor et de Pollux.

(1) Allmer, *Inscript. de Vienne,* t. III, p. 335, n° 657.

Dans une autre inscription [1] on rencontre les deux notations ; le prénom *Gaius* y est en effet écrit d'abord par un G, ensuite par un C.

DEI I M

PATRI PATRV

M · G · RV*f*

EVTACTO

5   C · R · VIRI

LIS · FIL ·

Dei invicti Mithrae patri patrum, Gaio Rufio Eutacto, Caius Rufius Virilis filius.

A G. Rufius Eutactus, grand-prêtre du dieu Mithra invincible, C. Rufius Virilis, son fils.

Cette prononciation du C dans *Gaius* n'a rien d'étonnant. L'alphabet latin étant dérivé de l'alphabet grec, il est naturel que la troisième lettre du premier alphabet ait le même son que la troisième lettre du second ; en d'autres termes, il n'est pas étonnant, étant données les origines de l'alphabet latin, que le C ait eu primitivement le même son que le *gamma*. Le G est une lettre relativement récente ; elle n'a été admise par les Romains qu'à une époque où la notation des *praenomen* était déjà fixée. Ce ne fut en effet que

(1) Allmer, *Inscript. de Vienne*, t. III, p. 386, n° 699.

vers l'année 504 *u. c.* que Sp. Carvilius ajouta un *apex* à l'extrémité inférieure du C [1].

Cnaeus. — Tel est le troisième prénom; il s'abrège par deux lettres : CN. Exemple :

CN · MANLIVS · CN · F · L · N · VVLSO [2]

Cnaeus Manlius, Cnaei filius, Lucii nepos, Vulso.

Cn. Manlius Vulso, fils de Cn. Manlius, petit-fils de L. Manlius.

Notre *praenomen* s'écrit par un C, mais ici encore cette lettre se prononce comme un G. A l'appui de cette affirmation, je puis invoquer d'abord l'inscription gravée sur le tombeau de *L. Cornelius Scipio Barbatus* [3]; le père de ce personnage portait le prénom de *Cnaeus;* ce *praenomen* est écrit en toutes lettres dans l'inscription de la manière suivante : GNAIVOD. Je puis invoquer, en second lieu, la suite du passage de Quintilien [4] cité plus haut :

« ..... *Nec Gnaeus eam litteram in praenominis nota accipit, qua sonat.....* »

____

(1) Plutarque, *Quest. rom.*, 54.

(2) *C. I. L.*, t. I, p. 436. — L'un des deux consuls de l'année 565 *u. c.;* c'est le vainqueur des Galates d'Asie. Le Sénat lui accorda le triomphe en raison des succès remportés dans la guerre qu'il leur fit; il l'avait entreprise sans autorisation du Sénat ni du Peuple, poussé par le désir de piller de riches provinces et de s'enrichir de leurs dépouilles.

(3) Voy. page 65.

(4) Quintilien, *De oratore*, I, 7, § 28.

*Gnaeus ne s'abrège pas non plus avec la lettre indi-
quée par la prononciation.*

Decimus. — Ce *praenomen* s'abrège ordinairement
par une seule lettre D, rarement par trois, DEC.

D • IVNIVS • D • F • M • N • BRVTVS

*Decimus Junius, Decimi filius, Marci nepos, Bru-
tus* (1).

*D. Junius Brutus, fils de D. Junius, petit-fils de M.
Junius.*

Lucius. — Ce *praenomen* s'abrège par **L.**

L • CORNELIVS • P • F • L • N • SCIPIO • QVI • POSTEA
ASIATICVS • APPELLATVS • EST

*Lucius Cornelius, Publii filius, Lucii nepos, Scipio,
qui postea Asiaticus appellatus est* (2).

*L. Cornelius Scipion, fils de P. Cornelius, petit-fils
de L. Cornelius; dans la suite, il reçut le surnom d'A-
siaticus.*

Manius. — Ce *praenomen* s'abrège de deux manières différentes : M′ et M′. Le premier sigle est un
M auquel on a ajouté un jambage; le second un M

____

(1) *C. I. L.*, t. I, p. 439. C'est l'un des deux consuls de l'année 677
u. c.

(2) *C. I. L.*, t. I, p. 436. Il fut consul en l'année 564 *u. c.*

avec un accent. C'est le premier procédé de notation qui se trouve sur les monuments :

M᾽ · ACILIVS · M᾽ · F . C · N · GLABRIO

Manius Acilius, Manii filius, Caii nepos, Glabrio [1].

M'. Acilius Glabrio, fils de M'. Acilius, petit-fils de C. Acilius.

Le sigle M᾽ n'est employé que dans les ouvrages imprimés; il a été imaginé pour faciliter l'impression :

M᾽ AQViLVS
M᾽ F ANIES
PROCVLVS
ARIMIN
5   COMMENTAR
VIX AN XXVII
HIC SITVS EST

Manius Aquilius, Manii filius, Aniensi, Proculus, Arimino, commentarius, vixit annis septem et viginti; hic situs est [2].

M'. Aquilius Proculus, fils de M'. Aquilius, de la tribu Aniensis, originaire d'Ariminum [3], *commenta-*

---

(1) Consul en l'année 600 *u. c.;* c'est un consul-*suffectus;* il avait été nommé pour remplacer *L. Postumius Albinus,* mort dans l'exercice de ses fonctions.

(2) Wilmanns, n° 1550; Renier, *Inscriptions de l'Algérie,* n° 343.

(3) Aujourd'hui Rimini.

H.-N. M.   7

rius [1]. *Il a vécu vingt-sept ans; il est placé dans ce tombeau.*

Marcus s'abrège par : M.
Publius s'abrège par : P.
Quintus s'abrège par : Q.
Servius s'abrège par : SER.
Sextus s'abrège à l'origine : SX., plus tard : SEX.
Spurius s'abrège à l'origine : S., plus tard : SP.
Tiberius s'abrège par : TI; plus rarement : TIB.
Titus s'abrège par : T.

§ II. *Praenomen employés exclusivement ou plus fréquemment par certaines gens.*

Certains *praenomen* étaient spéciaux à certaines *gens*, de telle sorte que, pendant un temps plus ou moins long, ils ne se rencontrent que dans les *gens* auxquelles ils appartenaient, et que, dans tous les temps, ils ont été d'un usage plus fréquent dans les *gens* qui les avaient inaugurés. Après avoir donné la liste des *praenomen* usuels, je vais dresser le tableau de ces prénoms spéciaux à certaines *gens*. Cette seconde liste contient moins de noms que la précédente : les prénoms usuels sont au nombre de quatorze, nous n'en trouvons que neuf spéciaux à certaines *gens*. De ces prénoms, les uns ont été en usage pendant toute la durée de cette période de quatre siècles

(1) Le *commentarius* tenait les registres d'une centurie.

qui commence en l'année 535 *u. c.* avec la deuxième guerre punique et se prolonge jusqu'à la mort de Marc-Aurèle en l'année 932 *u. c.* D'autres, au contraire, après avoir été usités pendant les premiers siècles de Rome, sont tombés en désuétude ou même se sont transformés, de telle sorte qu'ils ont perdu leur caractère de *praenomen* pour devenir des *cognomen*. L'ensemble de ces *praenomen* spéciaux à certaines *gens* se divise donc en deux groupes : le premier comprenant ceux de ces prénoms qui ont toujours été en usage; le second, ceux qui, à un moment donné, sont tombés en désuétude, ou même ont perdu leur caractère de *praenomen*. Le premier groupe comprend cinq noms; le second groupe , quatre.

PREMIER GROUPE. — *Prénoms spéciaux à certaines* GENS, *ayant toujours été employés par elles, et qui ne sont pas tombés en désuétude.*

Je les donne dans l'ordre alphabétique : *Appius, Herius, Kaeso, Mamercus, Numerius.* J'indiquerai d'abord de quelle manière ils s'abrègent; ensuite, quelle est la *gens* ou quelles sont les *gens* par lesquelles ils étaient spécialement employés.

Appius. — Ce *praenomen* s'abrège par les lettres : AP, ou plus rarement : APP. Il est d'origine sabine, et la propriété exclusive de la *gens Claudia.* On sait que, peu de temps après l'expulsion de Tarquin le Superbe, le sabin *Ap. Claudius,* quittant son pays d'origine, vint s'établir à Rome vers l'année 254 *u. c.* avec sa famille et tous ses clients, au nombre de cinq mille. Il fut admis parmi les patriciens et, depuis cette époque, la *gens Claudia* joua un grand rôle dans l'histoire de Rome. Le premier des Décemvirs nommés en l'année 303 *u. c.* avec mission de codifier le droit et de le constater par écrit, appartenait à cette *gens Claudia* établie à Rome depuis cinquante ans seulement. Il s'appelait *Ap. Claudius,* et les fastes capitolins écrivent son nom de la manière suivante :

AP · CLAVDIVS · AP · F · M · N · CRASSINR*i*G*i*LL · SABIN · QVI · COS · FV*era*

Appius Claudius, Appii filius, Marci nepos, Crassinregillensis, Sabinus, qui consul fuerat [1].

Ap. Claudius Crassinregillensis Sabinus, fils d'Ap. Claudius, petit-fils de M. Claudius, qui était consul.

Le prénom *Appius* ne se rencontre pas en dehors de la *gens Claudia;* c'est pourquoi je dis qu'il est la propriété exclusive de cette *gens.* J'ajoute que ce *praenomen* n'est porté que par les patriciens de la *gens Claudia;* aussi peut-on conclure de là que notre prénom n'appartenait qu'aux familles patriciennes de

---

[1] Il était, en effet, consul au moment où les Décemvirs étaient entrés en fonction. Seul de ses collègues, il fut réélu l'année suivante. On sait dans quelles circonstances et de quelle manière les Décemvirs, qui voulaient se perpétuer dans leur charge, furent obligés de quitter le pouvoir.

la *gens* et que l'emploi en était interdit aux familles plébéiennes. La *gens Claudia,* comme la plupart des *gens,* comprenait à la fois des familles patriciennes et des familles plébéiennes. Si j'insiste sur ce point, c'est que nous avons un moyen facile et sûr de reconnaître si tel membre de cette *gens* est patricien ou plébéien. Le *nomen gentilitium* ne s'écrit pas, en effet, de la même manière pour un patricien que pour un plébéien. Le *nomen gentilitium* de cette *gens* était orthographié, pour un patricien, *Claudius*, et, pour un plébéien, *Clodius*.

L'ennemi politique de Cicéron, *Clodius,* appartenait à une famille patricienne de la *gens Claudia.* Il voulut se faire nommer tribun du peuple pour acquérir plus rapidement une grande influence politique. S'il avait dû attendre le consulat, il lui aurait fallu attendre trop longtemps, puisque, en vertu de la loi alors en vigueur, le consulat ne pouvait être exercé avant l'âge de 43 ans. Pour être tribun du peuple, il fallait être plébéien; aussi *Clodius,* poussé par son ambition, n'hésita pas à se faire adroger par le plébéien *P. Fonteius;* puis, immédiatement après l'adrogation réalisée, il se fit émanciper. L'accomplissement des formalités nécessaires pour arriver à l'émancipation exigeait la présence d'une personne au profit de laquelle étaient faites les trois mancipations successives (Voy. Gaius, *Com.* I, § 132). Ce fut un membre de la *gens Claudia* qui remplit ce rôle dans l'émancipation de *Clodius* par son père adoptif *P. Fonteius.* La troisième mancipation avait pour effet d'éteindre la puissance paternelle; dans l'espèce, elle fut faite sans contrat de fiducie, c'est-à-dire que le tiers au profit duquel cette troisième mancipation fut réalisée ne s'était pas engagé à remanciper *Clodius* à *P. Fonteius. Clodius* fut donc affranchi du *mancipium* par un membre de la *gens Claudia,* ce qui lui permit de conserver son *gentilitium* en en modifiant quelque peu l'orthographe. Cette manière de procéder n'était pas conforme à l'usage; aussi Cicéron reproche-t-il à son adversaire de ne pas s'appeler *Fonteius :* « ..... *Tu neque Fonteius es, qui esse debebas...* » (*Pro domo suâ, 13*). L'adversaire de Cicéron perdit, par l'effet de l'adrogation, la qualité de patricien; il devint plébéien, et par suite capable de remplir les fonctions de tribun. C'est aussi en raison de cette adrogation qu'il est connu dans l'histoire sous le nom de *Clodius,* et non de *Claudius* [1].

Herius. — Ce prénom s'abrège : HER. Il était d'un usage peu fréquent; du moins les monuments nous en signalant l'existence sont très rares [2]. Nous

---

[1] Dans une inscription citée p. 91, on rencontre plusieurs affranchis du nom de *Clodius* ou *Clodia.* Ces affranchis sont certainement des plébéiens ; aussi leur *nomen gentilitium* est-il écrit par la voyelle *o* et non par la diphtongue *au.*

[2] M. Mommsen, dans son *Traité sur les dialectes italiques* (*Unterital. Dial.,* pag. 262), donne la liste des passages des auteurs latins qui citent des personnages portant le prénom *Herius;* cette liste n'est pas longue.

voyons d'abord dans Tite-Live [1] qu'en l'année 539
u. c., au moment où les Carthaginois mettaient le
siège devant Nola, ville de Campanie, l'un des deux
magistrats de cette ville envoyés vers Hannon en
qualité de parlementaires s'appelait : *Herius Petius.*
L'abréviateur de Tite-Live [2] nous signale un magistrat des Marruciniens qu'il appelle *Herius Asinius;* enfin, l'un des fils du poète *C. Asinius Pollio*
s'appelle *Herius Asinius Pollio.*

Étant donné le petit nombre de personnages portant le prénom *Herius,* il faut conclure que ce prénom n'était pas employé par toutes les *gens.* On peut
aussi conjecturer que, à Rome tout au moins, ce prénom était peut-être spécial à la *gens Asinia.* Cette
conjecture ne paraîtra pas trop hasardée si on considère que, dans le petit nombre de personnages pré-
sentés comme portant le prénom *Herius,* il en est
deux appartenant à la *gens Asinia.*

J'ai dit que ce prénom s'abrège par trois lettres :
HER. Cette abréviation est certaine; elle nous est
donnée par une inscription, gravée sur une lame de
bronze, qui a été trouvée à *Tibur.* L'inscription est
double, très ancienne et antérieure à la deuxième
guerre punique [3].

<hr>

[1] Tite-Live, *Annales,* liv. XXIII, ch. 43.

[2] Liv. LXXIII. — Ce livre des *Annales* ne nous est pas parvenu, nous
n'en avons que l'abrégé.

[3] Wilmanns, n° 16; *C. I. L.,* t. 1, p. 26, n° 62.

C · PLACENTIOS · HER · F ·
MARTE · SACROM

Sur l'autre face :

C · PLACENTIVS · HER · F
MARTE · DONV · DEDE

Caius Placentius, Herii filius, Marti [1] *sacrum.* — *Caius Placentius, Herii filius, Marti donum dedit* [1].

C. Placentius, fils de Her. Placentius, a élevé cette statue à Mars. — *C. Placentius, fils de Her. Placentius, a donné ce présent à Mars.*

Caeso. — Ce *praenomen* s'écrit, en toutes lettres, *Caeso* ou *Kaeso;* mais il s'abrège toujours par un K. Ce *praenomen* ne se rencontre que dans trois *gens : Quinctia, Fabia* et *Duilia.*

L'un des fils du dictateur *L. Quinctius Cincinnatus* s'appelait *Caeso Quinctius Cincinnatus.* Il souleva contre lui la haine des plébéiens et des tribuns; l'un de ceux-ci, *Virginius,* l'accusa d'avoir frappé un de ses collègues au mépris de l'inviolabilité qui couvrait les tribuns du peuple. L'émotion soulevée par cette accusation fut telle que *K. Cincinnatus* eût certaine-ment été condamné à mort s'il n'avait pris la pré-caution de s'exiler volontairement. *Cincinnatus,* l'an-

____

(1) *Marte,* pour *Marti; dede* pour *dedit.*

cien dictateur, vendit tous ses biens, à l'exception de quatre arpents, pour payer les trente mille livres d'airain qui avaient été exigées du coupable à titre de caution [1].

Le prénom *Caeso* se rencontre, en second lieu, dans la *gens Fabia*. Pour s'en assurer, il suffit de jeter les yeux sur les fastes consulaires; on y voit, en effet, plusieurs consuls appartenant à la *gens Fabia* qui portent le prénom *Caeso,* ou qui sont nés d'un père ou d'un grand-père portant ce même *praenomen.* C'est ainsi que l'un des deux consuls des années 273 et 275 *u. c.* s'appelle : *K. Fabius, K. filius, Vibulanus.* L'un des six tribuns militaires de l'année 385 *u. c.* nous est présenté par les fastes consulaires comme fils de *Caeso.* Voici de quelle manière son nom est écrit :

M · FABIVS · K · F · M · N · AMBVS*tus* II

Marcus Fabius, Caesonis filius, Marci nepos, Ambustus, iterum.

M. Fabius Ambustus, fils de K. Fabius, petit-fils de M. Fabius; pour la seconde fois.

Enfin, notre *praenomen* se rencontre dans la *gens Duilia.* C'est ce qui nous est encore indiqué par les

____

[1] Tite-Live, *Ann.,* liv. III, ch. 13.

fastes capitolins. L'un des tribuns militaires de l'année 355 *u. c.* y est appelé :

C · DVILIUS · K · F · K · N · LONGUS

Caius Duilius, Caesonis filius, Caesonis nepos, Longus.

C. Duilius Longus, fils de K. Duilius, petit-fils de K. Duilius.

Il est donc prouvé que le prénom *Caeso* se rencontre dans les trois *gens* : *Quinctia, Fabia* et *Duilia*. Comme on ne le rencontre pas en dehors de ces *gens*, je suis autorisé à dire qu'il leur est spécial.

Mamercus. — Ce *praenomen* s'abrège par trois lettres : MAM. L'un des tribuns militaires de l'année 349 *u. c.* est appelé par les fastes capitolins :

M′ · AIMILIVS · MAM · F · M · N · MAMERCINVS

Manius Aemilius, Mamerci filius, Marci nepos, Mamercinus.

M′. Aemilius Mamercinus, fils de Mam. Aemilius, petit-fils de M. Aemilius.

Le *praenomen Mamercus* était la propriété exclusive de la *gens Aemilia.* Ce renseignement nous est fourni par Plutarque [1]. Celui-ci nous raconte que Numa,

____

(1) Plutarque, *Vie de Numa,* ch. 8, *in fine.*

ayant quatre fils, donna à l'un d'eux le nom de *Ma-*
mercus, en l'honneur de Pythagore dont il avait été
l'élève et dont l'un des fils s'appelait *Mamercus.* Plus
tard, ce fils de Numa, s'étant distingué par son habileté dans l'art de bien dire, avait reçu le nom d'*Aemi-*
lius; c'est lui qui a fondé la *gens Aemilia.* Plutarque
reproduit encore cette légende dans la vie de Paul-
Émile. A défaut d'autre mérite, ce récit nous fait connaître que notre prénom *Mamercus* était particulier à
la *gens Aemilia,* puisqu'il essaye de nous expliquer
pourquoi ce prénom se rencontrait dans cette *gens.*
Plutarque, comme tous les Grecs, s'efforçait de ratta-
cher les origines de Rome à la Grèce ; pour atteindre
ce but, il nous présente Numa comme l'un des élèves
de Pythagore ; c'est par de telles fictions, flatteuses
pour leur vanité, que les Grecs se consolaient de leur
abaissement et qu'ils s'efforçaient d'oublier la con-
quête romaine. Festus n'avait pas les mêmes motifs
de s'attacher à la légende ; aussi nous dit-il plus pro-
saïquement, mais plus exactement :

« *Mamercus praenomen oscum est, ab eo, quod hi*
Martem Mamertem appellant [1]. »

Mamercus est un prénom osque; dans la langue os-
que, Mamercus désigne le même dieu que Mars en
latin.

(1) Festus, v° *Mamercus.*

La langue osque, c'est l'ancienne langue des Samnites. Il est probable que si la *gens Aemilia* avait conservé le prénom *Mamercus*, présenté par elle comme étant le nom de son fondateur, c'était surtout pour attester, par un signe extérieur, l'antiquité de son origine.

Dès le huitième siècle de la fondation de Rome, notre *praenomen*, toujours employé par la *gens Aemilia*, se transforme et commence à être pris comme *cognomen*. C'est ainsi que l'un des consuls *suffectus* du 1ᵉʳ juillet 766 *u. c.* porte les noms de : *M. Aemilius Mamercus Scaurus*.

Numerius. — Ce *praenomen* s'abrège toujours par une seule lettre : N. L'auteur du *Traité des noms* nous parle de ce prénom ; voici ce qu'il en dit :

« *Numerii sola patricia familia usa est Fabia, idcirco quod trecentis sex apud Cremeram flumen caesis, qui unus ex ea stirpe extiterat, ducta in matrimonium uxore filia Numerii Otacilii Maleventani sub eo pacto, ut quem primum filium sustulisset, ei materni avi praenomen imponeret, obtemperavit.* »

La famille Fabia, seule des familles patriciennes, a pris le prénom de Numerius, lorsque, après la mort des trois cent six Fabius, sur les bords de la Crémère, le seul survivant de cette race épousa la fille de Numerius Otacilius Maleventanus sous cette condition que le premier fils qui naîtrait de cette union prendrait le prénom de son aïeul maternel.

Festus [1] nous donne le même renseignement, à peu près dans les mêmes termes; il ajoute seulement que c'est, attiré par les grandes richesses de *N. Otacilius Maleventanus,* que *Q. Fabius* lui avait demandé sa fille en mariage.

On a quelquefois entendu le passage de Valère-Maxime et celui de Festus en ce sens que le prénom *Numerius* était réservé exclusivement à la *gens Fabia.* Il suffit de lire attentivement nos deux textes pour voir que tel n'est pas le sens qu'il faut leur donner. Tout ce qu'ils nous disent, c'est que la *gens Fabia* est la première des *gens* patriciennes qui ait adopté le prénom *Numerius,* mais non que celui-ci fut la propriété exclusive de la *gens Fabia.* Il est bien certain d'ailleurs que notre *praenomen* était porté ailleurs que dans la *gens Fabia,* car le premier plébéien honoré du consulat, l'un des deux consuls de l'année 388 *u. c.,* est désigné de la manière suivante par les fastes capitolins :

L · SEXTIVS · SEX · F · NN · SEXTIN · LATERAN
PRIMVS · E PLEBE

Lucius Sextius, Sexti filius, Numerii nepos, Sextinus Lateranus, primus e plebe.

L. Sextius Sextinus Lateranus, fils de Sex. Sextius, petit-fils de N. Sextius; le premier plébéien élevé au consulat.

-----

[1] Festus, v° *Numerius.*

Le grand-père du premier consul plébéien portait donc le prénom *Numerius*, bien qu'il appartînt à la *gens Sextia* et non à la *gens Fabia.*

Cicéron [1] nous parle aussi de l'un de ses amis qu'il appelle *Numerius Furius.* Tout cela nous démontre que le *praenomen Numerius* n'était pas particulier à la *gens Fabia.* Cependant comme il se rencontrait surtout dans cette gens, je l'ai classé au nombre des prénoms spéciaux à certaines *gens.*

DEUXIÈME GROUPE. — *Prénoms spéciaux à certaines* GENS, *mais tombés en désuétude avant la seconde guerre punique.*

A côté de ces cinq prénoms toujours usités, au moins dans certaines *gens,* il en est quatre autres qui, à l'origine, étaient employés par certaines familles, mais qui sont tombés en désuétude avant le commencement de la deuxième guerre punique. Ce sont les prénoms : *Agrippa, Opiter, Volero, Volesus.*

Agrippa. — A l'origine de la République, c'était un prénom ; il s'abrégeait : AGRIPP. On sait que l'un des trois délégués envoyés, en l'année 261 *u. c.,* par le Sénat aux plébéiens retirés sur le Mont-Sacré, avec mission de faire tous leurs efforts pour ramener les dissidents dans Rome, s'appelait : *Agrippa Menenius.* Célèbre par son éloquence, il était le plus popu-

(1) Cic., *De oratore,* III, 23.

laire de tous les sénateurs ; il raconta aux plébéiens l'apologue des membres et de l'estomac ; la plèbe écouta le conteur, mais ne rentra dans Rome qu'après avoir obtenu l'établissement du tribunat. Cette magistrature, essentiellement plébéienne, créée pour protéger et défendre le peuple, devait, en définitive, aboutir à l'asservissement de la cité, puisque la source de tout le pouvoir d'Auguste et de ses successeurs était dans la puissance tribunitienne conférée chaque année à l'Empereur.

L'un des deux consuls de l'année 302 *u. c.* est appelé par les fastes capitolins :

T · MENEN*ius* · *agripp* · F · AGRIPP · N · LANATVS

Titus Menenius, Agrippae filius, Agrippae nepos, Lanatus.

T. Menenius Lanatus, fils d'Agripp. Menenius, petit-fils d'Agripp. Menenius.

L'un des tribuns militaires de l'année 337 *u. c.* s'appelle *Agripp. Menenius, T. filius;* c'est probablement le fils du précédent. On ne rencontre notre *praenomen* que dans la *gens Menenia,* c'est pourquoi je le considère comme spécial à cette famille. Peut-être était-il aussi employé par la *gens Furia* [1].

Dès la fin de la République, notre *praenomen*

____

[1] Voy. Fastes capitolins, année 363 *u. c.; C. I. L.,* t. I, p. 429.

change de caractère et devient un *cognomen*. *Agrippa*
est en effet le *cognomen* de ce général (*M. Vipsanius
Agrippa*) qui, après avoir aidé Auguste à vaincre Antoine, devint son gendre et gouverna l'Empire.

Opiter. — Ce *praenomen* nous est signalé par l'auteur du *Traité des noms*. On ne le rencontre qu'une
seule fois dans les fastes consulaires ; il est abrégé
de la manière suivante : OPETR. D'après les fastes
capitolins, l'un des tribuns militaires de l'année 353
u. c. était appelé :

L · *ve*RGINIVS · L · F · OPETR · N · TRICOT · ESQVI*lin*

*Lucius Verginius, Lucii filius, Opitris nepos, Tri-
costus Esquilinus.*

*L. Verginius Tricostus Esquilinus, fils de L. Vergi-
nius, petit-fils d'Opetr. Verginius.*

Ne rencontrant ce *praenomen* qu'une seule fois et
dans la *gens Verginia*, j'en conclus que c'était un prénom particulier à cette *gens* et qu'il tomba rapidement en désuétude.

Volusus. — Ce *praenomen*, que l'on écrit aussi
Volesus, se rencontre dans les inscriptions plus fréquemment que le précédent. Il présente une particularité : il ne s'abrège pas ; toutes les inscriptions qui
le donnent l'écrivent en toutes lettres. Tel est le cas

d'une longue inscription indiquant toute la carrière politique de *M'. Valerius Maximus* qui fut, avec *Agripp. Menenius* dont j'ai parlé plus haut, l'un des trois ambassadeurs envoyés par le Sénat vers les plébéiens réfugiés sur le Mont-Sacré.

<pre>
                    M' · VALERIVS
                   VOLVSI · F
                   MAXIMVS
          DICTATOR · AVGVR PRIMVS · QVAM
  5   VLLVM · MAGISTRATVM · GERERET
          DICTATOR · DICTVS · EST · TRIVMPHAVIT
          DE SABINIS · ET · MEDVLLINIS · PLEBEM
          DE SACRO · MONTE · DEDVXIT · GRATIAM
          CVM PATRIBVS · RECONCILIAVIT · FAE
 10   NORE · GRAVI POPVLVM · SENATVS · HOC
          EIVS · REI · AVCTORE · LIBERAVIT · SELLAE
          CVRVLIS · LOCVS · IPSI · POSTERISQVE
          AD MVRCIAI · SPECTANDI · CAVSSA · DATVS
          EST · PRINCEPS · INSENATVM · SEMEL
 15   LECTVS · EST (1)
</pre>

M'. Valerius, fils de Volusus, Maximus; dictateur, augure. Il fut nommé dictateur avant d'avoir géré aucune magistrature; il triompha des Sabins et des Médullins (2); *il ramena dans Rome les plébéiens réfugiés sur le Mont-Sacré; il rétablit la concorde entre les patriciens et les plébéiens accablés par les dettes;*

(1) Wilmanns, nᵒ 624; *C. I. L.*, t. I, pag. 284.
(2) Petit peuple du *Latium*.

pour le récompenser des services rendus, le Sénat lui octroya une chaise curule ; une place spéciale lui fut réservée, à lui et à ses descendants, dans le cirque, près de la petite enceinte consacrée à Vénus Murcia [1] *; il fut nommé prince du Sénat.*

Les fastes capitolins nous indiquent que deux des consuls des années 294 et 298 *u. c.* étaient petits-fils de *Volusus;* le premier de ces consuls, celui de l'année 294 *u. c.*, était probablement le neveu de notre dictateur; le second en était le petit-fils.

L'un des tribuns militaires de l'année 339 *u. c.* nous est encore présenté par les fastes capitolins comme fils d'un *Volusus Valerius.*

On peut conjecturer que ce *praenomen* était la propriété de la *gens Valeria,* puisque, dans toutes les inscriptions qui nous le donnent, il est porté par un membre de cette famille.

Le prénom *Volusus* eut les mêmes destinées que le prénom *Agrippa;* à partir d'un certain moment, il n'est plus employé comme *praenomen,* mais il reparaît comme *cognomen.* L'un des tribuns militaires des années 339 et 347 *u. c.* se dit encore petit-fils de *Volusus,* et cependant il prend déjà *Volusus* comme *cognomen.* Il est désigné de la manière suivante par les fastes capitolins :

C · VALERIVS · L · F · VOLVSI · N · POTITVS · VOLVSVS

____

(1) AD MVRCIAI pour AD SACELLVM MVRCIAI.

Caius Valerius, Lucii filius, Volusi nepos, Potitus Volusus.

C. Valerius Volusus Potitus, fils de L. Valerius, petit-fils de Volusus Valerius.

Enfin les deux consuls de l'année 758 *u. c.* s'appelaient :

CN · CINNA · MAGNVS   L . VALERIVS · VOLESVS

Cn. Cinna Magnus.   *L. Valerius Volesus.*

Volero. — Ce *praenomen* nous est signalé par l'auteur du *Traité des noms*, qui nous dit que c'était le prénom de *Publilius Philo*. Il s'abrège : VOLER. On le trouve écrit de cette manière à deux reprises différentes dans les fastes consulaires. L'un des tribuns militaires de l'année 355 *u. c.* est appelé :

L · POBLILIUS · P · F · VOLER · N · PHILO

Lucius Poblilius, Publii filius, Voleronis nepos, Philo.

L. Poblilius Philo, fils de P. Poblilius, petit-fils de Voler. Poblilius.

Ce *praenomen,* spécial à la *gens Poblilia,* tomba de bonne heure en désuétude.

§ III. *Prénoms démodés.*

La troisième section de ma liste comprend toute une série de prénoms tels que je ne puis les classer ni dans la première ni dans la seconde section. Il ne m'est pas possible de les placer sur la même ligne que les prénoms de la première série, car on les rencontre si rarement dans les inscriptions qu'on ne saurait les considérer comme des prénoms usuels; ils ne sont connus, pour la plupart, que parce qu'ils sont mentionnés par les auteurs. D'ailleurs, ceux de ces prénoms qui sont d'un usage plus fréquent, sont portés par des personnages appartenant aux *gens* les plus diverses; de telle sorte qu'il n'est pas possible de les présenter comme appartenant spécialement à telle ou telle famille. Voici ces prénoms énumérés dans l'ordre alphabétique : *Ancus, Caesar, Hostus, Lar, Postumus, Sertor, Statius, Tullus, Vibius, Vopiscus.*

Ancus est le prénom du successeur de *Tullus Hostilius.* Ce prénom est cité par l'auteur du *Traité des noms,* mais il n'est pas donné par les inscriptions.

Caesar, dans les temps historiques, est devenu un *cognomen* employé surtout par la *gens Julia.* Pendant quelque temps ce fut un *praenomen,* mais on ne peut affirmer qu'il fût, avec cette fonction spéciale, la propriété de la *gens Julia.* C'est par le *Traité des noms* que nous savons que *Caesar* fut un *praenomen* avant d'être un *cognomen*. On lit en effet dans ce *Traité* :

« *Quae olim praenomina fuerunt, nunc cognomina sunt ut Postumus, Agrippa, Proculus, Caesar.* »

Certains noms qui furent autrefois des prénoms sont devenus des cognomen, tels sont : Postumus, Agrippa, Proculus, Caesar.

Lar, au génitif *Lartis*, nous est présenté par l'auteur du *Traité des noms* comme un *praenomen*, d'origine étrusque, il est vrai, mais porté par un consul romain. Voici le passage de ce traité auquel je fais allusion :

« *Lar, Lartis praenomen est; sumptum a Laribus. Tuscum autem creditum est praenomen esse; fuitque consul Lar Herminius cum T. Verginio Tricosto.* »

Lar est aussi un prénom; il tire son origine des dieux lares; toutefois on croit que ce prénom est d'origine étrusque. Lar Herminius fut consul avec T. Verginius Tricostus.

Ce *Lar Herminius* est l'un des consuls de l'année 306 *u. c.* Il est appelé par Diodore de Sicile Λαρῖνος Ἑρμίνιος, et par Denys Λάρος Ἐρουίνιος. Le prénom *Lar* ne nous étant pas donné par les inscriptions, nous ne pouvons savoir comment il s'abrégeait, ni même s'il s'abrégeait.

Sertor. — Il nous est présenté comme prénom par le *Traité des noms*, et s'abrège SERT. Cette notation nous est donnée par quelques inscriptions [1].

Statius. — Ce *praenomen* s'abrège de deux manières : on rencontre en effet dans les inscriptions les abréviations STA et ST. La première forme est donnée par l'inscription suivante [2] :

FERONIA

STA · TETIO

DEDE

Feronia, Statius Tetius dedit.

Donné à Feronia [3] *par Sta. Tetius.*

Statius ne semble pas avoir été d'un usage très fréquent comme prénom; les inscriptions qui le mentionnent sont très rares. Il faut toutefois remarquer que *Statius* était employé très fréquemment comme nom d'esclave. Ce renseignement nous est donné par Aulu-Gelle dans le passage suivant [4] :

« *Statius autem servile nomen fuit. Plerique apud veteres servi eo nomine fuerunt. Caecilius quoque, ille comoediarum poeta inclutus, servus fuit et propterea*

---

(1) *C. I. L.*, t. I, p. 232, n° 1097; p. 264, n° 1412.
(2) Wilmanns, n° 3.
(3) Déesse des bois.
(4) Aulu-Gelle, *Nuits att.*, liv. IV, ch. 20.

nomen habuit Statius. Sed postea versum est quasi in cognomentum, appellatusque Caecilius Statius. »

Statius fut un nom d'esclave; chez les anciens, ce nom était porté par un grand nombre d'esclaves. Caecilius, le célèbre poète comique, fut esclave; c'est pourquoi il portait le nom de Statius. Dans la suite, il transforma son nom en cognomen et il s'appela Caecilius Statius.

Tullus s'abrège TVL. Cette abréviation se rencontre dans l'inscription suivante [1], qui nous donne les noms de quatre magistrats de *Tibur* :

L · NONIVS · L · F · PANSA
TVL · TVLLIVS · TVL · F
IIII · VIR · D · S · S · F · C
C · MANIVS · C · F
L · MAGILIVS · L · F · ITERVM

5

Lucius Nonius, Lucii filius, Pansa; Tullus Tullius, Tulli filius; Caius Manius, Caii filius; Lucius Magilius, Lucii filius iterum; quatuor viri de sententia Senatus faciendum curaverunt.

Vibus. — Ce *praenomen* est écrit en entier dans les fastes capitolins. L'un des consuls de l'année 302 *u. c.* y est appelé :

P · SESTIVS · Q · F · VIBI · N · CAPITO

___

(1) Wilmanns, nº 1807; voy. aussi nº 1805. — *C. I. L.*, t. I, nº 1121; voy. aussi nº 1120.

Publius Sestius, Quinti filius, Vibi nepos, Capito.

P. Sestius Capito, fils de Q. Sestius, petit-fils de Vibus Sestius.

Le même *praenomen* nous est donné en abrégé par d'autres inscriptions. On trouve, dans une même inscription [1], deux abréviations différentes : VIB et V. L'un des personnages désignés dans cette inscription est appelé :

VIB · VEDIVS

Vibus Vedius.

Et l'autre :

T · VEDIVS · V · F

Titus Vedius, Vibi filius.

Vopiscus. — Ce *praenomen* se rencontre dans les fastes capitolins et il y est écrit en toutes lettres. L'un des tribuns militaires de l'année 353 *u. c.* est appelé :

L · IVLIVS · L · F · VOPISCI · N · IVLVS

Lucius Julius, Lucii filius, Vopisci nepos, Julus.

L. Julius Julus, fils de L. Julius, petit-fils de Vopiscus Julius.

____

[1] *C. I. L.*, t. I, p. 232, n° 1097.

§ IV. Praenomen *nouveaux apparaissant dès les premières années de l'Empire.*

Pour compléter la liste des prénoms, il me reste à signaler un certain nombre de prénoms nouveaux qui apparaissent dès les premières années de l'Empire; je les ai réunis dans une quatrième section. Quelques-uns de ces prénoms sont d'anciens *praenomen* tombés en désuétude pendant un temps plus ou moins long et ayant repris faveur pendant les dernières années de la République et les premiers temps de l'Empire. Mais la plupart ne sont pas autre chose que des *cognomen* auxquels certaines familles ont attribué le caractère et la fonction de *praenomen*. De telle sorte que la noblesse romaine, après avoir donné à ses *praenomen* une physionomie toute particulière dans le but de se distinguer de la masse du peuple, a essayé, à un moment donné et dans la même intention, de revenir en arrière et de choisir arbitrairement ses *praenomen*, sans s'astreindre à les prendre sur la liste consacrée par l'usage. Ces *praenomen* sont les suivants : *Cossus, Faustus, Julus, Galeo, Nero, Paullus*. Ces prénoms n'étant pas autre chose que des *cognomen* auxquels certaines familles attribuaient la fonction de *praenomen*, il n'y a pas lieu de s'étonner qu'ils fussent écrits en toutes lettres et non en abrégé.

Dans les années 753 et 778 *u. c.*, nous trouvons deux consuls appelés : *Cossus Cornelius Lentulus*.

Faustus est un ancien *praenomen* transformé en *cognomen* et qui a repris sa fonction et son caractère primitifs dans le nom de l'un des consuls de l'année 805 *u. c.* : *Faustus Cornelius Sylla.*

Julus était un *cognomen* employé par la *gens Julia;* il fut pris en qualité de *praenomen* par le fils de Marc-Antoine, lorsque, après la bataille d'Actium, il fut interdit aux membres de la *gens Antonia* de prendre le prénom *Marcus.*

Galeo est le *praenomen* de l'un des consuls de l'année 829 *u. c.* : *Galeo Tettienus Petronianus.*

Nero a d'abord été employé comme *cognomen* dans la *gens Domitia;* puis, dans les commencements de l'Empire, il fut pris comme prénom. Il semble toutefois qu'il a toujours eu cette fonction dans certaines parties de l'Italie méridionale; c'est ainsi qu'une inscription [1] porte :

NER · EGNATI · T · F

Neronis Egnatii, Titi filii.

Néron Egnatius, fils de T. Egnatius.

Remarques sur le praenomen Imperator. — La liste ci-dessus donnant les *praenomen* adoptés par les Romains ne serait pas complète si je n'y ajoutais le

____

(1) *C. I. L.*, t. I, p. 264, nᵒ 1415.

prénom *Imperator* porté par les Empereurs dès qu'ils prenaient le pouvoir. Les généraux victorieux étaient souvent, pendant la période républicaine, proclamés *imperator* par leurs troupes; mais ce titre n'était pas conservé indéfiniment par celui auquel il avait été attribué; une fois les fêtes du triomphe célébrées, le triomphateur déposait en même temps l'*imperium* et le titre d'*imperator*. Le Sénat introduisit une première exception à cette règle en faveur de Jules César; un sénatus-consulte [1] décida, en effet, que celui-ci conserverait, sa vie durant, l'*imperium* et le titre d'*imperator*. Le Sénat décidait de plus que ce titre serait transmissible aux enfants légitimes ou adoptifs du dictateur [2].

Il ne semble pas que César ait abandonné son prénom *Caius* pour prendre celui d'*Imperator;* dans tous les cas, les fastes capitolins ne lui donnent pas ce dernier *praenomen*. Ces fastes capitolins le désignent encore, en l'année 710 *u. c.*, l'année où il fut assassiné aux ides de mars, de la manière suivante :

C · IVLIVS · C · F · C · N · CAESAR

Caius Julius, Caii filius, Caii nepos Caesar.

C. Julius Caesar, fils de C. Julius, petit-fils de C. Julius.

(1) Dion Cassius, XLIII , 44.
(2) *Id., eod.*

Octave, après que l'adoption contenue dans le testament de Jules César eût été confirmée par une loi curiate [1], fut considéré comme étant, à tous les points de vue, le fils du dictateur. Il succéda par conséquent au droit de prendre le prénom *Imperator* qui avait été accordé par le Sénat à César pour lui et ses enfants légitimes ou adoptifs. Il est certain que dès l'année 717 *u. c.*, Octave prit le prénom *Imperator* [2]; les fastes capitolins qui nous donnent, pour cette année, les noms des triumvirs, désignent Octave sous les noms de :

IMP · CAESAR · DIVI F · C · N

Imperator Caesar, Divi filius, Caii nepos.

Tibère et Caligula n'ont pas pris le prénom *Imperator;* ils ont conservé, le premier son prénom de *Tiberius,* le second, celui de *Caius.* Claude ne prit pas non plus le prénom *Imperator* [3]; mais, au dire de Dion Cassius [4], il chercha toutes les occasions de se faire accorder le triomphe et, par suite, de se faire proclamer *imperator.* Néron prend, dans quelques inscriptions et surtout sur les monnaies, le prénom *Imperator.* Cet Empereur ne prend pas le prénom

(1) Voy. plus loin ce qui est dit de l'adoption testamentaire.
(2) Je fixe plus loin la date précise à laquelle Octave prit le prénom *Imperator.*
(3) Suétone, *Claude,* ch. 12.
(4) Dion Cassius, LX, 8.

Tiberius qui lui appartenait depuis son adoption par
Claude; ordinairement, il met en première ligne, à
la place du prénom, le nom *Nero* : c'est un *cognomen*
qu'il employait comme prénom, mais qu'il écrivait en
toutes lettres. Galba prenait les noms *Imperator* et
Caesar comme *cognomen : Ser. Galba Imperator Caesar.* Vitellius prenait le premier nom comme *praenomen* et le second comme *cognomen : Imp. Vitellius
Caesar.* A partir de Vespasien, l'usage s'établit de placer ce mot *Imperator* comme prénom en tête de tous
les noms de l'Empereur et de l'écrire en abrégé. Désormais l'Empereur, au moment où il est élevé au
pouvoir suprême, prend, en même temps que le titre
d'*Augustus,* le prénom *Imperator.* Comme, normalement, la même personne ne doit pas avoir deux prénoms, il s'ensuit que le nouvel Empereur abandonne
le prénom qu'il portait avant son élévation; s'il le
conserve, c'est en qualité de *cognomen;* alors il l'écrit
en toutes lettres.

Il me suffira, pour faire ressortir la règle indiquée,
de placer sous les yeux une inscription relative à Vespasien et à Titus. Elle est gravée sur un long piédestal qui supportait trois bustes : au milieu, celui de
Vespasien, de chaque côté celui de ses fils, Titus et
Domitien. Sous chaque buste se trouve une inscription, et au-dessous de ces trois inscriptions est gravé le
nom du personnage par l'ordre duquel le monument
a été élevé; c'est un certain *C. Papirius Aequus,* centurion de la légion troisième *Augusta;* il en avait or-

donné l'érection par son testament [1]. Je me contente de donner la partie de l'inscription relative à Vespasien et à Titus.

(A)

IMP · CAESARI

VESPASIANO · AVG

PONT · MAX · TR · POT · IIII ·

IMP · VIIII · P · P · COS · IIII

Imperatori Caesari Vespasiano Augusto, pontifici maximo, tribunitia potestate quartum, imperatori novies, patri patriae, consuli quartum.

Monument élevé en l'honneur de Imperator César Vespasien Empereur, grand pontife, revêtu de la puissance tribunitienne pour la quatrième fois, proclamé imperator neuf fois, consul pour la quatrième fois, père de la patrie.

(B)

T · CAESARI

VESPASIANO · IMP · III

PONTIF · TR · POT · II · COS · II

Tito Caesari Vespasiano, imperatori ter, pontifici, tribunitia potestate bis, Consuli bis.

Élevé en l'honneur de T. César Vespasien, proclamé imperator trois fois, pontife, investi de la puissance

_____

(1) Wilmanns, n° 918.

*tribunitienne pour la seconde fois, consul pour la se-
conde fois.*

Vespasien, au jour de son élévation à l'Empire,
s'appelait : *T. Flavius Vespasianus;* à ce moment,
il quitta son prénom *Titus* pour prendre celui d'*Imperator.* Ce nom, dans notre inscription, a bien les
fonctions d'un *praenomen,* puisqu'il est écrit en tête
de tous les noms de l'Empereur; il en a aussi le caractère, puisqu'il est écrit en abrégé; on sait en effet
que, suivant la règle, tout *praenomen* doit s'écrire en
abrégé. Je ne traduis pas l'expression *Imperator* par
le mot *Empereur;* dans notre langage moderne, en
effet, le mot *Empereur* désigne le maître souverain de
l'Empire; dans notre inscription le mot exprimant la
même idée, c'est le mot *Augustus.* Le Sénat avait
conféré à César Octavien le titre d'*Augustus;* pour
celui-ci, ce n'était pas autre chose qu'un *cognomen.*
Le titre fut pris par tous les successeurs d'Octave, mais
à partir de la mort de celui-ci, il change de fonction :
ce n'est plus un simple *cognomen,* mais le titre désignant le maître souverain de l'Empire. Les trois
premiers successeurs d'Auguste, Tibère, Caligula et
Claude, n'ont jamais pris le prénom *Imperator,* et
cependant, il ne faut pas hésiter à les qualifier d'*Empereur,* car ils ont eu soin de prendre le titre d'*Augustus.* L'inscription gravée sur le tombeau de Tibère
était rédigée dans les termes suivants [1] :

(1) Wilmanns, n° 887.

OSSA

TI · CAESARIS · DIVI · AVG · F

AVGVSTI

PONTIFICIS · MAXIMI

5   TRIB · POT · XXXIIX · IMP · VIII · COS V

Ossa Tiberii Caesaris, divi Augusti filii, Augusti, pontificis maximi, tribunitia potestate vicies et octies, imperatoris octies, consulis quintum.

Ossements de Tibère César, fils du dieu Auguste, Empereur, grand pontife, revêtu, pour la vingt-huitième fois de la puissance tribunitienne, proclamé imperator huit fois, consul cinq fois.

Tibère, conservant son prénom *Tiberius*, ne prenait pas le prénom *Imperator*, mais il avait soin de prendre le titre d'*Augustus*; il était le maître de l'Empire, et ce titre avait pour fonction de l'indiquer.

Dans l'inscription (A), Vespasien prend le prénom *Imperator*; cela ne lui suffit pas pour indiquer qu'il est le maître de l'Empire, c'est pourquoi il prend le titre d'*Augustus*.

La puissance tribunitienne constituait la source du pouvoir de l'Empereur. L'Empereur n'était pas tribun du peuple; il ne pouvait pas remplir une telle charge puisqu'il était patricien de droit, et que le tribunat était une magistrature essentiellement plébéienne; mais il se faisait attribuer la puissance tribunitienne.

On avait détaché de la magistrature ses attributs pour les accorder à l'Empereur. Celui-ci pouvait, grâce à la puissance tribunitienne, s'opposer à l'exécution de toute décision prise par un magistrat quelconque ou par le Sénat, et provoquer une délibération de ce corps sur tel sujet qu'il lui soumettait. La puissance tribunitienne n'était conférée à l'Empereur que pour une année, mais la délégation était renouvelée chaque année. Les inscriptions relatives à un Empereur quelconque indiquent toujours qu'il est revêtu de la puissance tribunitienne ; en même temps, elles notent le nombre de fois que cette puissance lui a été accordée. Le renouvellement avait lieu chaque année ; il en résulte que le nombre indiquant combien de fois la puissance tribunitienne a été accordée à tel Empereur nous donne le nombre des années pendant lesquelles il a exercé le pouvoir soit comme maître souverain, soit comme associé à l'Empire. L'indication de la puissance tribunitienne peut aussi donner le moyen de fixer la date de l'inscription qui la contient. Il est donc possible de déterminer l'année pendant laquelle notre inscription a été gravée.

Le Sénat conféra à Vespasien tous les pouvoirs, tous les titres et honneurs qu'il accordait ordinairement aux empereurs ; le sénatus-consulte fait dans ce but ne fut rendu qu'après la mort de Vitellius, c'est-à-dire après le 20 décembre 69 ap. J.-C. (822 *u. c.*). Il est probable que, conférant à l'Empereur les pouvoirs accoutumés, le Sénat lui conférait la puissance tribu-

nitienne; toutefois, ce n'est pas au mois de décembre
que, pendant les années suivantes, la puissance tribunitienne fut renouvelée à Vespasien; ce renouvellement se fit aux calendes de juillet. Vespasien avait été
proclamé Empereur par son armée aux calendes de
juillet, et c'est à ce moment qu'il avait pris la puissance tribunitienne pour la première fois [1]. Tel est
le motif pour lequel, dans la suite, Vespasien se fit
accorder le renouvellement de la puissance tribunitienne au mois de juillet de chaque année [2]. Au
moment où notre inscription a été gravée, Vespasien exerçait la puissance tribunitienne pour la quatrième fois; dès lors nous pouvons dire avec certitude que l'inscription a été gravée entre le 1er juillet
825 et le 30 juin 826 $u.\ c.$ Il est possible de préciser
davantage. L'inscription nous dit, en effet, que, au moment où elle a été gravée, Vespasien exerçait le consulat pour la quatrième fois. L'indication du nombre
des consulats exercés par l'Empereur ne nous donne
pas le nombre des années pendant lesquelles il a
exercé le pouvoir. Il pouvait se faire que l'Empereur
eût exercé le pouvoir avant son élévation; de plus,
maître de l'Empire, il ne prenait pas le consulat

_____

(1) Suétone, *Vespas.*, ch. 6.

(2) Trajan, le premier, se fit consentir le renouvellement de la puissance
tribunitienne au 1er janvier. L'exemple de Trajan fut suivi par Hadrien et,
à partir de celui-ci, cette manière de procéder devint la règle. L'Empereur
se fit désormais renouveler dans la puissance tribunitienne le 1er janvier
de chaque année, quel que fût le jour où cette puissance lui avait été donnée pour la première fois.

chaque année. L'indication du consulat nous donne cependant un élément précieux pour fixer la date de l'inscription qui la contient, puisque, grâce aux fastes consulaires, il est possible de savoir en quelle année tel consulat a été exercé. Vespasien occupait le consulat pour la quatrième fois en l'année 825 *u. c.* Réunissant ces divers éléments d'information, je dirai donc que l'inscription rapportée ci-dessus a été gravée pendant la période commençant le 1er juillet 825 *u. c.* et se terminant le 31 décembre de la même année. C'est en effet pendant cette période de six mois que Vespasien exerçait la puissance tribunitienne pour la quatrième fois et qu'il était consul également pour la quatrième fois.

L'inscription (B) relative à Titus nous indique qu'elle a été gravée à un moment où celui-ci était déjà associé à l'Empire. Elle nous dit en effet que Titus était investi de la puissance tribunitienne pour la seconde fois. C'est aux calendes de juillet de l'année 824 *u. c.* que Vespasien associa son fils à l'Empire en lui faisant conférer la puissance tribunitienne. Titus, quoique associé à l'Empire et investi de la puissance tribunitienne, n'avait pas le titre d'Empereur ; aussi notre inscription ne lui donne-t-elle pas la qualification d'*Augustus*. Elle ne lui donne pas davantage le prénom *Imperator*, bien qu'il eût été proclamé trois fois *imperator* à la suite de ses victoires sur les Juifs. Puisque le fils de Vespasien conserve dans l'inscription le prénom *Titus*, cette inscription nous prouve qu'il ne suffisait pas pour prendre le prénom *Imperator* d'avoir été proclamé *imperator* par l'armée victorieuse, ni même d'avoir été associé à la puissance impériale. Il fallait de plus être Empereur, c'est-à-dire *Augustus* [1].

Vespasien étant mort, Titus lui succéda comme Empereur; à partir de ce moment, il prit le titre d'*Augustus* et aussi le prénom *Imperator*. Ce changement de nom nous est indiqué par de nombreuses inscriptions. Je me contenterai de citer les premières lignes d'un diplôme militaire [2] nous donnant les noms et les titres de notre empereur.

IMP TITVS CAESAR · DIVI · VESPASIANI · F · VESPASIANVS

AVGVSTVS PONTIFEX MAXIMVS TRIBVNIC · POTESTAT

VIIII · IMP · XV · P · P · CENSOR · COS · VIII

Imperator Titus Caesar, divi Vespasiani filius, Vespasianus Augustus, pontifex maximus, tribunicia potestate novies, imperator quintum decimum, pater patriae, censor, consul octies.....

[1] Il faut cependant remarquer que quelques princes n'étant encore que *Caesar*, c'est-à-dire successeurs désignés de l'Empereur, prenaient quelquefois le prénom *Imperator*. Ce sont là des dérogations à la règle générale, mais elles ne suffisent pas pour permettre d'en contester l'existence.

[2] *Recueil de diplômes militaires*, publiés par L. Renier, p. 140. On appelle diplôme militaire le congé (*honesta missio*) délivré au soldat après qu'il avait passé dans l'armée le temps réglementaire. L'*honesta missio* conférait à celui qui l'obtenait certains avantages. Elle était constatée par un titre composé de deux plaques de bronze réunies par un fil de même métal, et portant une inscription gravée deux fois, sur les faces internes et sur les faces externes. Je ne reproduis au texte qu'une très faible partie de l'inscription qui est beaucoup plus longue.

Imp. Titus Caesar Vespasien, fils du dieu Vespasien, Empereur, grand pontife, investi de la puissance tribunitienne pour la neuvième fois, proclamé imperator quinze fois, père de la patrie, censeur, consul pour la huitième fois.....

Dans cette inscription, Titus prend à la fois le titre d'*Augustus* et le prénom *Imperator*. Ce dernier nom est écrit en abrégé et il précède tous les autres : c'est donc bien un *praenomen*. L'empereur conserve son ancien prénom *Titus;* ce n'est plus avec son ancien caractère de *praenomen,* mais bien en qualité de *cognomen;* aussi ce nom est-il écrit en toutes lettres.

Titus prend le titre de *pontifex maximus;* dans l'inscription (b) citée ci-dessus, il était dit *pontifex* tout court. Du vivant de Vespasien, Titus ne pouvait pas se dire *pontifex maximus,* car il n'y avait qu'un seul *pontifex maximus* dont les fonctions étaient remplies par Vespasien.

En appliquant le procédé indiqué ci-dessus pour déterminer la date de l'inscription, on aboutirait à ce résultat que le diplôme a dû être délivré durant la période de temps qui va du 1ᵉʳ janvier au 30 juin de l'année 833 *u. c.;* ce n'est que pendant la durée de cette période que Titus était investi de la puissance tribunitienne pour la neuvième fois et du consulat pour la huitième fois. En réalité, le diplôme a été délivré le 13 juin 833 ; il porte en effet la mention suivante : ɪᴅɪʙᴠs ɪᴠɴɪs, *aux ides de juin.*

A partir de Vespasien, tous les Empereurs prirent le prénom *Imperator* qu'ils plaçaient toujours en première ligne. Jusqu'au règne d'Antonin le Pieux, sixième successeur de Vespasien, l'Empereur, en prenant le prénom *Imperator,* abandonnait en principe son ancien prénom. S'il le conservait, c'était à titre de *cognomen* et écrit en toutes lettres. A partir d'Antonin le Pieux, les choses changent; il arrive souvent que l'Empereur, tout en prenant le prénom *Imperator,* conserve son ancien prénom, avec le caractère de *praenomen,* puisqu'il l'écrit en abrégé. Il n'y a là rien qui doive étonner. A partir du règne d'Antonin le Pieux, et surtout à partir de celui de Marc-Aurèle, il se produit dans l'ancienne organisation de la famille agnatique des changements dont l'influence se fait sentir jusque dans la formation du nom, et que j'aurai l'occasion de signaler dans la suite de cette étude. C'est à cette époque qu'il faut placer les sénatus-consultes Orphitien et Tertullien qui ont créé des droits de succession *ab intestat* au profit des enfants à l'égard de leur mère, et réciproquement. De tels actes législatifs nous prouvent que l'ancienne famille agnatique ayant pour base la puissance paternelle et non les liens du sang, est battue en brèche; il n'est donc pas étonnant qu'à la même époque les règles gouvernant la formation du nom tombent aussi en désuétude, car elles étaient en harmonie avec l'organisation de la famille agnatique. Vers la fin du deuxième siècle de l'ère chrétienne, on rencontre dans les noms non-

seulement plusieurs prénoms s'appliquant au même
individu, mais plusieurs *gentilitium,* ce qui est bien
plus étrange. Cette pluralité de *gentilitium* s'explique
difficilement si on ne tient pas compte de cette tendance de la famille cognatique à envahir et à absorber
l'ancienne famille agnatique, qui est la véritable famille romaine.

Pour compléter cette étude du *praenomen,* il faut
examiner deux questions. 1° Une famille appartenant
à une *gens* donnée pouvait-elle choisir arbitrairement
pour ses membres les prénoms qu'il lui plaisait d'a-
dopter? 2° A quel âge le jeune citoyen romain rece-
vait-il un *praenomen?* Telles sont les deux questions
que je vais étudier successivement.

PREMIÈRE QUESTION. — *Un* paterfamilias *pouvait-il
choisir arbitrairement le* praenomen *de son fils, ou bien
était-il obligé de prendre l'un des prénoms agréés par
la* gens *dont il faisait partie?*

Il faut trancher la question en décidant que chaque
gens choisissait un certain nombre de prénoms et que
les différentes familles de la *gens* ne pouvaient donner
à leurs enfants que l'un des *praenomen* agréés par la
gens. A l'appui de cette manière de voir, j'invoque
deux considérations :

1° Quand on examine le nom des personnages connus de l'histoire romaine, on s'aperçoit bientôt que

les *praenomen* de ceux qui appartiennent à la même *gens* sont choisis dans un cercle très étroit. M. Mommsen [1] donne la liste des prénoms employés par sept grandes *gens* de Rome : *Aemilia, Claudia, Cornelia, Fabia, Furia, Julia* et *Manlia*. Du tableau qu'il nous donne, il résulte que celles de ces *gens* qui employaient le plus de prénoms, les *gens Aemilia* et *Cornelia* par exemple, n'en présentent cependant que sept ou huit. Voici d'ailleurs le tableau dressé par M. Mommsen :

Aemilii : C., Cn., L., Mam., M'., M., Q., Ti.
Claudii : Ap., C., D., L., P., Ti.
Cornelii : A., Cn., L., M., P., Ser., Ti.
Fabii : C., K., M., N., Q.
Furii : Agripp., C., L., M., P., Sex., Sp.
Julii : C., L., Sex., Vopiscus.
Manlii : A., Cn., L., M., P., T.

On ne peut expliquer que les familles d'une même *gens* n'aient employé qu'un nombre aussi restreint de prénoms qu'en admettant que la *gens* fixait elle-même les prénoms pouvant être pris par ces familles.

2° On voit la *gens* intervenir dans certaines circonstances pour rendre un décret interdisant aux familles composant la *gens* de prendre à l'avenir tel ou tel prénom. Ce pouvoir reconnu à la *gens* d'enlever aux familles qui la composaient le droit de prendre tel

____

(1) Mommsen, *Römische Forschungen*, vol. I, p. 15 et 16.

ou tel prénom est certain : il est indiqué par plusieurs textes formels qu'il est bon de citer.

Ces textes nous font connaître deux décisions prises respectivement par deux *gens* différentes, et ayant pour but de défendre aux familles formant ces *gens* l'emploi de tel prénom déterminé. L'une de ces décisions a été prises par la *gens Manlia* et l'autre par la *gens Claudia.*

A. *Décret pris par la* gens Manlia *et interdisant aux membres de cette* gens *l'usage du prénom* Marcus. — On connaît les exploits de *M. Manlius Capitolinus.* On sait que, réveillé par les oies du Capitole plus vigilantes que les sentinelles placées sur les remparts par la garnison assiégée, il défendit seul les murs de la citadelle contre les Gaulois qui commençaient à les escalader. Par sa force et son courage, il donna à ses compagnons le temps de s'armer, de se former et de se mettre en mesure de repousser l'assaut. C'est en raison de ce fait d'armes qu'il reçut le *cognomen* de *Capitolinus.* Cet exploit et d'autres que je n'ai pas à raconter ici lui valurent une grande popularité : il la perdit dans les luttes si ardentes entre patriciens et plébéiens. Accusé d'aspirer à la royauté, il fut condamné à mort et précipité du haut de la roche Tarpéienne; la maison qu'il avait fait élever dans l'enceinte du Capitole fut rasée. De plus, la *gens Mänlia* prit une résolution en vertu de laquelle elle interdisait à tous ses membres l'usage du prénom *Marcus.*

Cette décision de la *gens Manlia* nous est signalée d'abord par Tite-Live [1] qui nous dit : lui mort, deux mesures furent prises, l'une par le peuple, l'autre par la *gens*. Le peuple défendit à tout patricien de construire une maison dans l'enceinte du Capitole, et la *gens* interdit par un décret aux familles qui la formaient d'user du *praenomen Marcus*, afin qu'il n'y eût personne à l'avenir qui s'appelât *M. Manlius* :

« *Gentilicia altera, quod gentis Manliae decreto cautum est, ne quis deinde M. Manlius vocaretur.* »

Le même fait est rappelé par Cicéron [2]. Celui-ci rapporte, dans la première *Philippique*, qu'à la mort de César, Antoine avait fait rendre une loi supprimant le titre de dictateur, et il lui reproche d'avoir, par cette mesure, noté d'infamie la mémoire de César :

« *Ut enim propter unius M. Manlii scelus, decreto gentis Manliae, neminem patricium M. Manlium vocari licet; sic tu, propter unius dictatoris odium, nomen dictatoris funditus sustulisti.* »

De même que pour punir le crime commis par le seul M. Manlius, un décret de la gens Manlia défendit à tout patricien de prendre le nom de M. Manlius, de même toi, en haine d'un seul dictateur, tu as proposé de supprimer le nom de dictateur.

(1) Tite-Live, *Annales*, liv. VI, ch. 20.
(2) Cicéron, *Philippiques*, I, § 13.

Puis, Cicéron demande à Antoine pourquoi, après avoir tant fait pour la République, il a subitement changé d'attitude.

Pour compléter la liste des auteurs faisant allusion à cette résolution prise par la *gens Manlia*, il faut citer Plutarque [1] et Quintilien [2]. Il est donc bien certain qu'une décision de la *gens Manlia* (Cicéron et Tite-Live disent un décret) interdit aux familles patriciennes de la *gens* l'usage du *praenomen Marcus*.

B. *Décision de la* gens Claudia *interdisant à ses membres l'emploi du prénom* Lucius. — La *gens Claudia* prit, à un moment donné, une décision du même genre; c'est Suétone [3] qui nous la fait connaître. Voici de quelle manière il s'exprime :

« *Quum praenominibus cognominibusque variis distingueret, Lucii praenomine consensu repudiavit, posteaque e duobus gentilibus praeditis eo, alter latrocinii caedis alter convictus est.* »

Comme la gens Claudia se servait de divers praenomen *et de divers* cognomen, *elle répudia, d'un consentement unanime, le* praenomen Lucius, *après que deux de ses membres porteurs de ce prénom eurent été condamnés l'un pour brigandage et l'autre pour meurtre.*

(1) Plutarque, *Questions romaines*, 91.
(2) Quintilien, *De oratore*, liv. III, ch. 7, § 20.
(3) Suétone, *Tibère*, § 1.

Suétone nous dit donc que la *gens Claudia* prit, pour des motifs différents, une résolution analogue à celle qui fut prise par la *gens Manlia*.

Ces deux faits nous démontrent que la *gens* exerçait un contrôle tout puissant sur le choix des *praenomen* à donner à ses membres. Dès lors que la *gens* avait le droit d'interdire l'usage de certains *praenomen*, il me semble évident qu'il faut lui reconnaître le droit de déterminer les prénoms qui pouvaient être employés par les familles composant la *gens*. Étant donné le nombre si limité des prénoms romains, il ne fallait pas en prohiber un bien grand nombre pour restreindre singulièrement le choix des membres de la *gens*.

Le Sénat intervenait quelquefois pour interdire tel *praenomen* à telle *gens* donnée. Nous voyons, dès les premiers temps de l'Empire, le Sénat s'immiscer dans l'administration de la *gens,* et s'arroger le droit d'interdire à telle ou telle *gens* l'usage de tel ou tel *praenomen*. Après la bataille d'*Actium* et la chute de Marc-Antoine, le Sénat décréta que les trophées de celui-ci seraient arrachés, que son nom serait rayé de tous les monuments sur lesquels il était gravé, que le jour de sa naissance serait considéré désormais comme jour néfaste; enfin, il fit défense à tout membre de la *gens Antonia* de prendre désormais le *praenomen Marcus*[1]. C'est à la suite de ce sénatus-consulte

____

[1] Voy. Dion Cassius, LI, 19; Plutarque, *Vie de Cicéron*, § 49 *in fine.*

que le fils de Marc-Antoine quitta son *praenomen*
Marcus pour prendre celui de *Julus*.

Dans une autre circonstance, nous voyons le Sénat
intervenir non plus pour interdire à toute une *gens*
l'usage de tel ou tel *praenomen,* mais pour contraindre
tel personnage à changer son prénom. C'est ainsi qu'un
sénatus-consulte interdit au fils de Pison, accusé d'a-
voir empoisonné Germanicus, de prendre désormais
le *praenomen Cnaeus,* qui était aussi celui de son
père. Voici de quelle manière Tacite [1] nous fait connaître ce fait :

« Primus sententiam rogatus Aurelius Cotta, consul
(nam, referente Caesare, magistratus eo etiam munere
fungebantur), nomen Pisonis radendum fastis censuit,
partem bonorum publicandam, pars ut Cn. Pisoni
filio concederetur, isque praenomen mutaret. »

Le consul Aurelius Cotta fit connaître le premier son
avis (les magistrats en charge ne prenaient pas part au
vote, si ce n'est quand il s'agissait d'une proposition
faite par César); il proposa de rayer des fastes le nom
de Pison; de vendre aux enchères et au profit du trésor
public une partie de ses biens; d'abandonner l'autre
partie à Cn. Pison fils, mais en lui ordonnant de chan-
ger son praenomen.

Ces deux faits nous prouvent jusqu'à l'évidence que
le Sénat s'était attribué un droit jadis réservé à la

(1) Tacite, *Annales,* III, 17.

gens et qu'il défendait à certaines familles de prendre certains *praenomen*, de même qu'il ordonnait à certains citoyens de changer leur *praenomen*.

DEUXIÈME QUESTION. — *A quel moment le* praenomen *était-il donné aux jeunes romains?* — Telle est la deuxième question qu'il me faut examiner pour compléter l'étude du *praenomen*. Elle nous place en présence d'une difficulté. Il est en effet des textes qui nous disent que c'est le neuvième jour après la naissance que le jeune citoyen romain prenait un nom, mais il en est d'autres nous indiquant en termes plus formels que le jeune citoyen romain ne prenait de *praenomen* qu'au moment où il prenait la toge virile. De là controverse, les uns soutenant que le jeune romain recevait un prénom quelques jours après sa naissance; les autres prétendant qu'il ne le prenait qu'au jour où, devenu pubère, il revêtait la toge virile et acquérait la qualité de citoyen actif; de telle sorte que le *praenomen* figurant dans le nom officiel, annonçait, chez celui qui le portait, la pleine capacité civile et politique. Pour résoudre cette difficulté, il faut avant tout examiner les textes auxquels je viens de faire allusion.

Je cite en première ligne ceux de ces textes sur lesquels on s'appuie pour soutenir que le jeune romain recevait un *praenomen* avant de prendre la toge virile. Ces textes sont empruntés à Festus, à Macrobe et à Plutarque.

A. Festus [1], définissant le mot *lustrici,* nous dit :

« *Lustrici dies infantium appellantur, puellarum octavus, puerorum nonus, quia his lustrantur, atque eis nomina imponuntur.* »

Le dies lustricus, *c'est, pour les jeunes filles, le huitième, pour les jeunes garçons, le neuvième jour de la naissance; il est ainsi appelé parce que, à ce jour, ils sont purifiés et qu'on leur donne un nom.*

B. Macrobe [2] s'exprime à peu près dans les mêmes termes :

« *Est autem dies lustricus, quo infantes lustrantur et nomen accipiunt. Sed is maribus nonus, octavus est feminis.* »

On appelle dies lustricus *le jour où les enfants sont purifiés et reçoivent un nom; c'est le neuvième jour pour les jeunes garçons et le huitième jour pour les jeunes filles.*

C. Plutarque [3] formule l'une de ses *Questions romaines* de la manière suivante :

Pourquoi un nom est-il donné aux jeunes garçons le neuvième, et aux jeunes filles le huitième jour de la naissance ?

(1) Paul-Diacre, *Excerpta ex libris Pompei Festi,* v° *Lustrici.*
(2) Macrobe, *Saturnales,* liv. I, ch. 16.
(3) Plutarque, *Questions romaines,* 102.

Il donne à cette question une réponse plus ou moins étrange, ne présentant d'ailleurs aucun intérêt au point de vue qui nous occupe.

Il résulte de ces textes que, le neuvième jour après la naissance d'un enfant mâle, on accomplissait certaines cérémonies religieuses et qu'un *nomen* (c'est à dessein que j'emploie cette expression) était donné à l'enfant. L'existence de ces fêtes de famille nous est encore signalée par Tertullien [1]. Le Père de l'Église s'exprime à ce sujet dans les termes suivants :

Circa officio vero privatarum et communium solemnitatum, ut togae purae, ut sponsalium, ut nuptialium, ut nominalium, nullum putem periculum observari de flatu idololatriae quae intervenit..... »

Quant à ces fêtes privées qui ont lieu dans le sein des familles à l'occasion d'une prise de toge virile, de fiançailles, de noces, de prise de nom, je pense qu'un chrétien peut y prendre part sans s'exposer à tomber dans l'idolâtrie.....

Et un peu plus loin :

« Nuptias quoque celebrari non magis Deus prohibet quam nomen imponi. »

Dieu ne défend pas plus de fêter un mariage que de fêter le jour où un nom est donné.

(1) Tertullien, *De idololatria*, ch. 16.

Il résulte de ce texte que le *dies nominalis* est le même jour qui est appelé *lustricus* par Macrobe et Festus. Ce jour était l'occasion de fêtes de famille dans lesquelles on accomplissait certaines cérémonies, et on donnait un nom à l'enfant. Tertullien nous dit que les chrétiens peuvent prendre part à ces cérémonies sans commettre d'idolâtrie.

A côté de ces textes, il en est un autre bien formel pour nous dire que c'est en prenant la toge virile que le jeune romain prenait un *praenomen*. Ce texte nous est fourni par le *Traité des noms* attribué à Valère-Maxime; il s'exprime de la manière suivante :

« *Pueris non priusquam togam virilem sumerent.....
praenomina imponi moris fuisse, Q. Scaevola auctor
est* (1). »

Les jeunes citoyens romains ne reçoivent de praenomen *qu'au moment où ils prennent la toge virile; c'est
ce que nous apprend Q. Scaevola.*

Ce texte est formel; il nous dit d'une manière bien nette que c'est au moment où le jeune citoyen romain prend la toge virile qu'un prénom lui est donné. Il faut remarquer que Valère-Maxime parle expressé-ment de *praenomen,* tandis que les autres textes par-lent de *nomen,* c'est-à-dire emploient une expression

(1) Valère-Maxime, liv. X.

plus ou moins vague, dont le sens est plus ou moins précis. On sait, en effet, que cette expression *nomen* désigne soit le *nomen gentilitium* seul, soit le *praenomen*, soit même le *cognomen*, soit enfin la réunion des trois noms.

Il est bien certain qu'on n'attendait pas jusqu'au jour où le citoyen romain prenait la toge virile pour lui donner un nom fixant son individualité. Il fallait bien prendre un moyen de désigner le jeune romain, et de le distinguer des autres membres de la famille. A cet effet, on lui donnait un *nomen* le neuvième jour après sa naissance. Mais que faut-il entendre par ce *nomen* donné officiellement à l'enfant au milieu de fêtes et de cérémonies? Ce n'était pas un *nomen gentilitium*: l'enfant recevait ce nom au moment même de sa naissance. Il ne pouvait en effet avoir d'autre *nomen gentilitium* que celui de son père, s'il était issu de justes noces; que celui de sa mère, dans le cas contraire. Ce n'était pas non plus un *praenomen*, puisque le *Traité des noms* nous dit, en termes bien précis, que le jeune citoyen romain ne prenait officiellement un *praenomen* qu'au moment où il prenait la toge virile. C'était donc un *cognomen*. Il faut, dès lors, entendre les textes qui nous disent qu'un *nomen* est donné aux enfants le neuvième jour après leur naissance en ce sens que c'était un *cognomen* qui leur était donné. Cette manière de concilier les textes s'appuie sur un passage de Suétone (1) qui me paraît

(1) Suétone, *Vie de Néron*, ch. 6.

formel. Cet auteur racontant de quelle manière un nom fut donné à Néron au neuvième jour de sa naissance, s'exprime dans les termes suivants :

« *Ejusdem futurae infelicitatis signum evidens die lustrico exstitit. Nam C. Caesar, rogante sorore, ut infanti, quod vellet, nomen daret, intuens Claudium patruum suum, a quo mox Principe Nero adoptatus est, ejus se dixit dare; neque ipse serio, sed per jocum, et aspernante Agrippina, quod tum Claudius inter ludibria aulae erat.* »

Au neuvième jour de la naissance de Néron, au jour appelé dies lustricus, *il y eut un présage annonçant d'une manière évidente ce malheur futur. C. Caligula, sur la demande d'Agrippine, donna un nom à l'enfant. Par dérision et pour blesser Agrippine, Caligula regardant son oncle Claude, qui alors était le jouet de la cour, dit qu'il donnait à l'enfant le nom de son oncle; celui-ci, élevé au principat peu de temps après, devait adopter Néron.*

Suétone nous dit donc que, au jour appelé *lustricus dies,* C. Caligula donna un nom à l'enfant d'Agrippine, et qu'il lui donna le nom de Claude. Que faut-il entendre par ce *nomen* donné par Caligula à Néron ? Est-ce un *nomen gentilitium,* un *praenomen* ou un *cognomen?* Il est bien certain qu'il ne pouvait être question de donner un *nomen gentilitium* à l'enfant. Celui-ci, né de Cn. Domitius Ahenobarbus, appartenaît par sa naissance à la *gens Domitia*. C'est donc ou bien un *cognomen* ou bien un *praenomen* qui a été donné par Caligula à Néron au jour appelé *lustricus dies*. Mais comment savoir s'il s'agit d'un *praenomen*, ou au contraire d'un *cognomen*? Suétone nous dit que Caligula a donné à Néron un nom porté par Claude; donc, pour résoudre la difficulté, il suffit de comparer le nom complet de Claude avec le nom complet de Néron, avant son adoption. Le *nomen* qui se rencontre dans le nom complet de ces deux personnages, est celui qui a été donné par Caligula à Néron au jour appelé *lustricus dies*.

Le nom complet de Claude est [1] :

Ti. Claudius, Drusi Germanici filius, Nero Germanicus;

et celui de Néron avant son adoption par Claude :

L. Domitius, Cn. filius, Nero.

Le nom qui se rencontre à la fois dans le nom complet de Claude et dans celui de Néron, c'est *Nero;* donc, c'est le *nomen Nero* qui a été donné par Caligula au fils d'Agrippine. C'est là un *cognomen* et non un *praenomen*. Je suis, dès lors, autorisé à dire que c'est un *cognomen* et non un *praenomen* qui était donné à l'enfant au *lustricus dies*.

---

[1] Voy. Wilmanns, n° 880.

Le *cognomen* était sans doute inscrit sur les registres publics, au moment où le père de l'enfant décla-
rait la naissance de celui-ci aux magistrats chargés de
recevoir les déclarations de ce genre. Il est certain que,
à partir du règne de Marc-Aurèle, il y avait à Rome
de véritables registres de l'état civil. Jules Capitolin [1]
nous dit, en effet, dans la vie de Marc-Aurèle :

*« Inter haec liberales causas ita munivit, ut primus
juberet apud praefectos aerarii Saturni unumquem-
que civium natos liberos profiteri intra tricesimum diem
nomine imposito. »*

*Entre autres mesures, il ordonna le premier, en vue
de protéger l'état des personnes, que chaque citoyen
romain déclarât aux préfets du trésor la naissance de
ses enfants, dans les trente jours à partir de celui où
un* cognomen *leur avait été donné.*

Ce passage de Capitolin nous prouve qu'au temps
de Marc-Aurèle les préfets du trésor tenaient de véritables registres de l'état civil. Tout citoyen romain
devait leur déclarer la naissance de ses enfants dans
les trente jours à partir de celui où, conformément à
ce qui a été dit, il leur était donné un *cognomen*. Le
jour de l'imposition du nom était, pour les garçons,
le neuvième, à partir de la naissance; pour les filles,
le huitième. Dès lors, il faut dire que la déclaration

[1] Jules Capitolin, *M. Antoninus Philosophus*, § 9.

devait être faite dans les trente-huit ou dans les trente-neuf jours de la naissance, suivant le sexe de l'enfant.

Ces déclarations étaient faites régulièrement. Je trouve la preuve de ce que j'avance dans de nombreux textes. C'est ainsi que Capitolin nous signale une déclaration de ce genre faite par Gordien [1] :

« *Filium Gordianum nomine Antonini et signo illustravit, quum, apud praefectum aerarii more romano professus filium, publicis actis ejus nomen insereret.* »

Gordien donna le nom d'Antonin à son fils. Après en avoir déclaré la naissance au préfet du trésor, conformément à l'usage des Romains, il fit annoncer la naissance de ce fils dans les actes sous le nom d'Antonin.

Ce passage de Capitolin nous prouve bien que ces déclarations de naissance étaient entrées dans les mœurs. De plus, il vient corroborer ce que j'ai dit plus haut, à savoir que c'était un *cognomen*, et non pas un *praenomen*, qui était donné à l'enfant au jour appelé *lustricus dies*. Capitolin nous montre, en effet, Gordien donnant à son fils le nom d'*Antoninus* avant de faire sa déclaration au préfet du trésor; ce nom a été donné à l'enfant, suivant l'usage, le neuvième jour après sa naissance. Comme *Antoninus* est un *cogno-*

____

[1] Jules Capitolin, *Gordiani tres*, § 4.

men et non pas un *praenomen*, j'ai raison de dire que
le passage cité ci-dessus donne un argument à l'appui
du système qui a été soutenu.

Les déclarations de naissances faites aux préfets du
trésor étaient inscrites par eux sur des registres qui
constituaient de véritables registres de l'état civil.
Ces registres faisaient foi dans les questions d'état. Ce
n'est pas là une simple hypothèse : cette manière de
voir s'appuie sur des textes formels du Digeste. Voici
d'abord un texte de Papinien [1].

« *Imperator Titus Antoninus rescripsit, non laedi sta-
tum liberorum ob tenorem instrumenti male concepti.* »

*Imperator Titus Antoninus a décidé, dans un rescrit,
que la teneur d'un acte mal rédigé ne pourrait porter
atteinte à l'état des enfants.*

Il résulte de là, *a contrario*, que l'acte bien rédigé
fait preuve de l'état de celui auquel il se réfère. C'est
ce qui résulte aussi de la combinaison de deux autres
fragments du Digeste :

« *Etiam matris professio filiorum recipitur, sed et avi
recipienda est* [2]. »

*La déclaration de la naissance de l'enfant faite par
la mère doit être reçue; il en est de même de la déclaration faite par l'aïeul.*

(1) Frgt. 8, Dig., *De statu hominum*, 1, 5.
(2) Frgt. 16, Dig., *De probationibus*, 22, 3.

« *Mulier gravida repudiata, filium enixa absente marito, ut spurium in actis professa est; quaesitum est, an is in potestate patris sit, et matre intestata mortua jussu ejus hereditatem matris adire possit, nec obsit professio a matre irata facta? Respondit, veritati locum superfore* [1]. »

Une femme a été répudiée au moment où elle était enceinte, puis elle accouche en l'absence du mari; elle fait la déclaration de naissance, et présente l'enfant comme né en dehors des justes noces. Question de savoir si cet enfant est placé sous la patria potestas *de son père, et si, sa mère étant morte, il lui faudra le* jussus *du père pour faire adition d'hérédité. La déclaration faite par la mère, sous l'empire de la colère, peut-elle nuire à l'enfant? Le jurisconsulte a répondu : La vérité doit l'emporter.*

La mère, l'aïeul ont qualité, comme le père, pour faire la déclaration de naissance. Si, pour un motif quelconque, la mère avait fait une déclaration contraire à la vérité, si, par exemple, elle avait présenté comme né en dehors des justes noces un enfant issu du mariage, on discutait sur le point de savoir s'il fallait s'en tenir ou non à la déclaration de la mère. La question faisait difficulté, puisqu'elle a été posée au jurisconsulte Scaevola. Celui-ci la résoud en décidant que la vérité doit l'emporter sur une fausse décla-

____

(1) Frgt. 29 § 1, Dig., *eod.*

ration. Il n'en est pas moins vrai que le texte nous prouve que les actes dressés par les préfets du trésor faisaient foi, au moins jusqu'à preuve du contraire, et que, dès lors, ils constituaient véritablement des actes de l'état civil.

Il est donc certain que, à partir de Marc-Aurèle tout au moins, les déclarations de naissance étaient reçues par les préfets du trésor, qui en dressaient acte. Le délai dans lequel la déclaration devait être faite, avait pour point de départ le jour où un *cognomen* était donné à l'enfant. Il est probable que Marc-Aurèle n'a pas créé de toutes pièces cette institution des actes de l'état civil; il n'a fait que la réorganiser, et attribuer aux préfets du trésor la tenue des registres confiée antérieurement à d'autres fonctionnaires. Le texte de Papinien rapporté [1] plus haut nous prouve que, dès avant Marc-Aurèle, il y avait déjà des actes dressés pour constater la naissance des enfants. Dans ce texte, Papinien attribue à un empereur qu'il appelle *Imperator Titus Antoninus,* une décision en vertu de laquelle la teneur d'un acte mal rédigé ne pouvait pas nuire à l'état de l'enfant. L'empereur désigné par ces mots ne peut être qu'Antonin le Pieux, prédécesseur de Marc-Aurèle; dans tous les cas, ce n'est pas à celui-ci que se réfère cette désignation. Pour s'assurer de l'exactitude de cette affirmation, il suffit de comparer les noms officiels de nos

(1) Frgt. 8, Dig., *De statu hominum,* 1, 5.

deux empereurs. Antonin, après son élévation à l'Empire, s'appelait :

IMP CAE DIVI HADRIANI F DIVI TRA

IANI PARTIHC NEP T AELIVS HADRIA

NVS · ANTONINVS AVG PIVS....... [1]

Imperator Caesar, Divi Hadriani filius, Divi Traiani Parthici nepos, Titus Aelius Hadrianus Antoninus Augustus Pius.....

Et Marc-Aurèle :

IMP CAES M AVRELIVS ANTONINVS AVG

ARMENIACVS MEDICVS PARTHICVS........ [2]

Imperator Caesar Marcus Aurelius Antoninus Augustus Armeniacus Medicus Parthicus.....

Il résulte de la comparaison de ces deux fragments d'inscription que les noms *Imp. Titus Antoninus* n'appartiennent qu'à Antonin le Pieux. Dès lors, je suis autorisé à dire que le rescrit rapporté par Papinien dans le texte cité a été donné par Antonin le Pieux, et non par Marc-Aurèle. Il est toutefois étrange que Papinien, parlant d'un empereur mort et élevé au rang des dieux au moment où il écrivait, le désigne par les noms d'*Imp. Titus Antoninus;* régulièrement

(1) Voy. M. Renier, *Recueil de diplômes militaires*, p. 154.
(2) *Eod. loc.*, p. 166.

il devrait l'appeler *Divus Antoninus*. Toutefois, il n'est pas possible de s'appuyer sur cette irrégularité pour soutenir que Papinien veut désigner l'empereur régnant au moment où il écrit, et rapporter une décision donnée par Antonin Caracalla ; car, si celui-ci a pris le *cognomen Antoninus,* il n'a pas pris celui de *Titus* (1). Il me semble donc certain que le rescrit auquel fait allusion Papinien, est bien d'Antonin le Pieux. Si Antonin le Pieux prenait la peine de décider expressément que des registres de naissance mal tenus ne pourraient nuire à l'état d'un enfant, cela nous prouve que ces registres sont antérieurs à Marc-Aurèle, et que cet empereur, dès lors, n'a fait que réformer une institution qu'il n'a pas créée de toutes pièces. Il ne m'est pas possible d'ailleurs de fixer la date à laquelle l'institution a été organisée. Il est probable que ces actes de naissance, avant de prendre un caractère public, étaient tenus par les familles, et n'avaient que la valeur d'un acte privé. Peut-être est-ce sous le règne d'Auguste, et comme conséquence des lois *Julia* et *Papia Poppaea* qu'ils ont reçu une organisation officielle.

Une fois la déclaration faite, il était d'usage dans les grandes familles de faire annoncer la naissance par les *acta publica.* C'est ainsi que, dans l'un des textes cités plus haut, Capitolin nous dit que Gordien, après avoir déclaré la naissance de son fils au

----

(1) Voyez les noms d'Antonin Caracalla dans un des diplômes militaires du *Recueil* de M. Renier, p. 10.

préfet du trésor en lui donnant le *cognomen Antoninus*, fit annoncer le fait dans les *acta publica*. Ce n'est pas le seul texte nous faisant connaître cet usage. C'est ainsi que Suétone [1] voulant fixer le lieu de la naissance de Tibère, nous dit :

« Sed, ut plures certioresque tradunt, natus est Romae in Palatio, sexto decimo kalendas decembris, M. Aemilio Lepido iterum, L. Munatio Planco consulibus, post bellum Philippense. Sic enim in fastos actaque publica relatum est. »

Mais, comme plusieurs le racontent, il naquit à Rome, sur le Palatin, le seizième jour avant les calendes de décembre [2], sous le consulat de M. Aemilius Lepidus, consul pour la seconde fois, et de L. Munatius Plancus, après la guerre de Philippes. C'est là ce qui est rapporté dans les fastes et dans les acta publica.

De même dans la vie de Caligula [3], Suétone, après avoir rapporté les différentes opinions sur le lieu de la naissance de cet Empereur, nous dit :

« Ego in actis, Antii editum, invenio. »

Pour moi je trouve dans les acta *qu'il est né à Antium.*

<hr>

(1) Suet., *Tiberius*, 5.
(2) 15 novembre 712, *u. c.*
(3) Suet., *Caligula*, 8.

Juvénal, lui aussi, fait allusion à cet usage suivi par les grandes familles de Rome :

« ..... *et libris actorum spargere gaudes*
Argumenta viri [1]. »

Tu te réjouis de répandre partout, par le moyen des acta, *la naissance de ces enfants.*

Les *acta,* qu'on appelle aussi *acta populi diurna* ou *acta publica,* ne doivent pas être confondus avec les *acta Senatus.* Les premiers étaient des écrits où se trouvaient rapportés les faits remarquables et de nature à intéresser le public, qui s'étaient accomplis dans la ville de Rome. On y trouvait mentionnés notamment les naissances, les mariages ou les divorces dans les familles illustres. La rédaction et la publication de ces *acta* étaient probablement confiées à un magistrat, mais nous n'avons pas de notions précises sur ce point.

Le jeune citoyen romain était inscrit sur la liste des citoyens romains au moment où il prenait la toge virile. Il fallait donc lui donner à ce moment un *praenomen.* Le jeune romain était inscrit sur la liste avec le *praenomen* qui lui était donné lors de l'inscription, et ce n'est qu'à partir de ce jour qu'il avait légalement un *praenomen.* Jusque-là, il portait officiellement un *cognomen,* mais n'avait pas de *praenomen.* Il pouvait

---

[1] Juvénal, *Sat.* IX, v. 84.

bien se faire que, dans la vie privée, on donnât un prénom à l'enfant, bien avant le moment où il prenait la toge virile; tout ce que je veux dire, c'est qu'un tel prénom n'avait rien d'officiel, et qu'il pouvait être changé, sans difficulté, jusqu'au jour où le jeune romain était inscrit, avec un nom complet, sur la liste des citoyens romains. Il arrivait même que, l'enfant venant à mourir avant l'âge de quatorze ans, c'est-à-dire avant d'avoir pris la toge virile, on inscrivait un *praenomen* sur son tombeau; cela ne prouve rien contre ma thèse que le jeune citoyen romain n'a pas légalement de *praenomen* avant d'être inscrit sur les listes de citoyens. Une épitaphe n'est pas une inscription ayant un caractère officiel; il n'est donc pas étonnant que le défunt y soit désigné avec les noms qui lui étaient donnés par la famille. Mais, dans les inscriptions officielles, l'enfant ne porte jamais de *praenomen*. Les jeunes romains avaient tous, aux yeux de la loi, le même *praenomen* jusqu'au jour où ils prenaient la toge virile. Ce *praenomen* commun à tous les jeunes romains, c'est *Pupus*. Conformément à la règle qui veut que tout *praenomen* s'écrive par abréviation, *Pupus* est écrit en abrégé dans les inscriptions où on le rencontre. Il s'abrège par trois lettres PVP.

L'exactitude de cette manière de voir résulte du rapprochement de deux inscriptions gravées sur deux monuments élevés, l'un en l'honneur de M. Agrippa, le gendre d'Auguste, et l'autre en l'honneur d'Agrippa Posthume, son fils. Une ville de Bétique,

Ulia [1], avait choisi M. Agrippa pour patron ; elle lui avait élevé un monument avec cette inscription :

M · AGRIPPAE

PATRONO

A notre patron M. Agrippa [2].

Quand un personnage avait la notoriété d'Agrippa, on se contentait de le désigner par son *praenomen* et par le *cognomen* sous lequel il s'était rendu célèbre, sans donner son *gentilitium*.

Agrippa mort, c'est son fils, Agrippa Posthume, qui devint le patron de la cité. Celle-ci lui éleva un monument, et voici l'inscription qui y fut gravée :

PVP · AGRIPPAE · M · F

Pupo Agrippae, Marci filio (3).
A Pupus Agrippa , fils de M. Agrippa.

C'est bien là une inscription officielle : elle est gravée sur un monument élevé, par l'ordre des décurions, pour honorer le patron de la cité ; aussi ne donne-t-elle pas à Agrippa Posthume le *praenomen Marcus*. Elle se contente de le désigner sous le *praenomen* officiel commun à tous les jeunes romains n'ayant pas encore pris la toge virile.

(1) Aujourd'hui *Montemayor*.
(2) *C. I. L.*, t. II, n° 1527.
(3) *C. I. L.*, t. II, n° 1528.

Cette inscription n'est pas la seule qui nous donne ce prénom *Pupus* : nous en avons un certain nombre. En voici une autre que je cite à titre d'exemple :

PVP · PONTIO · T · F · VO*l*

PROCVLO · AN · XIII

Pupo Pontio, Titi filio, Voltinia (tribu), Proculo, annis XIII [1].

A Pupus Pontius Proculus, de la tribu Voltinia, fils de T. Pontius, mort à l'âge de treize ans.

Dans d'autres inscriptions, on donne le *gentilitium* et le *cognomen* de l'enfant, sans lui donner aucun *praenomen*, ni *Pupus*, ni un autre.

Telle est l'inscription suivante [2] :

IVL · CLARI

C · IVL · CORNELIANI · DEC

LVG · ET MODESTIAE GEMINANTIS

FILII · QVI · VIXIT · ANNIS · III · DIEB · VI

5   PARENT · FIL · DVLCISSIMO

(Diis Manibus) Julii Clari, Cai Julii Corneliani, decurionis Lugdunensium, et Modestiae Geminantis filii, qui vixit annis tribus, diebus sex; parentes filio dulcissimo.

______

(1) Wilmanns, n° 2697; Orelli-Henzen, n° 6222 a. Cette inscription qui signale la tribu *Voltinia*, indique la tribu du père de l'enfant; celui-ci, n'étant pas encore inscrit sur la liste des citoyens romains, ne figurait dans aucune tribu.

(2) Allmer, *Inscript. de Vienne*, t. III, p. 194, n° 524.

Aux dieux Mânes, à Julius Clarus, fils de C. Julius Cornelianus, décurion de Lyon, et de Modestia Geminans; il a vécu trois ans et six jours. Ses parents, au plus aimé des fils.

Quelques inscriptions nous donnent cependant, par exception à la règle qui vient d'être posée, un *praenomen* s'appliquant à des enfants morts avant l'âge de quatorze ans, et par conséquent avant d'avoir pris la toge virile. Ces inscriptions qui n'ont aucun caractère officiel ne prouvent rien contre la règle formulée. Le *praenomen* ainsi donné à l'enfant n'est pas autre chose que le *praenomen* choisi par la famille; il aurait dû recevoir la consécration officielle au moment où le jeune citoyen romain aurait été inscrit sur les listes de citoyens. Voici l'une de ces inscriptions[1] donnant un *praenomen* à un enfant mort avant d'avoir pris la toge virile :

d MEMOR M

iae a ETERNAE

C · INNOCENTI

SICONI DEFVN

     5   C ANNORVM

SEX · ET · MS · VIIII

ET DIES · XVI

F

M

[1] Allmer, *Inscript. de Vienne*, t. III, p. 155, nº 480.

Diis Manibus, memoriae aeternae Caii Innocentii Si-conii, defuncti annorum sex et menses novem et dies sedecim. Fecit mater.

Aux dieux Mânes, à la mémoire éternelle de C. In-nocentius Siconius, mort à l'âge de six ans, neuf mois et seize jours. Tombeau élevé par sa mère.

Pupus, praenomen commun à tous les jeunes ci-toyens romains qui n'avaient pas encore pris la toge virile, a fini par être employé comme *cognomen*. Cette transformation a été subie par un certain nombre de *praenomen*. C'est ainsi que l'on rencontre sur des ouvrages de poterie des marques d'ouvriers portant :

(1)
P V P V S F E

Pupus fecit.

----

(1) Allmer, *Inscript. de Vienne*, t. IV, p. 27, n° 863.

CHAPITRE II.

DU NOMEN GENTILITIUM.

Le *nomen gentilitium* est le second nom placé, dans la série des noms, après le *praenomen,* immédiatement avant l'indication de la filiation. Il ne suffit pas pour déterminer l'individualité du personnage auquel il s'applique; il fait connaître seulement la famille à laquelle ce personnage se rattache. Le *nomen gentilitium* est donc ce que nous appellerions aujourd'hui un nom de famille. Si cet élément du nom est appelé *nomen gentilitium,* c'est que, à l'origine, il n'était pas autre chose que le nom de la *gens* à laquelle appartenait l'individu désigné. Tous les membres d'une même *gens* portaient le même nom. C'est ainsi que tous les membres de la *gens Claudia* s'appelaient *Claudius;* ils orthographiaient leur nom par la diphtongue *au* ou par la voyelle *o,* suivant qu'ils appartenaient à une famille patricienne ou à une famille plébéienne. La *gens Claudia,* comme toutes les autres *gens,* comprenait, en effet, des familles patriciennes et des familles plébéiennes. Un individu appartenant à la *gens Aemilia* s'appelait *Aemilius. Claudius, Aemilius* sont des *nomen gentilitium.*

La *gens*, à l'origine, était un groupe de personnes unies entre elles par les liens de la parenté, de la clientèle ou du patronage. Le lien qui réunissait en un seul faisceau les membres composant la *gens* était d'abord un lien de parenté. Je trouve la preuve de ce que j'avance dans cette circonstance que chaque *gens* reconnaissait un auteur commun, considéré comme étant le fondateur de la *gens*. Il était de mode, à la fin de la République et au commencement de l'Empire, pour les *gens* patriciennes d'aller chercher l'auteur commun parmi les compagnons d'Énée. Quand je parle d'un lien de parenté unissant entre eux les différentes familles composant une *gens*, j'entends désigner non-seulement la parenté naturelle créée par les justes noces, mais encore la parenté créée par l'adoption. Il n'y a, en effet, aussi longtemps qu'il reste dans la famille, aucune différence entre le fils adoptif et celui qui est issu de justes noces.

A côté de ce lien de parenté, il faut placer le lien qui rattachait à la *gens* les clients et les affranchis, ou leurs descendants. L'esclave prenait, au moment de l'affranchissement, le *nomen gentilitium* du maître qui l'affranchissait. Ce fait nous indique que l'affranchi et sa famille faisaient partie de la *gens* du patron, dans laquelle ils occupaient un rang inférieur.

Cette manière de comprendre la *gens* et sa composition est en harmonie parfaite avec la définition des *gentiles* donnée par Cicéron. Qu'il me soit permis de dire quelques mots de cette définition présentée par lui comme un modèle, et qui cependant exerce depuis si longtemps la sagacité des commentateurs. Cicéron [1], après avoir donné une définition de l'*hereditas*, donne une définition des *gentiles* qu'il emprunte à Scaevola. Les *gentiles* constituaient le troisième ordre d'héritiers légitimes dans le système successoral ab intestat créé par la loi des Douze Tables. On voit dès lors le lien qui unissait les deux définitions : Cicéron, après avoir défini l'*hereditas*, est naturellement conduit à se demander à qui l'hérédité est déférée, et, par suite, à définir les *gentiles* [2] qui constituent l'un des ordres de successeurs. Cela posé, voici la définition donnée par Cicéron :

« Gentiles sunt, qui inter se eodem nomine sunt. »
Non est satis. « Qui ab ingenuis oriundi sunt. » Ne id
quidem satis est. « Quorum majorum nemo servitutem
servivit. » Abest etiam nunc : « qui capite non sunt
deminuti. » Hoc fortasse satis est. Nihil enim video
Scaevolam pontificem ad hanc definitionem addidisse.
Atque haec ratio valet in utroque genere definitionum,
sive id, quod est, sive id, quod intelligitur, definien-
dum est.

Sont gentiles *ceux qui portent le même* nomen gentilitium. *Cela ne suffit pas : il faut qu'ils soient nés*
de parents ingénus. Cela ne suffit pas encore : Il

(1) Cic., *Topiques*, 6.

(2) Ce droit successoral des *gentiles* était tombé en désuétude au temps de Gaius. Voy. *Com.* III § 17.

*faut qu'aucun de leurs ancêtres n'ait été en esclavage.
Enfin, sont* gentiles *ceux-là seulement qui n'ont pas
subi de* capitis deminutio. *C'est tout. Je ne vois pas
que le pontife Scaevola ait ajouté quoi que ce soit à
cette définition. Dans les deux cas, la définition fait
bien comprendre la chose définie et comment il faut
l'entendre.*

Cicéron, il faut le remarquer, ne définit pas la
gens, mais la *gentilitas;* il veut déterminer quels
sont les *gentiles* auxquels la loi des Douze Tables
défère l'hérédité en troisième ligne. Les notions qu'il
donne dans ce but nous font connaître ce que comprenait la *gens*.

Les *gentiles* faisaient certainement partie de la
gens. Pour pouvoir être appelé à la succession de
quelqu'un en qualité de *gentilis*, il faut nécessairement faire partie de la même *gens* que lui. Telle est
l'idée qu'exprime Cicéron en nous disant : sont *gentiles* ceux qui portent le même *nomen gentilitium*.
Cela ne suffit pas pour nous donner la notion de la
gentilitas, car, comme je viens de l'indiquer, la *gens*
comprend des ingénus et des affranchis ; l'esclave affranchi prend le *nomen gentilitium* de son patron, il
porte donc le même nom que lui, il fait partie de la
même *gens;* et cependant il est bien certain que l'affranchi ne peut pas être appelé à la succession ab intestat
de son patron. Le droit romain reconnaissait au patron
des droits dans la succession de l'affranchi sans réci-

procité. Aussi, pour exclure les affranchis de la *gentilitas*, Cicéron nous dit-il : sont *gentiles* ceux qui sont
nés ingénus. Le fils de l'affranchi naît ingénu : est-ce
à dire qu'il aura la qualité de *gentilis*, et qu'il sera
placé sur la même ligne que les autres membres de
la *gens* ne comptant que des ingénus dans la série de
leurs ancêtres? Non certainement : les descendants
d'un affranchi occupaient toujours une situation inférieure dans la *gens*. Cette infériorité était marquée
par un signe extérieur, car, comme on l'indiquera
plus loin, les ingénus descendants d'ingénus prenaient soin de donner dans leur nom complet non-
seulement le nom de leur père, mais encore celui de
leur grand-père et de leur arrière-grand-père; chose
que ne pouvaient faire ni le fils, ni le petit-fils d'un
affranchi. Cicéron, pour nous indiquer que les descendants d'affranchis, bien que faisant partie de la
gens et nés ingénus, n'ont pas la qualité de *gentiles*,
nous dit : sont *gentiles* ceux dont les ancêtres n'ont
jamais été en servitude.

Une dernière qualité est exigée par Cicéron dans le
gentilis : le *gentilis* ne doit pas avoir subi de *capitis
deminutio*. Comment entendre cette dernière condition? Il faut reconnaître sans difficulté que celui qui
a subi une *maxima* ou une *media capitis deminutio*,
n'a plus la qualité de *gentilis* : devenant esclave ou
perdant la qualité de citoyen romain, il cesse de faire
partie de la *gens*. Mais faut-il dire que tout individu
qui subit une *minima capitis deminutio* perd la qua-

lité de *gentilis?* C'est ce que je ne saurais admettre.
Le fils de famille donné en adoption, le *sui juris* qui
se donne en adrogation subissent une *minima capitis
deminutio;* et, cependant, si l'adoption, dans le premier cas, l'adrogation, dans le second, ont été réali-
sées au profit d'un *paterfamilias* faisant partie de la
gens, il n'y a pas de motif pour décider que l'adopté
ou l'adrogé ont perdu la qualité de *gentilis* dans la
gens. Si l'adoption ou l'adrogation ont été faites au
profit d'un *paterfamilias* appartenant à une autre *gens,*
sans doute l'adopté perd la qualité de *gentilis* dans
sa *gens* d'origine, mais il l'acquiert dans la *gens* de
son père adoptif. Ces décisions me paraissent certaines. S'il en était autrement, s'il fallait dire que l'a-
dopté et l'adrogé perdent d'une manière absolue la
qualité de *gentilis,* il faudrait faire, entre la condition
du fils adoptif et celle du fils issu de justes noces,
une différence importante. Cette différence n'est
mentionnée par aucun texte; j'en conclus qu'elle
n'existe pas, et que, par conséquent, la *minima
capitis deminutio* résultant de l'adoption ou de l'a-
drogation ne fait pas perdre à l'adopté ni à l'adrogé
la qualité de *gentilis.* Il en est autrement de la *capitis
deminutio* résultant de l'émancipation. L'émancipé
conserve le *nomen gentilitium* de son père; il en est
ainsi au moins lorsque l'émancipation est faite *cum
contracta fiducia.* L'émancipé fait donc partie de la
même *gens* que le père émancipateur; mais, comme
l'émancipé est dans une situation qui présente une

certaine analogie avec celle de l'affranchi, on conçoit qu'il perde la qualité de *gentilis*.

Cicéron, dans sa définition de la *gentilitas,* ne reconnaît la qualité de *gentilis* qu'à certains membres de la *gens*. Ceux qui sont investis de cette qualité peuvent être appelés à la succession ab intestat d'un *de cujus* qui, de son vivant, faisait partie de la *gens;* ils y sont appelés au troisième rang, à défaut d'héritiers siens et d'agnats. Tout citoyen romain ingénu qui mourait sans laisser d'héritiers siens ni d'agnats, laissait pour héritiers les *gentiles,* c'est-à-dire, ceux des membres de la *gens* ayant la qualité de *gentilis*. Cette qualité n'était pas reconnue à tous les membres de la *gens;* c'est pourquoi un membre de la *gens* pouvait être appelé éventuellement à la succession de tel ou tel autre membre, sans qu'il y ait réciprocité. Il y avait droit de succession réciproque lorsque les deux membres envisagés étaient l'un et l'autre des *gentiles;* la réciprocité n'existait pas lorsque la qualité de *gentilis* n'appartenait qu'à l'un des deux.

Cicéron nous disant d'une part que, pour avoir la qualité de *gentilis* à l'égard de telle personne donnée, il faut porter le même *nomen gentilitium* que cette personne, et, d'autre part, que cette qualité n'appartient ni aux affranchis ni à leurs descendants, nous dit par là même que les affranchis et leurs descendants font partie de la *gens* de leur patron.

La *gens,* à l'origine tout au moins, formait un

groupe politique distinct, ayant son culte et ses usages particuliers. On a vu que certains *praenomen* n'étaient employés que par certaines *gens*, et que l'usage de certains autres était prohibé dans quelques *gens*. J'ai montré la *gens Manlia* prenant une décision par laquelle elle interdisait à ses familles patriciennes l'emploi du prénom *Marcus*. Je pourrais montrer la *gens Fabia* défendant à ses membres le célibat, et leur interdisant d'exposer leurs enfants [1]. Certaines *gens* avaient un *jus sepulcri* particulier : pendant longtemps les *gens Fabia* et *Valeria* eurent des cimetières qui leur étaient réservés exclusivement ; et, jusqu'aux temps de Sylla le dictateur, la *gens Cornelia* enterrait ses morts, sans les brûler : ce n'est qu'à la fin du septième siècle de la fondation de Rome qu'elle adopta l'usage de l'incinération.

Dès la fin de la République, la *gens* a perdu son autonomie ; dès le commencement de l'Empire, le droit successoral réservé aux *gentiles* est tombé en désuétude. A ce moment, la *gens* n'est plus qu'une grande famille comprenant, outre les familles unies entre elles par les liens du sang ou de l'adoption, les affranchis et leurs descendants. Le nom commun à tous les membres de cette grande famille est celui que l'on appelle *nomen gentilitium*.

Le nombre des prénoms en usage chez les Romains était assez restreint, c'est pourquoi j'ai pu en dresser

---

[1] Voy. Denys d'Halicarnasse, IX, 22.

la liste. Je ne puis procéder de la même manière avec les *nomen gentilitium* : le nombre en est illimité. L'auteur du *Traité des noms*, en même temps qu'il nous annonce que les prénoms sont au nombre de trente ou environ, prend soin de nous faire remarquer que le nombre des *nomen gentilitium* n'est pas restreint dans des limites aussi étroites :

« *Gentilitia nomina Varro putat fuisse innumera,*
« *et praenomina circa triginta.* »

Varron pense que les nomen gentilitium *sont innombrables, mais qu'il n'y a que trente prénoms, ou à peu près.*

Je n'essaierai donc pas de dresser une liste donnant les *nomen gentilitium* : une telle liste serait nécessairement incomplète ; mais j'indiquerai quelles sont les formes possibles du *gentilitium*, et, par là, je donnerai le moyen de le reconnaître dans la série complète des noms d'un personnage donné. Le *gentilitium* se reconnaît tout d'abord à la place qu'il occupe dans la série des noms : normalement, il est placé après le *praenomen*, immédiatement avant l'indication de la filiation. Ce n'est pas tout : dans la plupart des cas, le *gentilitium* se reconnaît à la désinence ; la règle est, en effet, que le *nomen gentilitium* se termine par le suffixe *ius*. Telle est la désinence de tous les noms patriciens que nous connaissons ; à titre d'exemples, il me suffira de citer les noms de *Fabius, Valerius,*

Cornelius, Aemilius, Julius, Claudius. Les noms des grandes familles plébéiennes se terminaient de la même manière. C'est ainsi que le premier consul plébéien s'appelait L. *Sextius* (1). Le père d'Auguste s'appelait C. *Octavius*. La *gens Octavia* était une *gens* plébéienne; il en était de même de la *gens Junia*, à laquelle appartenait M. *Junius* Brutus, l'un des assassins de César. Si j'ai choisi au milieu de beaucoup d'autres pour les citer les *gens Octavia* et *Junia*, c'est que l'une et l'autre, à la fin de la République, époque où elles ont joué un grand rôle sur la scène politique, prétendaient avoir été à l'origine des *gens* patriciennes qui, à un moment donné, s'étaient fait recevoir au nombre des plébéiens. Une telle prétention soulevée par quelques grandes *gens* plébéiennes, était plus ou moins fondée. Il est probable que ces gens n'avaient songé à revendiquer une origine patricienne qu'à partir du jour où, arrivées aux honneurs, elles avaient voulu relever l'éclat de leur nom. Il faut reconnaître, cependant, qu'il arrivait quelquefois qu'un patricien, poussé par l'ambition, se faisait adroger par un plébéien; cela lui permettait de briguer le tribunat et de parvenir plus rapidement aux honneurs. J'ai déjà cité le cas de P. Clodius Pulcher, l'ennemi politique de Cicéron qui, pour pouvoir se faire nommer tribun du peuple, se fit adroger par P. Fonteius. J'ai expliqué pourquoi cette adrogation suivie

---

(1) C'est l'un des deux consuls de l'année 388 *u. c.*

d'une émancipation n'avait pas changé le *gentilitium*
de celui qui en avait été l'objet. L'histoire romaine
nous fournit donc des exemples de patriciens renonçant individuellement à leur qualité, mais elle ne
nous fournit pas d'exemple bien authentique d'une
gens patricienne renonçant au patriciat pour se faire
plébéienne.

De la désinence *ius*, il faut rapprocher les désinences *aeus* et *eius;* elles sont de même nature. De tout
temps on rencontra à Rome des *nomen gentilitium*
terminés par les suffixes *aeus*, qui s'écrivaient originairement *aius* et *eius*. Tels sont les *gentilitium Annaeus, Poppaeus, Pompeius*. Il faut les mettre sur
la même ligne que les *gentilitium* terminés en *ius*.

Si la règle est que le *gentilitium* se termine par le
suffixe *ius, aeus, eius*, cette règle n'est pas sans
exception. De bonne heure on vit se fixer à Rome
des familles latines, sabines, ombriennes et étrusques; la plupart venaient augmenter le nombre des
plébéiens, dont elles avaient tous les droits. Ces
familles conservèrent leur nom étranger qu'elles
transformèrent en *nomen gentilitium*, de telle sorte
qu'à un moment donné, lorsque les plébéiens eurent
conquis l'égalité civile et politique et purent se dire
citoyens romains *optimo jure,* on vit apparaître un
certain nombre de *gens* plébéiennes dont le nom
n'était pas terminé en *ius*.

Il arrivait quelquefois que la famille étrangère qui
venait se fixer à Rome était admise au nombre des

patriciens; mais, quand ce fait se produisait, les nouveaux venus avaient soin de modifier leur *gentilitium*, et de lui donner une physionomie romaine, en y ajoutant une désinence en *ius*. Ce fut le cas de la *gens Claudia*. On sait que, dans les premières années de la République, Ap. Clausus quitta la Sabine pour venir se fixer à Rome; il fut admis au nombre des patriciens, et immédiatement il changea son nom de *Clausus* en celui de *Clausius* ou *Claudius*. L'admission d'Ap. Clausus au rang des patriciens constitue une exception; ordinairement, les nouveaux venus étaient admis en qualité de plébéiens; aussi n'éprouvaient-ils pas le besoin de modifier leur *gentilitium*, ils conservaient leur nom primitif avec sa forme étrangère. Cela nous explique pourquoi l'on rencontre parmi les *gentilitium* des noms terminés en *erna, enna, ina* ou *inna*; en *anas, enas* ou *inas*.

Les *gentilitium* avec la désinence *erna* qui, primitivement, s'écrivait *arna, enna, ina* ou *inna*, sont d'origine étrusque. Il faut donc considérer les familles portant les noms *Perpenna, Tapsenna, Caecina, Spurina*, comme sorties de l'Etrurie. J'en dirai autant de la famille de C. *Prastina* Messalinus, mentionné dans plusieurs inscriptions de l'Algérie [1].

Les *gentilitium* terminés en *anas, enas* ou *inas* sont d'origine ombrienne. Ceux qui ont les dési-

____

[1] Renier, *Inscriptions de l'Algérie*, n°s 10, 11; *C. I. L.*, t. VIII, n° 2536.

nences *enus* et *inus* sont du Picenum [1] : tels sont les *gentilitium Alfenus, Labienus, Salvidienus, Pomptinus* [2]. Enfin, on rencontre des *gentilitium* avec la désinence *acus* ou *icus;* ces *gentilitium* sont d'origine gauloise. Tels sont les *gentilitium Avidiacus* et *Bellicus* que l'on rencontre dans quelques inscriptions. L'une d'elles [3] nous signale un personnage appelé C. *Bellicus* qui fut consul à Rome, et patron de la colonie de Vienne, chez les Allobroges. Il faut reconnaître, toutefois, que ce *gentilitium Bellicus* se rencontre aussi dans plusieurs inscriptions de l'Afrique.

Sur tous ces points, il n'y a pas de difficulté; l'origine étrangère de tous ces *gentilitium* à désinences anormales est admise sans contestation. Il n'en est pas de même de l'origine de certains *gentilitium* terminés par la désinence *anus,* qui se rencontrent en assez grand nombre chez les Romains dès les septième et huitième siècles de la fondation de Rome. La plupart de ces *gentilitium,* on peut même dire tous, sont tirés de noms de villes ou de lieux. Je citerai comme exemple le *gentilitium Norbanus.* C'est un nom très certainement dérivé de *Norba,* ancienne ville du pays des Volsques. Ce *gentilitium* est celui de

(1) Voy. sur tous ces points : Hübner, *Ephemeris epigraphica,* t. II (année 1875), p. 25 et suiv.

(2) C. Pomptinus, ami de Cicéron, a triomphé des Allobroges en 700 *u. c.* pour victoires remportées en 691 *u. c.*

(3) Allmer, *Inscript. de Vienne,* t. II, p. 150, n° 123.

deux personnages consulaires ; l'un d'eux, consul de l'année 671 *u. c.*, s'appelait C. Norbanus Bulbus ; l'autre, consul de l'année 772 *u. c.*, L. Norbanus Balbus, et il avait pour collègue M. Junius Silanus [1]. C'est à l'un ou à l'autre de ces deux consuls Norbanus que doit être attribuée l'initiative de la loi *Junia Norbana*. On sait que les historiens ne sont pas d'accord sur la date de cette loi qui a créé la condition des affranchis Latins Juniens : les uns prétendent qu'elle est de l'année 671, les autres de l'année 772 *u. c.*

Le *gentilitium Norbanus* n'est pas le seul de son

[1] Le consulat de M. Junius Silanus et L. Norbanus Balbus est rappelé dans une inscription très curieuse rapportée par Wilmanns, n° 873. Cette inscription est trop longue pour qu'il me soit possible d'en donner le texte ; d'ailleurs, écrite en toutes lettres, ne contenant que fort peu d'abréviations, cette inscription se lit sans difficulté. Elle nous donne un procès-verbal d'abornement. Q. Tillius Sassus et le municipe Histonium (municipe de l'Italie, sur les côtes de l'Adriatique) étaient en contestation relativement aux limites de deux héritages voisins. Les deux adversaires étaient représentés : l'un, Tillius Sassus, par son affranchi Q. Tillius Eryllus ; l'autre, le municipe, par son *actor* M. Paquius Aulanius. Les deux mandataires tombèrent d'accord pour confier l'examen du litige à C. Helvidius Priscus. L'inscription nous raconte que celui-ci, après avoir prêté serment, statua *in ea verba quae infra scripta sunt,* phrase qui est écrite de la manière suivante : Q INF S S. Le juge se fit d'abord présenter un titre que l'*actor* du municipe prétendait posséder, et dont l'adversaire réclamait la production. Le titre fut examiné ; il constatait que les limites des deux héritages avaient été fixées à l'égard des auteurs des deux plaideurs par Q. Coelius Gallus. La plantation des bornes ordonnée par celui-ci avait eu lieu le huitième jour avant les calendes de mai, sous le consulat de M. Junius Silanus et L. Norbanus Balbus. La suite de l'inscription nous fait connaître de quelle manière Coelius Gallus avait fait placer les bornes ; mais elle ne nous fait pas connaître de quelle manière Helvidius Priscus a tranché le nouveau procès ; et cela, parce que l'inscription était gravée sur deux pierres, et qu'il ne nous en est parvenu qu'une seule.

genre, il y en a beaucoup d'autres; la liste en a été dressée par Hübner [1], et elle est très longue.

Comment expliquer que le nom d'une cité ou d'une province soit devenu le *gentilitium* d'un personnage donné? La solution de cette question soulève de vives controverses. Deux systèmes sont en présence. L'un affirme que le *gentilitium* emprunté au nom d'une cité indique une origine servile. On prétend, dans cette manière de voir, que l'esclave d'une cité prenait au moment de son affranchissement le nom de la cité qui l'affranchissait, en ajoutant à ce nom une désinence en *nus;* de telle sorte que le citoyen romain porteur du *gentilitium Norbanus* serait le descendant d'un esclave affranchi par la cité de *Norba.*

Dans une autre opinion qui me paraît beaucoup plus juste, le *gentilitium* tiré d'un nom de lieu ou de cité indiquerait une origine étrangère, mais non servile. L'existence de *gentilitium* de cette nature s'ex·pliquerait de la même manière que celle des *gentilitium* à forme étrusque ou ombrienne dont j'ai parlé plus haut. A un moment donné, un individu originaire de *Norba* ou de toute autre ville se serait réfugié à Rome; là, ses voisins, ses compagnons d'atelier l'auraient désigné par le nom de la cité dont il était originaire. Il n'y a là rien d'étrange : c'est un fait qui

____

[1] *Ephemeris epigraphica,* tome II, pages 25 et sq. Je ne fais que résumer les conclusions de cet auteur.

se produit fréquemment de nos jours. L'étranger s'habituait à ce *cognomen,* et il le transmettait à ses descendants qui en faisaient un *gentilitium.* La plèbe romaine était composée à l'origine des habitants des villes voisines qui, de gré ou de force, venaient s'établir à Rome; il n'y a donc pas lieu de s'étonner que le nombre des *gentilitium* formés de la manière indiquée fût si nombreux. Lorsque les descendants de ces étrangers eurent conquis les droits politiques, ils furent inscrits sur les listes des citoyens romains avec le nom qu'ils avaient l'habitude de porter, c'est-à-dire avec un nom tiré d'un lieu d'origine qu'ils avaient transformé en *gentilitium.* Ce fait qui, je le répète, se présente encore dans les usages modernes, a dû se réaliser non-seulement à Rome, mais dans toutes les cités de l'Italie. Lorsque le droit de cité fut accordé en bloc à tous les Italiens, au cours de la guerre sociale et après qu'elle fut terminée, tous les habitants de ces cités devenus citoyens romains conservèrent le nom qu'ils portaient antérieurement. Sans doute, l'usage était qu'un non citoyen romain élevé à la cité prît le *praenomen* et le *gentilitium* du magistrat qui lui conférait la cité; mais un tel usage ne se comprend que dans le cas où le droit de cité faisait l'objet de concessions individuelles; il ne se comprend plus quand il s'agit d'une concession faite en bloc à toute une province. Il est certain que tous les Italiens élevés à la cité romaine par la loi *Julia* ne prirent pas le *gentilitium Julius.* Ils se contentèrent de conserver les noms de famille qu'ils portaient en y ajoutant un *praenomen* et un *cognomen* pour leur donner une physionomie romaine. Il n'est pas téméraire de supposer que, dans les différentes villes de l'Italie, il y avait un nombre plus ou moins considérable d'individus qui avaient pris dans les circonstances indiquées, pour nom de famille, le nom de la cité dont ils étaient originaires ; élevés à la qualité de citoyens romains, ils ont conservé ces noms de famille dérivés d'un nom de cité. Cette hypothèse peut servir à expliquer la présence, à la fin de la période républicaine et au commencement de l'Empire, d'un si grand nombre de *gentilitium* formés avec des noms de cité.

Le deuxième système donne donc une explication rationnelle de ce fait. Pour démontrer qu'il est fondé, il me suffira de prouver que la première opinion repose sur une erreur. On dit dans cette première explication que les *gentilitium* formés avec un nom de cité indiquent une origine servile. A l'appui de cette manière de voir, on affirme que, un esclave étant affranchi par une cité, l'usage était de donner à l'affranchi le nom de la cité pour *gentilitium*. Tel est le plus fort argument invoqué par les partisans de ce système. Dès lors, pour abattre cet échafaudage, il me suffira de prouver que le prétendu principe sur lequel repose toute l'argumentation est contraire à la vérité.

Le peuple romain avait des esclaves ; les règles

suivies pour donner un nom à l'affranchi lorsque l'un de ces esclaves devenait libre s'appliquent en cas d'affranchissement fait par une cité quelconque. Dès lors, pour connaître la manière dont on donnait un *nomen gentilitium* à l'esclave d'une cité au moment de son affranchissement, il suffit d'indiquer comment les choses se passaient lorsqu'il s'agissait de l'affranchissement d'un esclave du peuple romain. Deux procédés furent successivement employés pour donner un *nomen gentilitium* à l'esclave affranchi par le peuple romain. Dans le dernier état, cet affranchi prenait ordinairement le *gentilitium* du magistrat qui avait procédé aux formalités de l'affranchissement. Antérieurement, l'esclave public affranchi prenait en principe le *gentilitium Publicius*. Ce n'était pas toutefois une règle sans exception, car il arrivait quelquefois que l'affranchi prenait un nom dérivé de *Roma;* mais, alors, il lui donnait la forme *Romanius* et non pas *Romanus*. Ces règles s'appliquaient non-seulement aux affranchis d'une cité, mais même aux affranchis d'une corporation. En d'autres termes, l'esclave public d'une cité prenait toujours après son affranchissement un *nomen gentilitium* avec la désinence *ius*. A l'origine, ce *gentilitium* était en principe *Publicius;* par exception, il était tiré du nom de la cité. Plus tard, ce *gentilitium* fut purement et simplement celui du magistrat par les soins duquel l'esclave avait été affranchi.

Ce ne sont pas là des affirmations sans preuves : il

est en effet des inscriptions qui nous indiquent qu'un individu appelé *Publicius* est l'affranchi d'une cité. Telle est l'inscription suivante [1], gravée sur un monument funéraire :

M · PVBLICI

COLONIAE · L

PHILODAMI · ET

PRIMAE · L · ET · S

Marco Publicio, coloniae liberto, Philodami, et Primae libertae, et suis.

A M. Publicius Philodamis, affranchi de la colonie; à Prima, affranchie, et à leurs descendants.

Une autre inscription [2] mentionne un personnage qui est appelé *C. Publicius, municipum Mediolanensium libertus, Alexander.* Dans les deux cas, il s'agit d'un esclave affranchi par une cité, et, dans les deux cas, l'affranchi porte le *gentilitium Publicius.* Ces inscriptions ne sont pas les seules qui donnent ce *gentilitium* à un esclave public après son affranchissement. Je suis donc autorisé à dire qu'à une certaine époque les esclaves publics affranchis prenaient le *gentilitium Publicius.*

A la même époque, ils prenaient aussi quelquefois un *nomen gentilitium* dérivé du nom de la cité à

(1) Voy. Willmanns, nᵒ 2665 ; *C. I. L.,* t. X, nᵒ 4984.
(2) *C. I. L.,* t. V, nᵒ 6630 ; Orelli, nᵒ 4905.

laquelle ils avaient appartenu ; mais, dans ce cas, ils donnaient à leur *gentilitium* une désinence en *ius*. Je puis invoquer à l'appui de cette décision un passage de Varron [1] :

« *Et Romanorum liberti debuerunt dici, ut a Faventia Faventinus, a Reate Reatinus, sic a Roma Romanus. At nominantur libertini orti a publicis servis Romanii, qui manumissi antequam sub magistratus nomine qui eos liberarint succedere coeperint.* »

Un esclave du peuple romain, affranchi par lui, aurait dû s'appeler Romanus ; de même qu'on aurait dû appeler Faventinus, l'affranchi de Faventia ; Reatinus, l'affranchi de Reate. Mais ceux des esclaves publics qui ont été affranchis s'appellent Romanii, lorsque l'affranchissement est antérieur à l'époque où ces affranchis prirent le nom du magistrat par les soins duquel ils étaient affranchis.

Ce texte nous démontre d'abord que les esclaves publics du peuple romain ont pris, après leur affranchissement, le *gentilitium Romanius*. Il nous dit ensuite expressément que, dans la suite, ces affranchis ont pris le nom du magistrat par les soins duquel ils obtenaient la liberté. Il ne nous est dit nulle part que ces affranchis aient pris le *nomen Romanus*. Dès lors, je

____

[1] Varron, *De lingua latina*, liv. VIII *in fine*.

suis autorisé à soutenir que les *nomen gentilitium* dérivés d'un nom de lieu et terminés par la désinence *anus*, annoncent une origine étrangère et non pas une origine servile.

L'esclave affranchi par un collège, par une corporation prenait aussi un *gentilitium* dérivé du nom du collège ou de la corporation, en lui donnant la forme ordinaire au moyen du suffixe *ius*. L'inscription suivante [1] peut être citée à l'appui de cette affirmation :

T · VELATIVS ACCENSORVM

VELATORVM L · GANYMEDES SIBI ET

CLAVDIANO ·

Titus Velatius, Accensorum Velatorum libertus, Ganymedes; sibi et Claudiano.

T. Velatius Ganymedes, affranchi du collège des Accensi Velati; pour lui et Claudianus.

Ganymèdes a été l'esclave, puis l'affranchi du collège des *Accensi Velati*. Affranchi, il a pris le prénom *Titus*; c'est celui du dignitaire de la corporation par les soins duquel il a été affranchi. Puis, notre affranchi a choisi pour *nomen gentilitium* l'un

____

[1] Orelli, n° 2461.

des deux noms du collège, en lui donnant la forme ordinaire du *gentilitium*. Enfin, il a conservé son ancien nom d'esclave, en lui attribuant la place et la fonction d'un *cognomen*.

Les *Accensi Velati* formaient un collège dont il faut déterminer les attributions. Dans les armées de l'ancienne Rome, on rencontre, à côté des légionnaires, une troupe de soldats prolétaires. Ces soldats vêtus, mais non armés, suivaient les légions pour remplacer les légionnaires qui succombaient et remplir les vides. Ils prenaient les armes de ceux qui étaient mis hors de combat et les remplaçaient dans le rang : c'étaient en quelque sorte des soldats surnuméraires. Voilà pourquoi on les appelait *accensi velati*. Il est bien certain que le collège des *Accensi Velati* dont notre Velatius. était l'affranchi n'a rien de commun, si ce n'est le nom, avec ces soldats surnuméraires des premiers temps de la République. Les inscriptions relatives aux *Accensi Velati* sont de l'époque impériale, c'est-à-dire d'une époque où le recrutement des légions ne s'effectuait plus par le cens, la constitution de Servius Tullius étant abolie depuis longtemps. Les *Accensi Velati* de l'Empire étaient des personnages d'un rang assez élevé : ils remplissaient des fonctions réservées aux chevaliers. Tel est le cas de L. Domitius Rogatus mentionné dans l'inscription suivante (1) :

_____

(1) Willmanns, n° 1255.

DIS · MANIB
L · DOMITIO · L · F · QVIR · ROGATO · PONTIF
MINORI · PROC · AVG · PROVINC · DALMAT
PROC · MONETAE · AVG · AB EPISTVL · LVCII
5 AELII · CAESARIS · PRAEF · EQ · ALAE · I · ARA
VACORVM · TRIB · MIL · LEG · VI · VICTRIC
PRAEF · COH · I · FL · EQVITATAE · PRAEF · COH · I
DALMATAR · ACCENSO · VELATO
DOMITIA · VENVSTA · MARITO · OPTIMO
10 ET · SIBI

Dis Manibus, Lucio Domitio, Lucii filio, Quirina (tribu), Rogato, pontifici minori, procuratori Augusti provinciae Dalmatiae, procuratori monetae Augusti, ab epistulis Lucii Aelii Caesaris, praefecto equitum alae primae Aravacorum, tribuno militum legionis sextae victricis, praefecto cohortis primae flaviae equitatae, praefecto cohortis primae Dalmatarum, accenso velato. Domitia Venusta marito optimo et sibi.

Monument élevé par Domitia Venusta aux dieux Mânes, à L. Domitius Rogatus, fils de L. Domitius, inscrit dans la tribu Quirina, pontife mineur, procurateur de l'Empereur dans la province de Dalmatie, procurateur chargé de surveiller la fabrication des monnaies impériales, secrétaire de Lucius Aelius Caesar, préfet de l'aile de cavalerie première des Aravaci, tribun militaire de la légion sixième victorieuse, préfet de la cohorte première flavienne composée de cava-

liers et de fantassins, préfet de la cohorte première des Dalmates, accensus velatus. Tombeau élevé par Domitia Venusta pour le meilleur des maris et pour elle-même.

Le personnage aux mânes duquel le tombeau a été élevé a parcouru une longue carrière ; il a rempli des fonctions militaires, financières et religieuses ; mais il n'a rempli que des fonctions réservées aux chevaliers, il n'a exercé aucune charge sénatoriale. L'inscription nous donne le *cursus honorum* complet d'un chevalier. Dans ce *cursus honorum*, les fonctions sacerdotales sont mises à part et en première ligne. Puis, l'inscription nous donne la liste des fonctions civiles et militaires remplies par le personnage. Cette liste est donnée en sens inverse, conformément à un usage fréquemment suivi ; de telle sorte que, pour avoir l'ordre chronologique des fonctions exercées, il faut prendre l'inscription par le bas et la lire en remontant.

L. Domitius Rogatus a d'abord rempli les fonctions d'*accensus velatus*, c'est par là qu'il a débuté dans la carrière ; il a donc fait partie de ce collège dont Ganymèdes était l'affranchi. Après avoir rempli ces fonctions, il entre dans l'armée et débute comme préfet de la cohorte première des Dalmates. De là, il est promu préfet de la cohorte première *equitata*, c'est-à-dire mixte, comprenant des fantassins et des cavaliers. Le commandement d'une telle cohorte était plus honorifique que celui d'une simple cohorte, composée exclusivement de fantassins. De là, il est passé dans une légion : il a été tribun de la légion sixième victorieuse. Obtenant le grade de tribun légionnaire, notre personnage obtenait un avancement régulier. Ensuite, il a été nommé préfet de l'aile première des Aravaci [1]. L'aile de cavalerie est l'unité tactique qui correspond à la cohorte dans l'infanterie. Notre personnage n'a pas exercé de fonctions militaires plus élevées que le commandement d'une aile de cavalerie. En déposant ce commandement, il a quitté l'armée pour rentrer dans les services civils. La première fonction civile exercée par L. Domitius Rogatus est appelée par notre inscription : *Ab epistulis Lucii Aelii Caesaris.* Cela veut dire que ce Rogatus a été secrétaire de L. Aelius Caesar [2]. Dans les premières années de l'Empire, les fonctions de secrétaire de l'Empereur ou de ses fils étaient remplies par des affranchis. A partir d'Hadrien, ces fonctions, comme la plupart de celles qui étaient exercées auprès de l'Empereur, furent confiées à des ingénus, et le plus souvent à des chevaliers. Do-

(1) Habitant d'*Arava,* ville de la Basse-Pannonie.

(2) Il s'agit du premier fils adoptif d'Hadrien appelé avant son adoption L. Aurelius Verus et, à partir de son adoption, Aelius Caesar. Cette adoption est de l'année 889 *u. c.* Aelius Caesar mourut en 891 *u. c.;* c'est donc dans l'intervalle de ces deux dates que Domitius Rogatus avait exercé auprès de lui les fonctions de secrétaire. Hadrien adopta, après la mort d'Aelius Caesar, Antonin le Pieux; auparavant, il lui avait fait adopter L. Verus et M. Aurelius. Le premier était le fils; le second, le neveu d'Aelius Caesar.

milius Rogatus quitta le secrétariat d'Aelius Caesar
pour diriger, en qualité de *procurator,* la fabrication
des monnaies impériales. L'Empereur s'était réservé
la fabrication des monnaies d'or et d'argent; il avait
laissé au Sénat la fabrication des monnaies de bronze.
Enfin, notre personnage a été *procurator Augusti,*
c'est-à-dire directeur général des services financiers
dans la province de Dalmatie.

Les seules fonctions sacerdotales qui ont été exercées
par Domitius Rogatus, sont celles de pontife mineur.
Les *pontifices minores* n'étaient pas autre chose que les
secrétaires des pontifes. Le collège des pontifes est,
de tous les collèges sacerdotaux, celui qui avait les
attributions les plus étendues, et qui connaissait des
affaires les plus nombreuses (1). Toutes les questions
religieuses étaient soumises à l'examen des pontifes.
S'agissait-il de déplacer un tombeau? Il fallait prendre l'avis du collège des pontifes, et obtenir son autorisation. Les pontifes devaient être assistés d'un
nombreux personnel pour répondre à toutes les de-
mandes qui leur étaient adressées; leurs secrétaires
prenaient le nom de *pontifices minores.*

Les explications ci-dessus suffisent pour donner
une idée des différentes fonctions exercées par notre

---

(1) Toutes les fois qu'il s'agissait de déplacer un tombeau, ou même d'y
faire une réparation quelconque, il fallait une autorisation des pontifes :
« *Sed si religiosus locus jam factus sit, pontifices explorare debent, quatenus,
salva religione, desiderio reficiendi operis medendum sit.* » Fr. 5, § 1,
Dig., *De mortuo inferendo,* 11, 8.

personnage. Je fais toutefois exception pour la première de ces fonctions, celle d'*accensus velatus* par laquelle il a débuté. Le collège des *Accensi Velati* était composé de fonctionnaires chargés de surveiller l'état de viabilité des grandes voies de communication de l'Italie, dans le voisinage de Rome. Ce collège avait des esclaves, puisque l'une des inscriptions rapportées ci-dessus nous montre un affranchi de ce collège; aussi peut-on conjecturer que celui-ci était composé de fonctionnaires salariés.

T. Velatius Ganymèdes, l'affranchi à l'occasion duquel j'ai été amené à faire cette longue digression, avait été l'esclave du collège des *Accensi Velati;* affranchi, il avait pris un *gentilitium* tiré du nom du collège *Velatius,* mais en lui donnant la désinence ordinaire du *gentilitium*.

En résumant les observations ci-dessus sur la manière de désigner les affranchis sortis des rangs des esclaves publics d'une cité ou d'une corporation, je suis conduit aux conclusions suivantes : ces affranchis prenaient d'abord le *gentilitium Publicius;* plus tard, ils prirent le *gentilitium* du magistrat par les soins duquel ils avaient été affranchis; enfin, ils prenaient aussi un *gentilitium* dérivé du nom de la cité ou du collège, mais en lui donnant la désinence *ius*. Donc, les *nomen gentilitium,* comme *Norbanus,* dérivés d'un nom de lieu n'indiquent pas une origine servile, mais annoncent une origine étrangère.

L'enfant né *ex justis nuptiis* suit la condition de son père; il naît donc citoyen romain. L'enfant né des justes noces d'un citoyen romain avec une citoyenne romaine, ou même avec une latine ou une pérégrine ayant obtenu le *jus connubii*, est placé sous la *patria potestas* de son père; il fait partie de la famille civile de ce père, dont il prend le *nomen gentilitium*. Cette règle est bien certaine.

L'enfant né en dehors des justes noces suit la condition de la mère. Il naît citoyen romain, si toutefois son père et sa mère sont citoyens romains. Si la cité n'appartient qu'à l'un des deux parents, l'autre étant pérégrin, l'enfant ne naît pas citoyen romain, mais suit la condition pire. Cette dernière règle constitue une dérogation au principe général en vertu duquel l'enfant né en dehors des justes noces suit la condition de la mère; elle a été formulée par une loi, dont on ne connaît pas la date, appelée par Gaius [1] *lex Minicia,* et par Ulpien [2] *lex Mensia.* En supposant que l'enfant né en dehors des justes noces soit issu de l'union d'un citoyen romain avec une citoyenne romaine, il sera citoyen romain. Au point de vue du droit, cet enfant est complètement étranger à son père; il se rattache plus ou moins à la famille de sa mère; donc, il prend le *gentilitium* de sa mère et non pas celui de son père.

---

[1] Gaius, *Com.* II, § 78.
[2] Ulpien, *Règles,* tit. 5, § 8.

La loi *Minicia* ne s'appliquait qu'au cas d'une union entre un pérégrin et une citoyenne romaine; elle ne s'appliquait pas au cas de l'union, sans justes noces, entre un Latin et une citoyenne romaine [1]. Dès lors, l'enfant né en dehors des justes noces d'un Latin et d'une citoyenne romaine est citoyen romain ; il prend le *nomen gentilitium* de sa mère, et non pas celui de son père.

En tenant compte de ces observations, on peut expliquer pourquoi un certain nombre d'inscriptions nous montrent des fils qui ne portent pas le même *gentilitium* que leurs pères. Je citerai deux de ces inscriptions, à titre d'exemples :

D (*ascia*) M

M · MARI · IARACIONIS

TITIA · SEVERINA

CONIVGI

5   SANCTISSIMO

ET D · TITIVS SEVERINVS

(2)

PATRI ·

Diis Manibus Marci Marii Jaracionis. Titia Severina conjugi sanctissimo; et Decimus Titius Severinus patri.

Aux dieux Mânes, à M. Marius Jaracion. Titia

(1) Voy. Gaius, *Com.* I, § 80.
(2) Allmer, *Inscript. de Vienne*, t. III, p. 311, n° 637.

Severina, au plus saint des époux ; D. Titius Seve-
rinus, à son père.

Le monument est élevé à M. Marius Jaracio par
Titia Severina qui appelle le défunt son époux, et
par D. Titius Severinus qui l'appelle son père. Ce
dernier est certainement le fils de Titia Severina.
Il a pris le *nomen gentilitium* et le *cognomen* de sa
mère ; il ne porte pas le *nomen gentilitium Marius,*
qui appartient à celui qu'il appelle son père. De plus,
M. Marius Jaracio et D. Titius Severinus, son fils,
sont l'un et l'autre citoyens romains. Ils portent, en
effet, les trois noms indicatifs de cette qualité. Enfin
Titia Severina appelle M. Marius le plus saint des
époux, ce qui nous indique que Titia Severina et
M. Marius Jaracio étaient mariés au moment de la
mort de celui-ci. Comme il ne pouvait pas y avoir de
mariage du droit des gens entre citoyens romains,
il s'ensuit que Titia Severina et M. Marius Jaracio
étaient unis par les liens des justes noces. De tout
cela il résulte que D. Titius Severinus était né en
dehors du mariage, avant que son père et sa mère
eussent contracté de justes noces.

L'inscription suivante [1] nous montre encore un
fils portant un autre *gentilitium* que son père ; mais
l'explication de ce fait est un peu différente de celle
qui vient d'être donnée.

____

[1] Allmer, *Inscript. de Vienne,* t. II, p. 482, n° 291.

d M

QVIETI

AETERNAE

T · CASSI

LVCINVLI

MERCATOR

SESSOR ET

CASSIA

VERATIA

FILIO DVLCIS

SIMO ET SIBI

VIVI POSTE

RISQVE SVIS

FECERVNT

ET SVB ASCIA DD

Diis Manibus. Quieti aeternae Titi Cassii Lucinuli. Mercator Sessor et Cassia Veratia filio dulcissimo et sibi vivi, posterisque suis fecerunt; et sub ascia dedicaverunt.

Aux dieux Mânes, au repos éternel de T. Cassius Lucinulus. Mercator Sessor et Cassia Veratia ont élevé ce tombeau de leur vivant à leur fils chéri, et à leurs descendants; ils en ont fait la dédicace sous l'ascia.

Cette inscription est gravée sur un tombeau élevé par un père et une mère à leur fils. Le père est appelé Mercator Sessor, la mère Cassia Veratia, et le fils T. Cassius Lucinulus. Celui-ci a donc pris le *nomen gentilitium* de sa mère, et non pas celui de son père. Cette inscription nous donne un nouvel exemple d'un père et d'un fils ne portant pas le même *gentilitium*. La différence entre cette inscription et la précédente consiste en ceci : dans la première inscription, le père et le fils étaient l'un et l'autre citoyens romains; dans la seconde, le fils seul a la qualité de citoyen romain, laquelle n'appartient pas au père. Je trouve la preuve de ce que j'avance dans cette circonstance que le fils porte seul les trois noms, signe distinctif des citoyens romains. Le père ne porte que deux noms Mercator Sessor, qui n'ont pas même une physionomie romaine. Aussi faut-il dire que T. Cassius Lucinulus est né, en dehors des justes noces, de l'union d'un Latin et d'une citoyenne romaine. Tout ce qui résulte des indications fournies par l'inscription, c'est que le père n'est pas citoyen romain; mais il n'en est pas moins vrai que je suis en droit d'attribuer à Mercator Sessor la qualité de Latin. Si celui-ci était pérégrin, son fils, bien que né d'une citoyenne romaine et en dehors des justes noces, ne serait pas citoyen romain, mais pérégrin; et cela, par application de la loi *Minicia*. T. Cassius Lucinulus est citoyen romain; il porte le *gentilitium* de sa mère : il est donc né de l'union d'un Latin avec une citoyenne romaine.

Dans une autre inscription [1], on voit deux frères portant des *gentilitium* différents :

-----

(1) Allmer, t. III, p. 263, n° 589.

d · m ·

M · CONNI' · SECVNDI'

M · IV'LIVS · MA'RCIA'NVS

FRA'TRI'

Diis Manibus Marci Connii Secundi. Marcus Julius Marcianus fratri.

Aux dieux Mânes. M. Julius Marcianus à son frère M. Connius Secundus.

Cette inscription est gravée sur un tombeau élevé par un frère à son frère. L'un d'eux est appelé M. Connius Secundus; l'autre, M. Julius Marcianus. Ils ont donc des *nomen gentilitium* différents. On pourrait être tenté de dire, pour expliquer cette bizarrerie, qu'il s'agit de deux pérégrins qui ont été gratifiés de la qualité de citoyens romains par deux magistrats différents. L'explication est plausible, et pourtant je ne crois pas qu'il faille l'adopter. Rien ne nous indique que nous sommes en présence de pérégrins élevés à la qualité de citoyens romains. De même, j'écarte l'explication qui consiste à dire qu'il s'agit de deux frères, dont l'un a quitté sa famille d'origine pour entrer par l'adoption dans une famille nouvelle, ce qui l'a obligé de prendre un nouveau *nomen gentilitium*. Rien dans l'inscription ne nous autorise à supposer l'existence d'une adoption. Aussi j'aime mieux rendre compte de la difficulté présentée par notre inscription, en disant qu'il s'agit de deux frères utérins, ou même de deux beaux-frères.

Pour compléter cette étude du *nomen gentilitium,* il me faut faire connaître de quelle manière ce *nomen* est noté dans les inscriptions. La règle est que le *praenomen* doit être écrit en abrégé. Il faut renverser cette règle quand il s'agit du *nomen gentilitium :* le principe est, en effet, que le *gentilitium* doit s'écrire en entier. Cette règle générale comporte toutefois un certain nombre d'exceptions qu'il faut faire connaître. Il peut se faire qu'un *gentilitium* quelconque soit écrit en abrégé lorsqu'il se trouve noté dans certaines circonstances spéciales; ensuite, certains *gentilitium* dont je donnerai la liste plus loin sont ordinairement écrits en abrégé.

Première exception. — Un *gentilitium* quelconque peut s'écrire en abrégé lorsqu'il est répété plusieurs fois dans la même inscription. Il serait plus régulier de l'écrire en toutes lettres, même dans cette hypothèse; mais il faut reconnaître que, dans l'espèce, l'abréviation ne présente pas d'inconvénient : le *gentilitium* étant écrit une première fois en toutes lettres, il est facile de compléter les abréviations données dans la suite de l'inscription.

Je trouve un exemple de cette manière de procéder dans l'inscription suivante (1) :

(1) Allmer, *Inscript. de Vienne,* t. III, p. 234, n° 561.

MERCVR

C · BETVTIVS

BASSINVS ET

Q · BET · GRATIN

VOTVM ·

5

Mercurio, Caius Betutius Bassinus et Quintus Betu-
tius Gratinus votum (solverunt).

A Mercure, C. Betutius Bassinus et Q. Betutius
Gratinus, pour l'accomplissement d'un vœu.

L'abréviation BET qui se rencontre dans la quatrième ligne de l'inscription se réfère au *gentilitium*
donné en toutes lettres par la deuxième ligne. Il est
donc facile de compléter l'abréviation qui ne présente pas d'inconvénient.

Deuxième exception. — Il est, en second lieu, certains *nomen gentilitium* qui s'écrivent par abréviation, alors même qu'ils ne se rencontrent qu'une
seule fois dans l'inscription. Ces *gentilitium* ne sont
pas nombreux : il me sera facile d'en dresser la liste
et d'indiquer le motif qui justifie cette dérogation aux
principes.

Le pérégrin ou le Latin élevé à la qualité de citoyen romain prenait, suivant l'usage, le *nomen*
gentilitium de celui auquel il devait son élévation à
la cité romaine. Les empereurs avaient reçu ou s'é-
taient attribué le pouvoir de conférer la cité romaine

aux sujets de l'Empire. Quelques-uns d'entre eux usèrent de ce droit avec beaucoup de libéralité, et conférèrent la cité romaine à un grand nombre de provinciaux. Tous ces nouveaux citoyens romains prirent, suivant l'usage rappelé, le *gentilitium* de l'empereur qui leur conférait la cité romaine. Le *gentilitium* de certains empereurs était donc porté par une multitude de personnes; aussi prit-on l'habitude de l'abréger dans les inscriptions. Les *nomen gentilitium* qui s'abrègent sont donc ceux de certains empereurs. Ce ne sont pas les seuls.

Pendant la durée de la période républicaine, la qualité de citoyen romain donnait tout à la fois l'aptitude à remplir les fonctions publiques et le droit de prendre part aux assemblées du peuple; c'est-à-dire qu'elle donnait le moyen d'exercer une certaine influence sur la politique intérieure ou extérieure de la République. A cette époque, le titre de citoyen romain donnait de grands avantages, aussi ne fut-il pas prodigué. La conclusion qui, semble-t-il, doive être tirée de là, c'est qu'il n'est aucun *gentilitium* emprunté à l'un ou à l'autre des magistrats de la République qui puisse s'écrire en abrégé. Une telle conclusion serait erronée. Il y a, en effet, quatre *gentilitium* appartenant à quatre personnages de la Rome républicaine, qui s'écrivent en abrégé, au même titre que les *gentilitium* de certains empereurs, et pour les mêmes motifs. Ce sont les *gentilitium* de Sylla, Pompée, César et Antoine. Il me suffit de citer ces quatre noms pour donner l'explication de l'exception. Les quatre personnages cités avaient reçu, dans des circonstances que je n'ai pas à examiner maintenant, le pouvoir de conférer la qualité de citoyen romain; ils en usèrent de telle manière qu'on en vint à abréger le *gentilitium* des nombreux citoyens romains faits par eux.

Voici la liste des *nomen gentilitium* qui sont écrits en abrégé dans les inscriptions.

Le nom du dictateur Sylla était L. Cornelius Sylla. Les pérégrins que Sylla éleva à la cité romaine prirent le *gentilitium Cornelius,* qui s'abrège CORN.

Le nom de Pompée était Sex. Pompeius Magnus. Ceux auxquels Pompée conféra la cité romaine prirent le *gentilitium Pompeius,* qui finit par s'écrire en abrégé de la manière suivante P, et quelquefois POM. A l'appui de ce que j'avance, voici une inscription trouvée à Sagonte [1] :

C · P · CLAVDVS · AN · LXXXX

H ⁝ S · E · POMPEIA AS*t*ER*o*p*e*

PATRONO · ET · M · B · SIBI ·

Caius Pompeius Claudus, annis nonaginta, hic situs est. Pompeia Asterope patrono et merenti bene. Sibi.

Ici repose C. Pompeius Claudus, mort à l'âge de quatre-vingt-dix ans. Monument élevé par Pompeia

____

[1] *C. I. L.,* t. II, n° 3926.

Asterope à son patron pour reconnaître ses mérites, et pour elle-même.

C'est là une inscription funéraire gravée sur un tombeau élevé par Pompeia Asterope à son patron, mort à l'âge de quatre-vingt-dix ans; plus tard Asterope fut inhumée dans le même tombeau, et on ajouta à l'inscription le mot *sibi*.

Je traduis le sigle P par *Pompeius*. Ce n'est pas une interprétation fantaisiste : elle résulte avec une certitude absolue des indications fournies par l'inscription elle-même. Le monument a été élevé à un personnage dont le *gentilitium* commence par un P; il lui a été élevé par une affranchie qui lui devait la liberté. Cela est certain, puisque l'inscription nous dit que le tombeau a été construit par Asterope pour son patron. L'esclave affranchi prenait, au moment de son affranchissement, le *nomen gentilitium* de son patron; cette règle bien connue s'appliquait aux affranchies comme aux affranchis. Or, le *gentilitium* d'Asterope est *Pompeia;* donc, le *gentilitium* de son patron est *Pompeius*. Dès lors, j'ai raison de traduire l'abréviation P par *Pompeius*.

J'ai traduit les lettres M B, qui se trouvent à la fin de l'inscription, par ces mots : *merenti bene*. Tel est généralement le sens du sigle B M. Mais comme notre inscription porte M B, peut-être faudrait-il lire *marito bono;* de telle sorte que Pompeia Asterope serait non-seulement l'affranchie, mais encore l'épouse de Pompeius Claudus. Celui-ci aurait alors affranchi l'une de ses esclaves pour l'épouser.

Le *gentilitium Julius* s'abrège de la manière suivante IVL. Telle est la notation ordinaire ; on rencontre aussi quelquefois le sigle I. *Julius* est le *nomen gentilitium* de C. *Julius* Caesar, le dictateur. Ce nom est porté par ceux qui avaient reçu la cité de César, et aussi par ceux qui l'avait reçue d'Octave. On sait, en effet, qu'Octave avait pris les noms de César en vertu d'une adoption testamentaire qu'il avait pris soin de faire confirmer par une loi curiate. Il dut, comme Antoine, conférer la cité à un grand nombre de pérégrins ; mais les citoyens faits par lui prenaient le *gentilitium Julius,* et non le *gentilitium Octavius.* Cette remarque explique pourquoi ce dernier *gentilitium* ne s'abrège pas, tandis qu'*Antonius* est quelquefois abrégé.

Pour ce dernier *gentilitium,* on rencontre tantôt la notation ANTON, tantôt la notation ANT[1].

Claudius, gentilitium de l'empereur Claude, s'abrège CL. L'abréviation de la tribu *Claudia* est CLA. Il faut donc soigneusement distinguer l'un de l'autre les deux sigles CL et CLA : le premier désigne un *gentilitium,* le second une tribu.

Les empereurs Galba, Othon, Vitellius n'ont pas

---

[1] La première abréviation est donnée notamment par une inscription du recueil d'Allmer, *Inscript. de Vienne,* t. II, p. 466, n° 279 ; la seconde, par une autre inscription du même recueil, t. II, p. 330, n° 212.

régné assez longtemps pour avoir pu conférer la cité romaine à un grand nombre de personnes ; aussi leurs *nomen gentilitium* ne s'abrègent-ils pas.

Il n'en est pas de même du *gentilitium Flavius*, porté par les empereurs Vespasien, Titus et Domitien. Ce *gentilitium* s'abrège FL.

Nerva s'appelait M. Cocceius Nerva. Son règne a été très court, puisqu'il a duré moins de deux ans ; aussi son *gentilitium* ne s'abrège-t-il pas.

Trajan a régné plus longtemps : son règne s'est prolongé pendant vingt ans. Il s'appelait M. Ulpius Trajanus, avant son adoption par Nerva ; après l'adoption, il aurait dû prendre le *gentilitium Cocceius*. Il ne semble pas cependant qu'il se soit conformé à la règle, pas plus d'ailleurs que ses successeurs. Trajan a concédé la qualité de citoyen romain très libéralement ; il a accordé la cité à des provinces entières, et cependant ni le *gentilitium Cocceius*, ni le *gentilitium Ulpius* ne sont abrégés dans les inscriptions. Cela tient peut-être à ce que Trajan concédait la cité en une seule fois à une province entière, et qu'il aimait mieux procéder de cette manière que par voie de concessions individuelles. Quand la cité romaine était donnée en bloc à toute une *civitas* ou à une province entière, les nouveaux citoyens conservaient leurs noms originaires, et ils se contentaient de leur donner une physionomie romaine. Il n'est pas admissible, en effet, qu'ils aient pris le *gentilitium* de l'empereur, auteur de la concession; car, dans ce cas, il serait arrivé que tous les habitants d'une province auraient porté le même nom.

Aelius, gentilitium d'Hadrien, s'abrège A E L; c'est aussi le *gentilitium* porté par Antonin, après son adoption par Hadrien.

Aurelius, gentilitium conservé par Marc-Aurèle, s'abrège A V R.

Septimius, gentilitium de Septime Sévère, Caracalla et Geta n'est pas écrit par abréviation. Ces empereurs ont exercé le pouvoir depuis l'année 946 jusqu'en l'année 970 *u. c.;* ils ont donc régné pendant de longues années, et cependant on ne trouve pas d'abréviation du *gentilitium Septimius.* On ne peut expliquer ce fait en disant que ces empereurs se sont montrés avares du droit cité romaine. Il est probable, en effet, que, dans les années qui ont précédé celle où Caracalla allait concéder le droit de cité romaine à tout l'Empire, son père et lui ont dû concéder très libéralement la qualité de citoyen romain. Il faut donc chercher une autre explication. Si le *gentilitium Septimius* ne s'abrège pas, cela tient tout simplement à ce que les nouveaux citoyens faits par Septime Sévère et ses fils ne prenaient pas le *gentilitium Septimius,* mais bien celui d'*Aurelius.* Septime Sévère, dans le but de s'approprier les biens considérables laissés par Marc-Aurèle, se prétendait et se disait fils adoptif de celui-ci; de telle sorte que les nouveaux citoyens faits par lui et ses fils prenaient le *gentili-tium Aurelius*.

Les *nomen gentilitium* dont je viens de dresser la liste s'abrégeaient fréquemment; mais il ne faudrait pas croire que l'abréviation fût de règle absolue dans la notation de ces noms. On les écrivait aussi en toutes lettres, et cette dernière manière de les noter était certainement la plus régulière.

CHAPITRE III.

DU COGNOMEN.

Le *cognomen*, c'est le nom qui, dans la série complète, se trouve placé en dernière ligne. Il est, en effet, séparé du *gentilitium* par l'indication de la filiation et celle de la tribu. Le *gentilitium*, on vient de le voir, désigne la famille à laquelle appartient tel ou tel individu ; quant au *cognomen*, il marque l'individualité : c'est le nom par lequel on distingue, les uns des autres, les différents membres d'une même famille. Le *praenomen*, lui aussi, à l'origine tout au moins, avait pour fonction de désigner l'individualité ; mais, il ne faudrait pas croire que le *cognomen* et le *praenomen* fissent double emploi. Lorsque le *cognomen* fut employé normalement et prit officiellement place dans le nom du citoyen romain, le *praenomen* avait perdu sa fonction primitive ; il ne servait plus à individualiser celui qui le portait, mais à indiquer sa qualité de citoyen romain. Lorsque cette transformation du *praenomen* fut accomplie, il fallut nécessairement trouver un moyen de déterminer l'individualité des divers membres d'une même famille et de les distinguer les uns des autres.

C'est pour atteindre ce but que le *cognomen* fut imaginé.

La fonction que j'attribue au *cognomen* est certaine : il me sera facile de le démontrer. On sait que
le nombre des *praenomen* s'était peu à peu restreint.
Lorsqu'on envisage la période qui comprend le dernier siècle de la République et les deux premiers siècles de l'Empire, c'est à peine si l'on rencontre vingt
praenomen consacrés par l'usage. Chaque *gens* choisissait parmi ces *praenomen* ceux dont elle voulait se
servir; de telle sorte que le nombre des *praenomen*
est encore plus restreint lorsqu'on ne considère que
ceux qui étaient employés par une *gens* donnée. Les
gens qui employaient le plus grand nombre de *praenomen* n'en prenaient que six ou sept. Les choses en
étant arrivées à ce point, il est bien évident que le
praenomen ne pouvait plus remplir son ancienne
fonction, et qu'il était devenu impropre à désigner
l'individualité des différents membres d'une même
famille. Ce n'est pas tout : les différentes familles
composant une même *gens* et portant le même *nomen
gentilitium* ne prenaient, sans doute, que des *praenomen* adoptés par la *gens;* mais, de plus, chacune
d'elles faisait encore un choix et n'employait que
quelques-uns de ces *praenomen* adoptés par la *gens,*
à l'exclusion des autres. Voici des exemples à l'appui
de cette affirmation.

La *gens Cornelia* est l'une des plus anciennes et
des plus illustres de Rome. Elle comprenait plusieurs

familles qui ont brillé du plus vif éclat : c'est ainsi que les Scipions appartenaient à la *gens Cornelia*. La famille des Scipions n'employait que trois prénoms, *Lucius, Publius, Cnaeus*. Si donc on suppose que l'un des membres de cette famille avait quatre fils, ce qui devait se présenter assez souvent, deux de ces fils portaient nécessairement le même *praenomen*.

Dans la *gens Domitia*, la famille Ahenobarbus n'employait que deux prénoms : *Lucius* et *Cnaeus*. Néron était fils de Cn. Domitius Ahenobarbus et d'Agrippine, il s'appelait, avant d'être adopté par Claude, L. Domitius Nero, et son grand-père paternel portait le même prénom que lui. Tout Domitius Ahenobarbus qui portait le prénom *Lucius*, était toujours le fils d'un Cn. Domitius; et, s'il avait un fils, celui-ci portait le prénom *Cnaeus*.

Cette manière de procéder que nous rencontrons dans deux *gens*, devait se pratiquer dans les autres. Les choses en étant arrivées à ce point, il n'y avait plus qu'un pas à franchir pour faire perdre complètement au *praenomen* sa fonction primitive : pour cela, il suffisait de donner le même *praenomen* à tous les enfants d'un même père. Ce pas fut franchi d'assez bonne heure. Il y a, en effet, un sénatus-consulte de l'année 514 *u. c.*, qui interdit de donner le même *praenomen* à tous les enfants d'un même père [1]. Ce sénatus-consulte décidait que le fils aîné seul pourrait

_____

[1] Dion Cassius, *Fragm.*, § 155.

prendre le *praenomen* de son père. Cette circonstance que le Sénat s'est cru obligé d'intervenir pour défendre aux citoyens romains de donner le même *praenomen* à tous leurs enfants, nous fait connaître les tendances de l'époque. Les mœurs furent plus fortes que la loi; et, malgré le sénatus-consulte signalé, les Romains continuèrent à donner le même *praenomen* à leurs fils, quand ils en avaient plusieurs. Cet usage nous est signalé par les inscriptions. Il en est un certain nombre dans lesquelles le même *praenomen* est porté par tous les fils d'un citoyen romain. Telle est l'inscription suivante [1] gravée sur un tombeau élevé à un certain M. Cosinius Priscus par ses trois fils.

D · M

M · COSINIO

PRISCO NFG · SVA   (*sic*)

RIO · TVCCIA · PRIMA

5   VXOR · CVM QVO VI

XĪT · ANNIS · XXXXV

ET · M · COSINIVS PRIS

CVS · ET · M · COSINIVS

PRIMVS · ET · M · COSINI

10   VS PRISCIANVS ·

PATRI · BENEM

· FILI · F ·

*ia*CET IN PRAEDIO · SVO

____

(1) *C. I. L.*, t. IX, n° 1506.

Diis Manibus, Marco Cosinio Prisco negotiatori suario, Tuccia Prima uxor cum quo vixit annis quadraginta quinque, et M. Cosinius Priscus, et M. Cosinius Primus, et M. Cosinius Priscianus. Patri bene merenti filii fecerunt. Jacet in praedio suo.

Aux dieux Mânes, à M. Cosinius Priscus, marchand de porcs. Monument élevé par Tuccia Prima, son épouse, qui vécut avec lui pendant quarante-cinq ans, par ses fils M. Cosinius Priscus, M. Cosinius Primus, M. Cosinius Priscianus. Ceux-ci ont élevé ce tombeau à leur père pour reconnaître ses mérites. Il repose dans son fonds.

Le tombeau dans lequel repose M. Cosinius Priscus a été élevé par sa femme et par ses trois fils. Ceux-ci portent tous le prénom *Marcus* qui est aussi celui de leur père.

L'inscription suivante [1] nous fait connaître trois frères dont deux portaient le même *praenomen*.

CN · CN · CN · SEPTVMIEIS · CN · CN · C · L
PHILARGVRVS · MALCHIO · PHILEROS · ARG
CORNVFICIA · O · L SELENIO
SEPTVMIA · CN · CN · L AVGE

Cnaeo, Cnaeo, Cnaeo Septumieis, Cnaei, Cnaei, Caii libertis, Philargurus, Malchio, Phileros, ar-

____

[1] *C. I. L.*, t. I, n° 1087.

gentariis. Cornuficia, Cornuficiae liberta, Selenio; Septumia, Cnaei et Cnaei liberta, Auge.

A Cn. Septumieus Philargurus, Cn. Septumieus Malchio, Cn. Septumieus Phileros, banquiers, tous les trois affranchis des trois frères Cn. Septumieus, Cn. Septumieus, C. Septumieus. Monument élevé par Cornuficia Selenio, affranchie de Cornuficia, et par Septumia Auge, affranchie de Cn. Septumieus et de Cn. Septumieus.

Cette inscription est ancienne : elle n'est pas postérieure au septième siècle de la fondation de Rome ; elle est, au plus tard, de la fin de la République. Ce qui l'indique, c'est l'orthographe de certains mots : *Septumieus* pour *Septumius* ; *Cornuficia* pour *Cornificia.*

Cette inscription nous fait connaître les noms de trois affranchis et de deux affranchies. Les trois affranchis sont : Cn. Septumieus Philargurus, Cn. Septumieus Malchio, Cn. Septumieus Phileros. Ils étaient tous les trois *argentarii,* c'est-à-dire banquiers, et affranchis de trois individus qui portaient le même *gentilitium Septumieus.* Deux de ces trois patrons portent le même prénom *Cnaeus ;* le troisième a le prénom *Caius.* Les affranchis ont pris au moment de leur affranchissement le *gentilitium* de leurs patrons ; ils ont pris aussi tous les trois le prénom *Cnaeus* qui était celui de deux de leurs patrons. Les trois patrons ayant le même *gentilitium* sont certainement trois

frères; deux d'entre eux portent le même prénom :
c'est à raison de ce fait que j'ai cité cette inscription
à cette place. Celle-ci nous fournit, en effet, une
preuve de l'existence de cet usage en vertu duquel
le même *praenomen* était donné aux enfants du même
individu. Les trois affranchis désignés par notre inscription étaient, avant leur affranchissement, les esclaves des trois frères Septumieus. Ceux-ci étaient
copropriétaires de ces esclaves qu'ils avaient probablement trouvés dans la succession de leur père;
et, peut-être, les avaient-ils affranchis pour obéir à
une clause du testament de celui-ci, qui mettait à
leur charge un affranchissement fidéicommissaire.

L'une des deux affranchies qui ont contribué à
l'érection du monument s'appelle Septumia Auge.
Celle-ci ayant été affranchie par deux Cn. Septumieus
avait pour patrons les deux frères qui portaient le
même *praenomen*. L'autre affranchie s'appelle Cornuficia Selenio; elle n'a pas été affranchie par l'un
des trois frères Septumieus, mais par une femme
appelée Cornuficia.

Les observations présentées suffisent pour établir
que le *praenomen,* après avoir servi pendant un certain temps à désigner l'individualité des différents
membres d'une même famille, avait, à un moment
donné, perdu cette fonction qui fut attribuée au *cognomen*. Cela admis, est-il possible de fixer l'époque où
cette transformation s'opéra? Elle s'était certainement
accomplie dès les premières années du septième siècle

de la fondation de Rome. Voici ce qui justifie cette affirmation. La table de bronze sur laquelle était gravée la *lex repetundarum* et qui nous a été conservée en partie, renferme une ligne ainsi conçue :

« *Quos legerit patrem, tribum, cognomenque indicet.* »

*Que le préteur indique la filiation, la tribu, le co-*gnomen *de celui qu'il aura choisi pour juge.*

Cette *lex repetundarum* est une loi *Acilia* qui est de l'année 634 ou 632 *u. c.* Ce texte nous prouve donc que, dès les premières années du septième siècle de la fondation de Rome, l'usage du *cognomen* était officiellement consacré, puisqu'il nous fait connaître une loi exigeant impérativement la mention du *cognomen* dans la désignation de ceux qui sont appelés à remplir des fonctions officielles.

Quand on consulte les fastes capitolins, on y voit que les premiers consuls de la République portent un *cognomen.* Ces fastes nous donnent intégralement le nom de l'un des deux consuls de l'année 288 *u. c.;* ils l'appellent : Sp. Postumius A. f. P. n. Albus. Il ne faut pas conclure de là que, dès le troisième siècle de Rome, le *cognomen* fît partie intégrante du nom officiel des citoyens romains; car, les parties les plus anciennes des fastes capitolins sont seulemént des années 718-724 *u. c.* C'est pendant cette période que les fastes ont été gravés, et il est possible que, à ce moment où depuis longtemps le *cognomen* faisait partie du nom, on ait ajouté au nom des consuls le *cognomen* qu'ils portaient habituellement. Tout ce que l'on peut conclure des renseignements fournis par les fastes capitolins, c'est que, dès les premières années de la République, le *cognomen* était usité. Mais les fastes capitolins ne prouvent pas que, dès cette époque, le *cognomen* fît légalement partie intégrante du nom.

Je crois cependant que l'emploi du *cognomen* fut légalement admis bien avant le septième siècle de Rome. Quelques-unes des inscriptions trouvées dans le tombeau des Scipions sont certainement antérieures à la deuxième guerre punique ; elles nous prouvent que le *cognomen* était, déjà à ce moment, consacré dans la *gens* Cornelia, puisqu'elles nous donnent toutes le *cognomen Scipio*. Si le *cognomen* était en usage dès les premières années de la République, il n'est pas téméraire de supposer qu'il a été consacré par la loi avant le eptième siècle.

On a vu que le *praenomen* avec une forme caractéristique avait été employé d'abord par les patriciens. Ceux-ci, dans l'intention de se distinguer des plébéiens, prirent l'habitude de n'employer que des *praenomen* soigneusement triés. Dès lors, on peut conjecturer que le *cognomen* fut aussi une invention patricienne, et que, dans les commencements, il n'y avait que les patriciens qui ajoutassent un *cognomen* à leur nom. Il faut d'autant moins hésiter à adopter cette origine du *cognomen* que les patriciens trouvèrent dans ce nouvel élément ajouté à leur nom un moyen de se distinguer des plébéiens, au moment où ceux-ci prirent l'habitude d'employer les mêmes *praenomen* qu'eux. Cette manière de comprendre l'origine du *cognomen* permet d'expliquer pourquoi on rencontre jusque dans les premières années de l'Empire un certain nombre de *gens* dont les membres ne portent pas de *cognomen*. Telles étaient les *gens* Duilia, Maria, Antonia, et d'autres encore. Duilius, le vainqueur des Carthaginois dans la bataille navale de Myles, ne porte pas de *cognomen;* il en est de même de Marius et aussi de M. Antonius le triumvir, le vaincu d'Actium. Une inscription [1] gravée sur un monument élevé en l'honneur de Marius rappelle que celui-ci a été sept fois consul, mais elle ne lui donne pas de *cognomen*.

C · MARIO · C · F

COS · VII · PR · TRIB · PL

Q · AVG · TR · MIL

Caio Mario, Caii filio, consuli septies, praetori, tribuno plebis, questori, auguri, tribuno militum.

Elevé à C. Marius, fils de C. Marius, consul sept fois, préteur, tribun du peuple, questeur, augure, tribun militaire.

(1) Wilmanns, n° 654.

D'ailleurs Plutarque [1] nous dit expressément que Marius ne portait pas de *cognomen*.

Les familles dans lesquelles le *cognomen* n'était pas en usage étaient des familles plébéiennes arrivées aux honneurs par de grands services rendus à la République. Devenues illustres, elles auraient pu, suivant l'exemple donné par les familles patriciennes et les grandes familles plébéiennes, prendre des *cognomen*. Si elles ne l'ont pas fait, c'est qu'elles voulaient rappeler indirectement les grands services rendus par ceux de leurs membres qui étaient sortis les premiers de l'obscurité, pour remplir les grandes magistratures. Mais les familles qui persistaient à ne point prendre de *cognomen* n'étaient pas nombreuses : en général tout citoyen romain porte un *cognomen*.

Le *cognomen* ayant pour fonction de désigner l'individualité d'une personne, on comprend qu'il ait été choisi de la manière la plus arbitraire. Quelquefois le *cognomen* est tiré de certains caractères physiques de celui qui l'a porté le premier, tels sont les *cognomen Barbatus, Ahenobarbus,* barbu, barbe rousse; d'autres indiquent le métier, l'occupation ordinaire de la personne à laquelle il s'applique; d'autres désignent un lieu d'origine. Dans certains cas, le *cognomen* rappelle une scène plus ou moins curieuse de la vie de

---

[1] Plutarque, *Vie de Marius,* ch. 1. — Il ajoute qu'il en était de même de Q. Sertorius et de L. Mummius, le vainqueur de Corinthe.

celui auquel on l'a appliqué ; tels sont les *cognomen Asina* et *Scropha* [1].

Il faut mettre dans une classe à part le *cognomen* donné par le Sénat, le Peuple, ou même par l'acclamation de l'armée à un général victorieux ; un tel surnom était plutôt un *agnomen* qu'un *cognomen*. J'entends, en effet, par *cognomen* l'élément essentiel du nom qui vient compléter l'individualité de celui auquel il est appliqué, et, par *agnomen*, un nom sans utilité au point de vue de l'individualisation, puisque l'individualité est suffisamment fixée par la réunion des trois éléments *praenomen, nomen gentilitium, cognomen*. L'*agnomen* est ajouté aux divers éléments du nom soit pour rappeler le souvenir d'un fait de guerre éclatant, soit pour rappeler le souvenir d'un aïeul glorieux, soit pour toute autre cause. Donné dans les circonstances indiquées, notamment pour rappeler une victoire remportée par celui qui le portait, il était assez fréquent. Qu'il me suffise de rappeler les *agnomen Africanus, Asiaticus* donnés aux Scipions ; *Macedonicus, Dalmaticus, Creticus* donnés aux *Caecilii Metelli*.

Il arrivait quelquefois que l'*agnomen* décerné à un personnage à titre de récompense honorifique, lui tenait lieu de *cognomen*. Cela se présentait lorsque le personnage n'avait pas de *cognomen* au moment où l'*agnomen* lui avait été attribué. Dans ce cas, celui-ci

____

(1) Voyez ce que dit sur ces *cognomen* Macrobe, *Saturnales*, liv. I, ch. 6.

formait le troisième élément du nom et faisait fonction
de *cognomen*. Tel était le cas de Pompée qui reçut de
son armée, à la suite de ses victoires en Afrique, le
titre de *Magnus*. A partir de ce moment, Pompée ne
prit pas d'autre *cognomen;* c'est celui qui lui est
donné dans l'inscription suivante [1] :

cn · *p*OMPEIO · CN · *fil*

*m*aGNO · IMP · COS · TER*t*

*p*aTRONO · PVBLICE ·

Cnaeo Pompeio, Cnaei filio, Magno, imperatori,
consuli tertium, patrono publice.

A Cn. Pompeius Magnus, fils de Cn. Pompeius,
imperator, consul pour la troisième fois; au patron de
la colonie, avec le produit d'une souscription publique.

Les surnoms de ce genre n'étaient donnés à un
citoyen romain qu'à la suite de victoires remportées
par lui, à la tête d'une armée romaine, sur des ennemis du peuple romain. On a toutefois l'exemple d'un
cognomen porté par un citoyen romain et rappelant
des victoires remportées par lui, non pas sur des armées ennemies, mais bien sur des armées romaines. Je
veux parler du *cognomen Parthicus* pris par Q. Labienus. Celui-ci était le fils de T. Labienus, lieutenant de
César dans la guerre des Gaules, mais qui avait pris

____

(1) Wilmanns, n° 1107.

parti pour Pompée dans la lutte engagée contre le Sénat par son ancien général. T. Labienus fut tué en Afrique; plus tard, son fils Q. Labienus se rallia au parti des assassins de César. Après la bataille de Philippes, il se retira chez les Parthes. Il fut bien accueilli par le roi qui le chargea de l'éducation militaire de son fils Pacorus. Q. Labienus envahit l'Asie romaine, dans les années 713 et 714 *u. c.*, à la tête d'une armée formée par les Parthes, et c'est à la suite de victoires remportées par cette armée qu'il prit le surnom de *Parthicus*.

Le *cognomen* était-il héréditaire? Le *cognomen* porté par le père était-il transmis par lui à ses enfants? Étant donnée la fonction du *cognomen,* il est certain que ce nom ne pouvait passer à tous les enfants du même individu; s'il en eût été autrement, il aurait bientôt perdu la force de désigner l'individualité. Le *cognomen* du père n'était donc pas transmissible à tous ses enfants. Il n'y avait aucun inconvénient à permettre au *paterfamilias* de donner son *cognomen* à l'un de ses fils : une telle autorisation ne pouvait être l'origine et la cause de conflits regrettables. C'est ainsi que, dans les usages modernes, le père donne ses prénoms à l'un de ses enfants, sans qu'il en résulte de graves embarras. Les Romains avaient admis que le *cognomen* du père passait à son fils aîné.

Cette règle sur la transmission du *cognomen* s'appliquait même quand il s'agissait d'un surnom d'honneur donné au père pour rappeler un fait glorieux accompli par lui. Cicéron [1] me fournit la preuve de ce que j'avance. Faisant parler le premier Africain qui s'adresse à son petits-fils, il lui prête les paroles suivantes :

« *Hànc (Carthàginem) biennio consul evertes, eritque cognomen id tibi per te partum, quod hàbes adhuc a nobis hereditarium.* »

Investi du pouvoir consulaire pendant deux ans, tu détruiras cette ville de Carthage ; et, pour ce fait d'armes, tu mériteras de porter le cognomen Africanus que tu as trouvé dans mon héritage.

Le second Africain portait donc le *cognomen Africanus*, non-seulement parce qu'il avait vaincu Carthage, mais encore parce qu'il était l'héritier du premier. Cicéron nous dit donc implicitement que le *cognomen* était transmissible aux descendants. Mais quand il s'agit, comme dans l'espèce du texte ci-dessus, d'un *cognomen* conféré pour récompenser des faits glorieux en en rappelant le souvenir, il est probable que ce nom n'était transmissible aux descendants que dans le cas où le sénatus-consulte accordant le titre décidait expressément que le *cognomen* passerait aux descendants de celui auquel il était conféré. A l'appui de cette conjecture, je puis invoquer différents passages de Dion Cassius [2] qui, parlant des

(1) Cic., *De republica*, 6, 6.
(2) Dion Cassius, xliii, 44 ; xliv, 5.

honneurs conférés par le Sénat à César, prend soin
d'indiquer que le Sénat décida que tel titre, tel *cognomen* passerait, après la mort de César, à son fils né
de ses *justae nuptiae*, ou même à son fils adoptif.

La transmission du *cognomen* ne se faisait qu'au
profit du fils aîné. Cette règle résulte de textes et
d'inscriptions qui, nous faisant connaître les noms
de plusieurs enfants nés d'un même père, nous montrent que le *cognomen* n'est transmis qu'au fils aîné.
C'est ainsi que le père de l'empereur Vespasien s'appelait Flavius *Sabinus*. Il eut deux fils; l'aîné portait
le même *cognomen* que lui, et s'appelait Flavius
Sabinus; le second qui fut l'empereur Vespasien,
avait reçu le *cognomen Vespasianus*. Dans une inscription déjà citée (page 208), on trouve les noms de
trois fils d'un même individu appelé M. Cosinius
Priscus. Les trois frères portent chacun le prénom
Marcus : c'est à l'occasion de cette particularité que
j'ai déjà cité l'inscription. L'un de ces trois frères,
celui qui est cité en première ligne et qui par conséquent est l'aîné, porte le même *cognomen* que
son père *Priscus;* le second a reçu le *cognomen
Primus;* et le troisième, *Priscianus*. Il est à remarquer que ce dernier *cognomen* est dérivé de celui du
père. Ces preuves suffisent pour établir l'exactitude
de la règle formulée : en principe, le *cognomen*
du père passe à son fils aîné. Les autres enfants
prennent un *cognomen* dérivé du *gentilitium* de la
mère, ou choisi arbitrairement, ou même dérivé du

cognomen du père. L'inscription rappelée donne un exemple de cette dernière manière de procéder qui est encore indiquée dans l'inscription suivante [1] :

D · M
M · VALERI
MARCIANI
DEFVNCT
5   ANNOR · XX
M · VALERIVS
MARCELLINVS
PATER

Diis Manibus Marci Valerii Marciani, defuncti annorum viginti, Marcus Valerius Marcellinus pater.

Aux dieux Mânes, à M. Valerius Marcianus, mort à l'âge de vingt ans ; monument élevé par son père M. Valerius Marcellinus.

Cette inscription est gravée sur un tombeau élevé par un père à son fils. Le *cognomen* du père est *Marcellinus,* celui du fils *Marcianus.* Le *cognomen* du fils est donc différent de celui du père, mais il en est dérivé : ce n'est que le *cognomen* du père légèrement modifié.

Jusqu'ici, dans cette étude du *cognomen,* j'ai toujours supposé que le nom complet n'en contenait qu'un ; telle est l'hypothèse normale. De même qu'un

<hr>

[1] Allmer, *Inscript. de Vienne,* t. III, p. 227, n° 555.

citoyen romain ne portait en principe qu'un seul *praenomen* et un seul *gentilitium*, de même il ne portait qu'un seul *cognomen*. Mais, si telle est la règle, il suffit de jeter les yeux sur un recueil d'inscriptions, ou même sur les fastes consulaires pour s'apercevoir que les Romains ne se sont pas astreints à l'observer rigoureusement. Les plus grandes familles s'habituèrent de bonne heure à prendre plusieurs *cognomen* : les fastes consulaires donnent déjà à quelques-uns des premiers consuls de la République deux *cognomen*. Cet usage se généralisa et se développa, de telle sorte que, dès les premières années de l'Empire, on vit le nombre des *cognomen* s'accroître outre mesure. Les empereurs d'abord, après eux les grands personnages de l'Empire qui voulaient les imiter, prirent un nombre infini de *cognomen* ou d'*agnomen;* si bien que, à un moment donné, il devint très difficile de reconnaître dans cette longue série de noms ceux qui étaient habituellement portés par tel personnage, et sous lesquels le public le connaissait. Un tel abus eut pour résultat d'altérer l'ancienne manière de désigner les citoyens romains; puis, de la faire disparaître. Ce dernier résultat se produisit à une époque où, la qualité de citoyen romain ayant été étendue à tous les habitants de l'Empire, il n'y avait plus grand intérêt à distinguer les citoyens romains de ceux qui ne l'étaient pas.

Quelles sont les causes qui ont provoqué cette mul-

tiplication du *cognomen?* Telle est la question qui
s'impose nécessairement à mon examen. Ces causes
sont multiples, mais elles peuvent être ramenées à
trois principales. Je place en première ligne le
désir très légitime chez certaines grandes familles
réunies dans une même *gens,* de se distinguer les
unes des autres; puis, en seconde ligne, le surnom
d'honneur conféré à tel personnage à l'occasion d'une
action d'éclat et pour en perpétuer le souvenir; enfin,
en troisième ligne, l'adoption. J'ajoute que cette dernière cause, l'adoption sous ses deux faces adoption
proprement dite et adoption testamentaire, est de
beaucoup la plus énergique; et que c'est surtout à
elle qu'il faut attribuer l'altération des règles qui
gouvernaient la composition du nom des citoyens romains. Je vais reprendre successivement chacune de
ces trois causes et en faire l'objet d'un examen particulier; mais j'insisterai surtout sur l'adoption.

I. — La première cause qui amena les membres
de certaines familles à prendre deux *cognomen,* c'est
que, à un certain moment, le premier *cognomen* devint héréditaire pour tous les membres d'une même
famille. Provoquée par cette cause et restreinte dans
de justes limites, la pluralité du *cognomen* n'avait
rien que de très légitime. Certaines *gens* comprenaient un grand nombre de familles qui étaient
arrivées aux honneurs; on conçoit donc que, à un
moment donné, ces familles aient cherché à se distinguer les unes des autres. Le *nomen gentilitium*

donnait bien le moyen de distinguer les familles appartenant à telle *gens* donnée des familles appartenant à telle autre *gens,* mais il était impuissant à fournir les éléments d'une distinction entre les familles qui faisaient partie d'une même *gens.* On conçoit qu'il pouvait très bien se faire que, au bout d'un certain temps, telles ou telles familles réunies dans une même *gens* eussent acquis une individualité propre, qu'elles eussent formé dans la *gens* des groupes distincts, et que, dès lors, les membres de ces familles aient voulu annoncer par un signe extérieur que, non-seulement ils appartenaient à telle ou telle *gens,* mais que de plus ils appartenaient à telle ou telle famille faisant partie de la *gens.* Pour atteindre ce but, il leur suffisait de prendre un *cognomen* héréditaire. Telle fut la destinée du *cognomen Scipio.* A l'origine, ce *cognomen* n'eut d'autre fonction que d'individualiser l'un des membres de la *gens Cornelia.* Macrobe [1] nous indique dans quelles circonstances il fut donné :

« *Non aliter dicti Scipiones, nisi quod Cornelius qui cognominem patrem luminibus carentem pro baculo regebat Scipio cognominatus, nomen ex cognomine posteris dedit.* »

Les Scipions tenaient ce nom de l'un de leurs ancêtres. L'un des Cornelii avait l'habitude de diriger

____

[1] Macrobe, *Saturn.,* liv. I, ch. VI.

les pas de son père devenu aveugle et de lui tenir lieu
de bâton : il fut, pour cette raison, surnommé Scipion.
Il transmit ce cognomen à ses descendants qui en firent
une sorte de nomen gentilitium.

Dans la suite, le *cognomen Scipio* devint héréditaire pour tous les membres d'une même famille et il servit à désigner l'une des branches de la *gens Cornelia*. Cette *gens* comprenait plusieurs autres branches qui se distinguaient les unes des autres par un *cognomen* héréditaire. Telles étaient les familles portant les *cognomen Lentulus, Dolabella, Sylla*. Dans la *gens Claudia*, on rencontrait les familles portant les *cognomen* héréditaires *Pulcher, Marcellus, Nero;* dans la *gens Aemilia*, les *cognomen Paulus, Lepidus, Mamercinus* étaient aussi des *cognomen* héréditaires et désignaient des branches différentes de cette *gens*.

Le premier *cognomen* ayant pour fonction dans certaines familles de désigner telle branche de la *gens* et non plus tel individu, il fallut prendre un second *cognomen* pour individualiser les différents membres de la famille. Par exemple, un second *cognomen* était nécessaire pour distinguer les Scipions les uns des autres.

Après s'être produit entre les différentes familles d'une même gens, le fait signalé se renouvela entre les différentes branches d'une même famille. L'une des familles qui faisaient partie de la *gens Cornelia* avait pris, à un moment donné, le *cognomen Scipio* pour se distinguer des autres familles de la même *gens*. Après un certain temps, les branches de la famille *Scipio* devinrent assez nombreuses et assez distinctes pour qu'elles se décidassent à prendre un second *cognomen* permettant de les distinguer les unes des autres; c'est ainsi que l'on vit l'une des branches des Scipions prendre le *cognomen* héréditaire *Nasica*. A partir du jour où ce *cognomen* devint héréditaire pour tous les membres d'une même famille, ceux-ci furent bien obligés de prendre à côté de *Scipio* et de *Nasica* un troisième *cognomen* qui fixât leur individualité. Ces *cognomen* héréditaires pour tous les membres d'une même famille ne sont pas autre chose que des sortes de *gentilitium* propres à certaines familles qui, sans se détacher complètement de leur *gens* d'origine pour en former une nouvelle, avaient cependant acquis une individualité bien tranchée.

Le fait signalé dans la famille des Scipions s'est produit dans d'autres familles encore; aussi, suis-je autorisé à dire que l'une des premières causes qui ont amené la multiplication des *cognomen,* c'est le désir de certaines familles de se distinguer par un signe extérieur des autres familles de la même *gens* ou des autres branches de la même famille.

II. — Comme seconde cause ayant amené le développement du *cognomen,* je signale le surnom d'honneur accordé par le Sénat, le peuple ou l'armée à un

personnage à titre de récompense et en vue de perpétuer le souvenir d'une action d'éclat. Ce *cognomen*
d'honneur venait s'ajouter au *cognomen* pris par le
personnage à l'effet de compléter son individualisation. Il en résultait que ce personnage portait désormais deux *cognomen,* et même un plus grand
nombre, s'il appartenait à l'une de ces familles dont
je viens de parler. Le surnom d'honneur était ordinairement transmissible aux descendants de celui qui
en avait été gratifié, de telle sorte que la pluralité de
cognomen amenée par cette deuxième cause se per-
pétuait dans la famille.

III. — La troisième cause qui a amené l'altération
du *nomen* par la multiplication de ses éléments, c'est
l'adoption sous ses deux formes, adoption entre-vifs
et adoption testamentaire. La force dissolvante de
cette troisième cause fut de beaucoup la plus énergique; aussi, suis-je obligé d'en faire l'objet d'une
étude particulière. Je vais étudier les effets de l'adoption au point de vue qui m'occupe en ce moment,
c'est-à-dire au point de vue de la composition du nom.
J'envisagerai d'abord les effets de l'adoption proprement dite, je veux dire l'adoption entre-vifs; puis,
j'envisagerai les effets de l'institution qui est ordinairement appelée adoption testamentaire.

A. *Adoption entre-vifs.* — L'adoption entre-vifs
pouvait s'accomplir dans deux circonstances bien dif-

férentes. On sait, en effet, qu'au point de vue du droit il faut distinguer l'*adrogatio* de l'*adoptio*. L'adrogation, c'est l'adoption d'un *sui juris*; il y a donc adrogation lorsqu'un *paterfamilias* en adopte un autre. Il y a adoption proprement dite lorsqu'un *paterfamilias* adopte un fils de famille. Il n'y a pas d'intérêt à distinguer l'une de l'autre ces deux espèces d'adoption; aussi ne ferai-je aucune distinction entre elles : ce que je vais dire de l'adoption s'applique à l'adrogation et *vice versa*.

L'adopté entrant dans la famille adoptive prenait les trois noms de son père adoptif : *praenomen, nomen gentilitium, cognomen*. Il y ajoutait un quatrième nom, tiré du nom qu'il portait dans sa famille d'origine, de telle sorte que l'adopté avait en principe deux *cognomen*. Telle est la règle. Elle comportait des exceptions, en ce sens qu'il pouvait se faire, comme je l'indiquerai plus loin, que l'adopté ne portât qu'un seul *cognomen*.

Je laisse provisoirement de côté cette exception pour m'en tenir à la règle. L'adopté prenait donc les trois noms de l'adoptant et y ajoutait un second *cognomen* emprunté au nom qu'il portait avant l'adoption. Comment ce deuxième *cognomen* était-il choisi? Deux procédés ont été successivement en usage; le premier fut pratiqué pendant la durée de la République, le second dès les premiers temps de l'Empire. A l'origine, le *cognomen* pris par l'enfant adoptif indiquait l'adoption et rappelait la famille d'origine : ce n'était pas autre chose que le *gentilitium* originaire de l'adopté auquel on donnait une forme particulière au moyen de la désinence *anus*. On sait que l'un des fils de L. Aemilius Paulus fut adopté par P. Cornelius Scipio, fils du premier Africain. Après l'adoption, ce fils de Paul-Emile prit le nom de P. Cornelius Scipio *Aemilianus;* le deuxième *cognomen Aemilianus* n'est pas autre chose que le *nomen gentilitium* d'origine avec une forme particulière. Un tel *cognomen* indiquait en même temps l'adoption de celui qui le portait et la famille dont cet adopté était sorti. On pourrait citer d'autres exemples de *cognomen* formés de la manière indiquée et dans les mêmes circonstances; je me contenterai de signaler le nom de l'un des deux consuls de l'année 575 *u. c.* Voici de quelle manière les consuls de cette année sont désignés par les fastes capitolins :

L · MANLIVS · L · F · L · N · ACl. ıNVS · FVLVIAN

Q · FVLVIV · Q · F · M · N · FLACCVS

HEI · FRATRES · GERMANI · FVERVNT

Lucius Manlius, Lucii filius, Lucii nepos, Acidinus Fulvianus. Quintus Fulvius, Quinti filius, Marci nepos, Flaccus. Hi fratres germani fuerunt.

L. Manlius Acidinus Fulvianus, fils de L. Manlius, petit-fils de L. Manlius. Q. Fulvius Flaccus, fils de Q. Fulvius, petit-fils de M. Fulvius. Ces deux consuls furent frères germains.

Les fastes nous disant que les deux consuls furent frères germains, nous font connaître par là même que ceux-ci étaient l'un et l'autre fils de Q. Fulvius. L'un des deux frères a été donné en adoption à L. Manlius. Dès que l'adoption fut réalisée, il quitta son *praenomen* [1], son *nomen gentilitium* et son *cognomen* pour prendre les noms du père adoptif L. Manlius Acidinus; à ces trois noms, il ajoute un second *cognomen, Fulvianus,* qui nous rappelle l'adoption et la famille d'origine de notre consul.

Le changement opéré dans le nom de l'adopté indique quels sont les effets de l'adoption. L'adopté devient au point de vue du droit civil étranger à sa famille et à sa *gens* d'origine; c'est pourquoi il change ses *praenomen, gentilitium* et *cognomen.* Il devient étranger à son père par le sang : il n'est plus placé sous la *patria potestas* de celui-ci, mais il passe sous la *patria potestas* de l'adoptant. L'acquisition de la *patria potestas* par l'adoptant sur l'adopté a toujours été l'effet principal de l'adoption; c'est celui que Gaius, dans ses *Commentaires,* et, après lui, Justinien dans ses *Institutes* mettent en première ligne :

« *Non solum autem naturales liberi, secundum ea quae diximus, in potestate nostra sunt, verum et hi quos adoptamus* [2]. »

___

(1) On ne sait pas quel était le *praenomen* de notre consul avant son adoption.

(2) Gaius, *Comm.* I, § 97; Just., *Inst.,* pr., *De adoptionibus,* I, 11.

Nous avons sous notre patria potestas *non-seulement les enfants nés de nos justes noces, mais encore
ceux que nous avons adoptés.*

Ce changement de puissance suppose un changement de famille; il suppose aussi un changement de
gens, lorsque l'adoptant appartient à une autre *gens*
que l'adopté. Celui-ci, après l'adoption, devient si
bien étranger à sa famille d'origine qu'il ne mentionne plus son père naturel dans l'indication de sa
filiation. C'est ainsi que notre L. Manlius Acidinus
Fulvianus est dit, dans les fastes, fils de L. Manlius et
petit-fils de L. Manlius, tandis que, au point de vue
des liens du sang, il est fils de Q. Fulvius et petit-fils de M. Fulvius. Cette transformation dans l'indication de la filiation fait sentir, mieux encore
que le changement dans le *gentilitium,* les effets si
caractéristiques de l'adoption; tellement que l'on
peut dire qu'il n'y a pas véritablement adoption là
où il n'y a pas changement de filiation dans la personne de l'adopté.

L'adoption faisant passer l'adopté d'une puissance
paternelle sous une autre avait pour résultat d'anéantir les liens d'agnation. Elle supprimait les liens de
l'adopté avec sa *gens* d'origine toutes les fois que l'a-
doptant appartenait à une autre *gens.* Dès lors, les
droits successoraux de ceux qui étaient les agnats de
l'adopté avant l'adoption, se trouvaient détruits; il en
était de même des droits successoraux des *gentiles,*

lorsque l'adoption entraînait un changement de *gens*. Aussi suis-je porté à croire que, dans ce dernier cas, l'adoption ne pouvait avoir lieu qu'avec le consentement de la *gens*. Je n'ai pas de textes sur lesquels je puisse appuyer cette conjecture, mais j'explique le silence des sources sur ce point en faisant remarquer que les plus anciennes sont d'une époque où l'antique organisation de la *gens* était déjà détruite, et le droit successoral des *gentiles* tombé en désuétude.

En résumé, après l'adoption, tout lien civil était détruit entre l'adopté et sa famille originaire. Mais, si au point de vue du droit civil, l'adopté était devenu étranger à sa famille d'origine, il n'en est pas moins vrai qu'il se rattachait toujours à cette famille par les liens du sang; il restait le *cognat* de ses anciens *agnats,* et cette parenté purement naturelle pouvait produire des effets dans certaines circonstances, notamment au point de vue du droit successoral organisé par le préteur [1]. C'est en vue de rappeler cette parenté naturelle que l'adopté ajoutait à son nouveau nom un *cognomen* emprunté à son ancien nom. A l'origine, ce *cognomen* n'était pas autre chose que son *nomen gentilitium* originaire modifié par la désinence *anus.*

Dès la fin de la République, on voit apparaître un nouveau système dans la formation du *cognomen* in-

---

[1] « *Liberi quoque qui in adoptiva familia sunt, ad naturalium parentum hereditatem hoc eodem gradu vocantur.* » Gaius, *Comm.* III, § 31. Voyez aussi Just., *Inst.*, § 3, *De success. cognat.*, III, 5.

dicatif de l'adoption. Ce nouveau procédé après avoir
été pratiqué concurremment avec l'ancien finit par le
remplacer complètement. Le *cognomen* ajouté par
l'adopté à son nom avait pour but d'indiquer qu'il
était entré par l'adoption dans sa famille actuelle, et,
en même temps, de faire connaître sa famille d'origine. Aussi longtemps que la *gens* conserva son organisation primitive, aussi longtemps qu'elle tint étroi-
tement unies entre elles les différentes familles qui la
composaient, il suffisait, pour atteindre le double but
indiqué, que l'adopté conservât son ancien *gentilitium* en lui donnant une désinence particulière. Mais
du jour où les différentes familles réunies dans la
même *gens* s'efforcèrent de former des groupes distincts, du jour où elles prirent, pour se distinguer les
unes des autres, un *cognomen* particulier et héréditaire, il ne suffisait plus que l'adopté conservât son
gentilitium avec une désinence particulière pour faire
connaître la famille dont il était sorti. Un *cognomen*
formé de cette manière annonçait bien que celui
qui le portait était entré dans sa famille actuelle par
adoption, mais il n'indiquait pas avec une précision
suffisante la famille d'origine dont l'adopté était sorti.
Je suppose qu'un membre de la *gens Cornelia* se
donne en adoption et qu'il se contente de joindre à
son nouveau nom le *cognomen Cornelianus*. A la lecture d'un tel *cognomen,* on saura sans doute que celui
qui le porte est entré dans telle famille par l'adoption; on connaîtra qu'il sort de la *gens Cornelia;* mais

on ne verra pas quelle est précisément sa famille d'o-
rigine. Cet adopté appartenait-il à la famille *Scipio*,
Dolabella, *Lentulus* ou *Sylla?* On n'en sait rien : le
nom formé de la manière indiquée ne donne pas le
moyen de résoudre cette question. Aussi dès que la
gens eut perdu de son ancienne unité et que les diverses familles d'une *gens* eurent des tendances à y
former des groupes distincts, on chercha le moyen
d'indiquer dans le nom de l'adopté non-seulement la
gens, mais encore la famille originaire. Pour atteindre ce résultat, il suffit de maintenir à l'adopté le
cognomen héréditaire de sa famille d'origine, au lieu
de lui donner un *cognomen* formé avec son ancien
gentilitium.

C'est ainsi que le frère de L. Licinius Lucullus, le
lieutenant de Sylla et le vainqueur de Mithridate,
conserva après son adoption par M. Terentius Varro
le *cognomen Lucullus*. Il fut consul en l'année 681
u. c. Voici une inscription [1] antérieure de quelques
années à ce consulat qui donne le nom complet de ce
frère de Lucullus; elle est intéressante à plusieurs
points de vue :

M · TERENTIVS · M · F

VARRO · LVCVLLVS

PRO · PR · TERMINOS

RESTITVENDOS

____

(1) Wilmanns, n° 861; *C. I. L.*, t. I, n° 583. Voy. aussi même tome,
page 156, la notice placée sous les inscriptions n°s 554-556.

5

EX · S · C · COERAVIT
QVA · P · LICINIVS
AP · CLAVDIVS
C · GRACCVS · III VIR
A · D · A · I · STATVERVNT

Marcus Terentius, Marci filius, Varro Lucullus pro praetore terminos restituendos ex senatusconsulto curavit qua Publius Licinius, Appius Claudius, Caius Graccus triumviri agris dandis adsignandis judicandis statuerunt.

M. Terentius Varro Lucullus, fils de M. Terentius Varro, a rétabli en qualité de propréteur et en vertu d'un sénatus-consulte les bornes posées par P. Licinius, Ap. Claudius, C. Gracchus, triumvirs chargés d'assigner des terres à des colons et de fixer les limites entre le domaine public et le domaine privé.

Cette inscription est gravée sur une colonne trouvée dans le voisinage de Pesaro; elle est de l'année 672 ou 673 *u. c.* Elle nous annonce que M. Terentius Varro Lucullus a rétabli des bornes posées par les triumvirs P. Licinius, Ap. Claudius, C. Gracchus. C'est un sénatus-consulte qui lui avait confié cette mission en lui donnant les pouvoirs de propréteur [1].

(1) Les lettres A. D. A. I. doivent se lire *agris dandis adsignandis* ou *attribuendis judicandis.* J'ai traduit cette phrase de la manière suivante : triumvirs chargés d'assigner des terres aux colons et de fixer les limites

Cette manière d'indiquer l'adoption en maintenant dans le nom de l'adopté le *cognomen* héréditaire de sa famille d'origine, était tout aussi rationnelle que la première. Pour les Romains, il était aussi facile de reconnaître l'adoption par l'existence dans le nom de l'adopté du *cognomen* héréditaire de sa famille d'origine que par le signe du *gentilitium* conservé avec une désinence particulière. Les Romains savaient, en effet, que tel *cognomen* appartenait à telle famille et non à telle autre, qu'il se trouvait dans telle *gens* et non dans telle autre. Pour les modernes, la situation n'est plus la même. Il nous est en effet beaucoup plus difficile de découvrir une adoption dans un nom formé suivant le deuxième procédé que dans un nom formé d'après le premier. Dans le premier cas, l'aspect d'un *cognomen* formé avec un *gen-*

séparatives du domaine public et du domaine privé. Les triumvirs dont il s'agit nommés par les lois agraires de Ti. Gracchus avaient reçu deux pouvoirs différents. Ils avaient été chargés, d'abord, d'établir des colonies; ensuite, de fixer, dans les lieux où ils ne fondaient pas de colonies, les limites du domaine public et du domaine privé, c'est-à-dire d'établir les limites séparant les terres de l'État de celles qui appartenaient à des particuliers. Les triumvirs chargés de présider à l'établissement d'une colonie, recevaient de la loi ou du sénatus-consulte qui ordonnait la fondation de la colonie le pouvoir d'assigner des terres aux colons. Dans les inscriptions qui désignent des triumvirs de ce genre, le pouvoir d'assigner des terres est exprimé par les lettres A. D. A. *agris dandis adsignandis.* Notre inscription contient une lettre de plus I; *judicandis.* La présence de cette lettre s'explique par cette circonstance que les triumvirs nommés pour assurer l'exécution des lois de Ti. Gracchus avaient reçu deux pouvoirs différents : d'abord, celui de fonder des colonies; ensuite, celui de délimiter les terres de l'État, probablement en vue de préparer l'établissement de nouvelles colonies. Ils avaient donc une mission plus étendue

tilitium transformé conformément à des règles connues, nous signale immédiatement l'adoption. Il n'en
est plus de même dans le second cas : ce n'est qu'en
vertu de renseignements pris en dehors du nom qu'il
est possible de découvrir l'adoption. Mais cette difficulté créée par le deuxième procédé ne suffit pas pour
nous autoriser à dire que ce procédé constitue une
altération du système normal de notation du nom.

Le nom de M. Terentius Varro Lucullus n'est pas
le seul que je puisse citer comme exemple de cette
seconde manière de rappeler l'adoption dans le nom
de l'adopté; il en est d'autres. C'est ainsi que D.
Junius Brutus adopté par A. Postumius Albinus s'appelle A. Postumius, A. filius, Albinus Brutus.

Dès les premières années de l'Empire, on fit un
pas de plus dans la voie ouverte par le deuxième pro

que celle qui était ordinairement donnée aux triumvirs chargés de l'établissement d'une colonie.

Les triumvirs de notre inscription tenaient leurs pouvoirs de deux lois
différentes rendues successivement. Cela nous est indiqué par l'épitomé
de Tite-Live (58) qui nous dit que, après avoir fait nommer les triumvirs
chargés de surveiller l'établissement des colonies, Ti. Gracchus réunit de
nouveau le peuple et lui fit voter une loi donnant à ces mêmes triumvirs
le pouvoir de délimiter les terres appartenant à l'État : « .... *ut iidem
triumviri judicarent qua publicus ager, qua privatus esset.* » Les premiers
triumvirs chargés de cette double fonction furent Ti. Gracchus, C. Gracchus, Ap. Claudius; ils furent nommés en l'année 621 *u. c.*

Ti. Gracchus fut tué la même année et remplacé par P. Licinius Crassus
consul en l'année 623 et mort en Asie en 624 *u. c.* Licinius Crassus était
triumvir au moment où les limites furent posées pour la première fois; il
s'ensuit qu'elles l'ont été dans les années 622-623 *u. c.* Elles furent rétablies par M. Terentius Varro Lucullus en l'année 672 ou 673 *u. c.*, c'est-à-
dire cinquante ans plus tard.

cédé : on imagina, en effet, de faire figurer dans le nom complet de l'adopté ses *nomen gentilitium* et *cognomen* originaires. C'était probablement dans le but d'indiquer avec précision la famille dont l'adopté était sorti. Au moment où la famille agnatique qui reposait exclusivement sur la *patria potestas* perdait de son importance, la famille cognatique fondée sur les liens du sang en prenait de plus en plus. On comprend, dès lors, que les citoyens romains se soient efforcés de rappeler exactement le souvenir de celle-ci par la composition du nom de l'adopté. Le développement pris sous l'influence de cette idée inspiratrice par cette deuxième manière de construire le nom de l'adopté, constitue une véritable dérogation aux règles primitives et rigoureuses qui gouvernaient la composition du nom des citoyens romains. L'adopté, en conservant dans son nom après l'adoption son *gentilitium* et son *cognomen* d'origine avec leur orthographe primitive, donne à ce *gentilitium* originaire la valeur et la fonction d'un *cognomen*. L'irrégularité consiste précisément à prendre un *cognomen* qui a la forme d'un *nomen gentilitium;* de telle sorte qu'à la lecture du nom on pourrait être conduit à croire que celui qui le porte a deux *nomen gentilitium;* ce qui est inadmissible, étant donnée l'organisation de la famille romaine. La famille romaine ayant pour base la *patria potestas,* il n'était pas possible que juridiquement un citoyen romain appartînt à deux familles différentes.

J'ai dit que normalement l'adopté prenait les *prae-nomen, gentilitium* et *cognomen* de l'adoptant, et j'ai établi l'existence de cette règle en prouvant par des exemples qu'elle était appliquée. L'adoptant avait toujours un *praenomen* et un *gentilitium,* mais il pouvait se faire qu'il n'eût pas de *cognomen.* On sait, en effet, que les membres de certaines *gens* se refusaient à prendre un *cognomen :* lorsque l'adoptant appartenait à une famille de ce genre, il est bien évident qu'il ne pouvait transmettre à l'adopté un *cognomen* qu'il n'avait pas. Dans ce cas, l'adopté ajoutait purement et simplement à son nouveau nom le *cognomen* qu'il portait avant l'adoption. C'est ainsi que L. Calpurnius Piso qui fut adopté par M. Pupius, s'appelle M. Pupius Piso ; et C. Aurelius Orestes adopté [1] par Cn. Aufidius s'appelle Cn. Aufidius Orestes. Cette manière de former le nom de l'adopté était aussi régulière que les notations que j'ai indiquées ci-dessus et elle atteignait le même but : faire connaître, par la seule lecture du nom complet, que celui qui le porte est sorti de telle famille pour entrer dans telle autre par l'effet d'une adoption. Les Romains connaissaient en effet quelles étaient les *gens* dont les membres ne portaient pas de *cognomen,* et ils connaissaient aussi les familles auxquelles appartenait tel *cognomen.* Si bien, qu'à la seule lecture d'un nom comme M. Pupius Piso, ils savaient qu'ils

---

[1] Cic., *Pro domo sua,* ch. 13.

se trouvaient en présence d'un individu sorti de la *gens* Calpurnia pour entrer dans la *gens* Pupia. Ils savaient, en effet, que les membres de la *gens* Pupia ne portaient pas de *cognomen*, et que *Piso* était un *cognomen* de la *gens* Calpurnia.

Quand on lit les noms des empereurs qui sont arrivés au pouvoir souverain par l'effet de l'adoption, on voit bientôt que la plupart d'entre eux ne font pas figurer dans la série de leurs noms le *gentilitium* de celui par qui ils ont été adoptés. C'est ainsi que Tibère ne prend que rarement le *gentilitium Julius,* bien qu'il fût entré dans la *gens* Julia lors de son adoption par Auguste. De même Trajan, bien qu'adopté par Nerva, ne fait jamais figurer le *gentilitium Cocceius* dans son nom officiel. Il ne faudrait pas conclure de ce fait que l'adoption faite par l'empereur fût soumise à des règles particulières. Tous les empereurs qui ont été l'objet d'une adoption ont soin, dans l'indication de leur filiation, de citer leur père adoptif et non leur père naturel. Comme je l'ai déjà fait remarquer, le changement dans la filiation indique l'adoption et ses effets plus encore que le changement de *gentilitium*. D'ailleurs, une fois maître de l'Empire, l'empereur n'indiquait que bien rarement son *gentilitium* dans la série de ses noms; celui-ci était assez connu pour qu'il ne fût pas nécessaire de le mentionner.

B. *Adoption testamentaire.* — L'adoption proprement dite dont je viens de parler est l'une des causes qui ont amené la multiplicité des *cognomen*, et même l'altération du nom ; cependant, ce n'est pas elle qui, dans cet ordre d'idées, a exercé l'influence prépondérante. Celle-ci doit être attribuée à l'adoption testamentaire. Qu'est-ce que l'adoption testamentaire, quels en sont les effets? Telle est la grande question sur laquelle il me faut prendre parti. M. Mommsen s'est occupé de l'adoption testamentaire dans une étude sur la vie et sur les œuvres de Pline le Jeune [1] ; et il en a fait une théorie qui depuis a été généralement adoptée. Je vais d'abord résumer rapidement, mais exactement les conclusions de cet auteur.

Pour M. Mommsen, l'adoption testamentaire était à l'origine une véritable adoption qui produisait tous les effets de l'adoption entre-vifs. Elle avait donc pour résultat de faire sortir l'adopté de sa *gens* et de le faire entrer dans la *gens* de l'adoptant; elle avait aussi pour résultat de faire considérer l'adopté comme fils de l'adoptant, si bien que, dans la notation de son nom, l'adopté indiquait comme étant son père l'adoptant, et non pas son père naturel. L'adopté sortait de sa famille pour entrer dans une famille nouvelle; il cessait d'être l'agnat des agnats de son père par les liens du

---

(1) Dans l'*Hermès*, t. III, pages 62 et suiv. Pline le Jeune avait été adopté par le testament de son oncle. Cette remarque explique comment M. Mommsen a été amené à traiter de l'adoption testamentaire dans une étude sur Pline. La dissertation de M. Mommsen a été traduite de l'allemand en français par M. C. Morel. Voy. *Bibliothèque de l'École des hautes ludes,* 15e fascicule, 1873.

sang, pour devenir l'agnat des agnats de celui qui l'avait adopté dans son testament ; il perdait tout droit de succession dans sa famille originaire, mais il acquérait tous les droits de succession dans la famille de l'adoptant. Celui qui était adopté par testament comme celui qui était adopté par adoption entre-vifs subissait une *capitis deminutio*. Par conséquent, l'adopté par testament perdait tout droit de patronage sur les esclaves qu'il avait affranchis avant l'adoption, de même que sur les esclaves affranchis par son père naturel. Mais, en revanche, il acquérait les droits de patronage à l'égard des esclaves affranchis par l'adoptant. Je résume tous ces effets de l'adoption testamentaire en disant que, d'après M. Mommsen, cette adoption produit tous les effets d'une adoption entre-vifs. Toutefois, l'adoption testamentaire n'était pas parfaite par l'acceptation du testament, il fallait de plus qu'elle eût été consacrée par une loi curiate.

Dès les premières années de l'Empire, l'adoption testamentaire décline ; si bien que, à un moment donné, elle n'a plus pour résultat de faire passer l'adopté d'une *gens* dans une autre, ni de lui faire changer sa filiation. Elle finit par ne plus être autre chose qu'une institution d'héritier faite sous cette condition que l'héritier institué prendrait les noms du testateur et les ferait figurer dans la série de ses noms. Mais M. Mommsen prétend que l'adoption testamentaire réduite à ces effets n'est plus que l'ombre de ce qu'elle était à l'origine, et que, si elle a

perdu peu à peu sa force primitive, alors que l'adoption entre-vifs continuait à produire un changement
de famille et de filiation, cela tient à ce que les jurisconsultes ont toujours vu avec défaveur l'adoption testamentaire et qu'ils se sont efforcés d'en restreindre
les effets. Ils ont réussi dans leur entreprise, puisqu'ils ont réduit l'adoption testamentaire à ne plus
être qu'une condition mise à une institution d'héritier. En résumé, dans cette manière d'entendre l'a-
doption testamentaire, c'est une institution juridique
qui a décliné peu à peu sous l'influence de causes
mal connues, et qui s'est transformée au point de
ne plus être reconnaissable.

C'est une manière de voir que je ne saurais admettre. Pour moi, l'adoption testamentaire a toujours
produit les mêmes effets soit pendant la période
républicaine, soit pendant la période impériale. Ces
effets ont toujours été moins énergiques que ceux de
l'adoption entre-vifs. Je considère que, même pendant la période républicaine, l'adoption testamentaire
n'était qu'une institution d'héritier faite sous cette
condition, que l'institué ajouterait à son nom celui du
testateur. Cette adoption n'a jamais eu pour résultat
d'opérer, par elle-même et dans la personne de l'a-
dopté, un changement de famille ni de filiation. Elle
n'enlevait pas à l'adopté ses droits de succession dans
sa famille d'origine pour lui en donner de nouveaux
dans sa famille adoptive ; elle ne lui faisait pas perdre
ses droits de patronage sur les esclaves affranchis par

lui ou son père avant l'adoption, pour lui en donner
sur les affranchis de l'adoptant. Je ne puis pas admettre que l'adoption testamentaire, après avoir produit les mêmes effets que l'adoption entre-vifs, se soit
peu à peu transformée au point de devenir mécon-
naissable, alors que l'adoption entre-vifs continuait à
produire les mêmes effets et conservait la même physionomie. Il est certain que, dans les ouvrages des jurisconsultes qui nous sont parvenus, l'adoption testamentaire n'est plus qu'une institution d'héritier sous
une certaine condition. Dès lors, pourquoi prétendre
qu'à un moment donné cette adoption a eu un caractère tout différent? Rien ne nous fait connaître les
causes qui auraient amené le changement; et surtout
on ne comprend pas que ces causes aient exercé leur
influence exclusivement sur l'adoption testamentaire
et soient restées sans action sur l'institution parallèle,
l'adoption entre-vifs.

Seulement, je m'empresse de le dire, je reconnais
qu'à côté de l'adoption testamentaire il y avait une
autre institution. Il pouvait, en effet, se faire que
l'héritier, après la mort du testateur et en vertu d'une
décision du pouvoir législatif, fût considéré comme
quittant sa famille d'origine pour entrer dans la
famille du défunt. En d'autres termes, il faut admettre, à côté de l'adoption par testament, une sorte
d'adoption par acte du pouvoir législatif dont l'histoire nous donne quelques exemples et qui produisait tous les effets d'une adoption entre-vifs. Cette

adoption par acte du pouvoir législatif, institution beaucoup plus politique que juridique, ne doit pas être confondue avec l'adoption testamentaire : ce sont là deux institutions distinctes l'une de l'autre.

Il ne faut pas dire que l'adoption par acte du pouvoir législatif n'est que l'adoption testamentaire, sous prétexte que celle-ci n'était parfaite qu'après avoir reçu l'approbation du pouvoir législatif. Il ne faut pas considérer l'adoption par acte du pouvoir législatif comme étant l'adoption testamentaire sous sa première forme, celle de la période républicaine ; tandis que cette institution à laquelle je réserve le nom d'adoption testamentaire ne serait que cette adoption sous sa deuxième forme, celle de la période impériale et des jurisconsultes de l'époque classique. Deux motifs s'opposent à ce qu'un pareil système puisse être admis. Pour qu'il fût fondé, il faudrait que l'intervention du pouvoir législatif dans l'adoption testamentaire ne se rencontrât que pendant la période républicaine, et qu'on n'en trouvât plus d'exemple à partir du moment où l'adoption testamentaire ne fut plus qu'une institution d'héritier faite sous une certaine condition. Mais il n'en est pas ainsi. La vérité est que l'intervention du pouvoir législatif dans certaines adoptions testamentaires se rencontre à toute époque. La seule différence que l'on puisse constater à ce point de vue entre l'Empire et la République consiste en ceci : pendant la période républicaine, la volonté du pouvoir législatif se manifeste sous la forme d'une loi curiate ; pendant la période impériale, l'acte législatif duquel résulte cette sorte d'adoption est un rescrit de l'empereur. Il est, en effet, certains textes du Digeste qui font allusion à cette intervention de l'empereur ; je citerai notamment un fragment de Marcellus [1] :

« *Adoptio non jure facta a principe confirmari potest.* »

Le prince peut confirmer une adoption qui n'est pas faite conformément à la loi.

Cette adoption *non jure facta* confirmée par rescrit du prince, n'est pas autre chose qu'une adoption testamentaire. Si, en effet, il s'agissait d'une adoption entre-vifs nulle pour vice de forme, il ne serait pas nécessaire de s'adresser à l'empereur pour en obtenir la confirmation : il suffirait de recommencer l'opération, ce qui ne présentait pas de difficulté. Ce texte de Marcellus, en même temps qu'il nous signale l'intervention de l'empereur dans l'adoption testamentaire, nous indique que l'adoption testamentaire n'est pas à proprement parler une véritable adoption, puisqu'il l'appelle une *adoptio non jure facta.* L'intervention du pouvoir législatif pour confirmer certaines adoptions se rencontre donc pendant la période impériale aussi bien que pendant la période

---

(1) Fr. 38 Dig., *De adop.*, 1, 7.

républicaine. C'est là un premier motif pour décider que l'adoption par acte du pouvoir législatif ne doit pas être considérée comme étant l'adoption testamentaire sous sa première forme.

Un second motif m'est fourni par cette circonstance, que l'adoption politique se rencontre quelquefois en l'absence de tout testament. L'exemple le mieux connu et en même temps le plus probant d'adoption de ce genre nous est fourni par Septime Sévère. On sait que cet empereur prétendit avoir été adopté par Marc-Aurèle plus de quinze ans après la mort de ce prince dont le testament ne contenait aucune disposition relative à une adoption quelconque. Il est fait allusion à cette prétendue adoption par Spartien et Dion Cassius [1]. Sévère ne se contenta pas de se dire fils adoptif de Marc-Aurèle ; il se conduisit comme s'il avait été réellement adopté par lui. C'est ainsi que, dans les inscriptions [2] gravées sur les monuments publics, il prenait la qualité de fils de Marc-Aurèle et de frère de Commode. Septime Sévère avait eu recours à cette mesure pour pouvoir mettre la main sur les grands biens laissés par Marc-Aurèle. Il y a donc eu adrogation de Sévère par Marc-Aurèle ; mais cette adrogation ne résultait que de la volonté de l'empereur. Il n'y avait là qu'une adoption par acte législatif qui faisait

____

(1) Spartien, *Sévère*, § 10. « *Aliqui putant id circo illum Antoninum appellatum, quod Severus ipse in Marci familiam transire voluerit.* » Dion Cassius, LXXV, 7.

(2) Voy. notamment Gruter, p. 150, nº 5 ; Wilmanns, nº 989.

entrer Sévère dans la famille de Marc-Aurèle et lui donnait la qualité de fils de celui-ci. Cet épisode de la vie de Sévère nous prouve bien qu'il ne faut pas confondre l'adoption communément appelée adoption testamentaire avec ce que j'ai appelé adoption par acte législatif. La première est une institution purement juridique; la seconde, une institution exclusivement politique. L'adoption par acte du pouvoir législatif pouvait venir corroborer une adoption testamentaire, comme dans le cas d'Octave; elle pouvait aussi intervenir en l'absence de toute disposition testamentaire, comme dans le cas de Septime Sévère.

Pour compléter ma démonstration et arriver à fixer exactement la nature de l'adoption testamentaire, je vais dresser une liste aussi complète que possible des différents cas d'adoption de ce genre dont le souvenir nous a été conservé par les littérateurs ou par les historiens. Il suffira de jeter un coup d'œil sur cette liste pour voir si l'adoption testamentaire a jamais produit les effets que lui attribue M. Mommsen, et notamment pour voir si elle opérait, dans la filiation de l'adopté, cette transformation qui est le signe le plus caractéristique du changement de famille.

I. — Le plus ancien exemple d'adoption testamentaire est celui qui nous est fourni par Pline l'Ancien [1] :

« .....*Quum Scipionis Pomponiani transisset atrium,*

____

[1] Pline, *Hist. nat.*, XXXV, 2, § 5.

*vidissetque adoptione testamentaria Salutiones (hoc
enim ei fuerat cognomen) Africanorum dedecore irre-
pentes Scipionum nomini. »*

.....*Comme il traversait l'atrium de Scipion Pomponianus et qu'il vit que par une adoption testamentaire
le cognomen Salutio souillait par sa présence les noms
de Scipion et d'Africain.*

Il résulte de ce texte qu'un Scipion avait fait l'objet
d'une adoption testamentaire à la suite de laquelle il
avait pris les *cognomen Salutio* et *Pomponianus.* Il nous
montre en même temps que cette adoption n'avait pas
eu pour résultat de faire sortir l'adopté de sa famille
originaire; celui-ci s'était, en effet, contenté de joindre
à son nom les *cognomen Pomponianus* et *Salutio* [1].
Ce Scipion avait épousé la fille d'un homme très riche
appelé *Pomponius* qui l'avait adopté par son testament
sous la condition de prendre son nom. Scipion avait
accepté l'hérédité et avait exécuté la condition mise
à l'institution : il ajouta à son nom les *cognomen Pomponianus* et *Salutio.*

Il est probable que ce Scipio Pomponianus Salutio
est le même que celui dont nous parle Suétone [2] en
termes fort peu flatteurs :

« *Ad eludendas autem vaticinationes, quibus felix*

______

[1] Il est possible que Scipio Pomponianus tint le *cognomen Salutio* de
sa famille et non pas de l'adoption. Voy. Pline, *Hist. nat.,* VII, 10, § 4.

[2] Suétone, *Caesar,* 59.

*et invictum in ea provincia fataliter Scipionum nomen
ferebatur, despectissimum quemdam ex Corneliorum
genere, cui ad opprobrium vitae Salutioni cognomen
erat, in castris secum habuit.* »

*Pour éluder les prophéties prédisant que le nom des
Scipions serait toujours heureux et victorieux en Es-
pagne, César prit dans son camp l'un des membres les
plus méprisables de la gens Cornelia, qui avait reçu le
cognomen Salutio à cause des désordres de sa vie.*

II. — Dion Cassius [1] nous signale un autre Scipion,
qu'il appelle fils de Nasica, comme ayant été adopté
par le testament de Q. Caecilius Metellus Pius. Dion
nous dit que ce Scipion prit le *cognomen* de celui qui
l'adoptait. Il est certain qu'il a pris suivant l'usage
non-seulement le *cognomen,* mais encore le *praenomen* et le *gentilitium* de l'adoptant. Mais a-t-il de
plus changé sa filiation? A-t-il indiqué Metellus comme
étant son père, ou bien a-t-il continué à se dire fils
de P. Cornelius Scipio Nasica? C'est là la question
importante qu'il faut toujours se poser dans ces différents cas d'adoption testamentaire. Il semble qu'il
faille la résoudre en ce sens que notre Scipion se disait
après l'adoption testamentaire fils de Q. Caecilius
Metellus, si on s'en tient à un renseignement donné
par Cicéron. Celui-ci, dans l'une de ses lettres [2],

----

(1) Dion Cassius, XL, 51.
(2) Cic., *Epistolae ad diversos,* VIII, 8.

donne le texte d'un sénatus-consulte du 30 septembre 702 *u. c.* dont voici les premiers mots :

« *S. C. auctoritas. Pridie kal. octobr. in aede Apollinis scrib. affuerunt L. Domitius Cn. f. Ahenobarbus; Q. Caecilius Q. f. Metellus Pius Scipio; L. Villius L. f. Pompt. Annalis;........* »

Sénatus-consulte. La veille des calendes d'octobre, étaient présents dans le temple d'Apollon L. Domitius Ahenobarbus, fils de Cn. Domitius; Q. Caecilius Metellus Pius Scipio, fils de Q. Caecilius; L. Villius Annalis, fils de L. Villius, inscrit dans la tribu Pomptina.

Notre Scipion, dans ce texte du sénatus-consulte donné par Cicéron, est appelé fils de Q. Caecilius. Or, son père par le sang s'appelait P. Córnelius Scipio Nasica; donc, semble-t-il, par l'effet de l'adoption testamentaire, ce Scipion a changé de filiation, et par conséquent de famille. Ce deuxième cas d'adoption testamentaire est en apparence contraire à la théorie que j'ai exposée, et confirme celle qui est soutenue par M. Mommsen. Je me contente pour le moment de formuler l'objection; me réservant d'en discuter plus tard la valeur.

III. — T. Pomponius Atticus, l'ami de Cicéron, a été adopté par son oncle maternel Q. Caecilius. Cette adoption testamentaire nous est signalée par Cornelius Nepos [1], Valère-Maxime et Cicéron [2]. Voici en quels termes s'exprime le premier de ces trois auteurs.

« *Quo facto tulit pietatis fructum : Caecilius enim moriens testamento adoptavit eum, heredemque fecit ex dodrante.* »

Atticus recueillit les fruits de sa piété : Caecilius mourant l'adopta par son testament, et l'institua héritier pour neuf onces.

Valère-Maxime est d'accord avec Cornelius Nepos sur l'adoption testamentaire, mais il dit qu'Atticus fut institué héritier pour le tout :

« ..... *Pomponium Atticum testamento adoptavit, omniumque bonorum reliquit heredem...* »

Q. Caecilius adopta Atticus dans son testament, et lui laissa tous ses biens.

Enfin Cicéron nous donne dans une de ses lettres à Atticus [3] un nom complet qu'il présente comme le nom de celui-ci, après l'adoption :

Q. Caecilio Q. f. Pomponiano Attico.

(1) Cornelius Nepos, *Atticus*, 5.
(2) Valère-Maxime, VII, 8, 5.
(3) Cic., *Epist. ad Atticum*, III, 20.

Tels sont les premiers mots de la lettre. Si le nom d'Atticus est noté exactement, ce troisième cas d'adoption testamentaire est encore contraire à la théorie que j'ai soutenue. Cette notation montre, en effet, qu'Atticus avait changé de filiation. Celui-ci avait quitté sa famille pour entrer dans celle de Caecilius, puisque Cicéron présente Q. Caecilius comme le père d'Atticus.

J'examinerai plus loin la valeur de l'argument fourni par l'adoption testamentaire d'Atticus.

IV. — Un quatrième cas d'adoption testamentaire nous est encore signalé par Cicéron dans l'une de ses lettres à Atticus [1] :

« *Dolabellam video Liviae testamento cum duobus coheredibus esse in triente; sed juberi mutare nomen. Est* πολιτικὸν σκέμμα, *rectumne sit nobili adolescenti mutare nomen mulieris testamento. Sed id* φιλοσοφώτερον διευκρινήσομεν, *quum sciemus quantum quasi sit in trientis triente.* »

Je vous apprends que Dolabella a été institué héritier par Livie pour trois onces, avec deux cohéritiers; mais la testatrice lui ordonne de changer son nom. Question politique : Est-il convenable qu'un jeune patricien change son nom pour obéir au testament d'une femme? A résoudre la question philosophiquement : Quelle est, dans l'espèce, la valeur de l'once?

[1] Cic., *Epist. ad Atticum*, VII, 8.

Dolabella, gendre de Cicéron, a donc été institué héritier pour partie par une femme appelée Livie, mais à charge de changer son nom. Bien que Cicéron ne dise pas qu'il y ait une adoption par testament, il le laisse suffisamment entendre. M. Mommsen ne met pas en doute qu'il y ait eu adoption testamentaire de Dolabella, et il s'appuie sur cette lettre de Cicéron pour prouver que l'adoption testamentaire était permise aux femmes. J'admets sans difficulté que Cicéron fait allusion à une adoption testamentaire, mais je fais remarquer immédiatement que cette circonstance que l'adoption testamentaire est permise aux femmes, me fournit l'un des arguments les plus forts à l'appui de ma thèse.

On ne sait pas quel fut le parti pris sur la succession par Dolabella. Mais il est certain que le gendre de Cicéron n'a pas changé son *gentilitium;* il figure, en effet, sur les fastes capitolins comme consul de l'année 710 *u. c.* sous les noms de P. Cornelius Dolabella.

V. — L'adoption testamentaire d'Octave par César est bien connue. C'est l'exemple classique d'adoption testamentaire que l'on trouve cité dans tous les livres; à tort cependant, car, d'après ma manière de voir, il y a dans le cas d'Octave quelque chose de plus qu'une adoption testamentaire : on y rencontre une adoption par acte du pouvoir législatif.

Suétone fait allusion à l'adoption testamentaire
d'Octave dans la vie de César [1]; il nous dit :

«.... *Sed novissimo testamento tres instituit heredes,
sororum nepotes, C. Octavium ex dodrante, et L. Pi-
narium et Q. Pedium ex quadrante reliquo. In ima
cera C. Octavium etiam in familiam nomenque adoptavit.* »

*Dans un dernier testament, plus récent que le pré-
cédent, César instituait héritiers trois neveux, fils de
ses sœurs : C. Octavius, pour neuf onces; L. Pinarius
et Q. Pedius conjointement, pour les trois dernières
onces. Dans une dernière tablette, César adoptait Octave, lui donnait son nom et le faisait entrer dans sa
famille.*

Cette adoption testamentaire est aussi mentionnée
par Velleius Paterculus [2] :

« *Caesaris deinde testamentum apertum est, quo C.
Octavium, nepotem sororis suae Juliae, adoptabat.* »

*Ensuite fut ouvert le testament de César dans lequel
il adoptait C. Octavius, petit-fils de sa sœur Julie.*

Enfin, par Eutrope [3] :

(1) Suétone, *Caesar*, 83.
(2) Velleius Paterculus, *Historiae romanae*, II, 59.
(3) Eutropé, *Breviarum*, VII, 1.

« Missi ad eum persequendum duo consules Pansa et Hirtius, et Octavianus adolescens annos X et VIII natus, Caesaris nepos, quem ille testamento heredem reliquerat, et nomen suum ferre jusserat. »

Furent envoyés à la poursuite d'Antoine, les deux consuls Pansa et Hirtius, accompagnés d'Octavien, jeune homme de dix-huit ans, petit neveu de César; celui-ci l'avait institué héritier et adopté par son testament.

Après l'adoption, le nom d'Octave fut C. Julius Divi filius Caesar Octavianus. Ce qui nous annonce qu'Octave a quitté la *gens* Octavia pour entrer dans la *gens* Julia, c'est qu'Octave indique comme étant son père C. Julius Caesar, et non plus C. Octavius. L'adoption testamentaire d'Octave par César donne en apparence le démenti le plus formel à ma théorie; en réalité, l'histoire de cette adoption étudiée soigneusement fournit l'un des plus forts arguments à l'appui de mon système.

VI. — Tibère a été adopté par Auguste en l'année 757 *u. c.;* c'était là une véritable adoption entre-vifs. Auparavant Tibère avait fait l'objet d'une adoption testamentaire peu connue, mais mentionnée par Suétone [1] :

« Post reditum in Urbem a M. Gallio senatore testa-

----

[1] Suétone, *Tiberius,* 6.

mento adoptatus, hereditate adita, mox nomine abs-
tinuit; quod Gallius adversarum Augusto partium
fuerat. »

De retour à Rome, Tibère fut adopté dans le tes-
tament du sénateur M. Gallius. Il fit adition de l'hé-
rédité; puis, peu de temps après, il s'abstint de porter
le nom de Gallius, parce que celui-ci avait pris parti
pour les adversaires d'Auguste.

Suétone nous dit donc formellement que Tibère
avait été adopté dans le testament de M. Gallius; qu'il
avait accepté l'hérédité; et, implicitement, qu'il
avait pendant quelque temps porté le nom de l'a-
doptant. Le texte cité nous dit, en effet, que c'est peu
après avoir fait adition d'hérédité que Tibère s'est
abstenu de porter le nom de Gallius. Il est assez difficile de comprendre comment Tibère a pu cesser de
porter le nom de l'adoptant quand on admet que
l'adoption testamentaire est une véritable adoption
et qu'elle devait toujours être consacrée par le vote
d'une assemblée des curies. Une fois la consécration
du pouvoir législatif acquise, il est bien évident que
l'adopté ne pouvait pas sortir à son gré de la famille
adoptive. Pour anéantir les effets de l'adoption, il
aurait tout au moins fallu une nouvelle décision du
pouvoir législatif.

La difficulté disparaît quand on admet, comme je
le fais, que l'adoption testamentaire n'a jamais été

autre chose qu'une institution d'héritier sous cette condition, que l'adopté prendrait le nom du testateur, sans d'ailleurs changer de famille. On conçoit facilement, dans cette manière de voir, que Tibère ait cessé de porter le nom d'un sénateur reconnu l'ennemi d'Auguste [1]. Dans tous les cas, il est bien certain que Tibère n'a changé sa filiation qu'à partir du jour où il a été adopté entre-vifs par Auguste.

VII. — On sait qu'Auguste mourant fit une adoption testamentaire au profit de Livie, sa femme. Cette adoption nous est indiquée par Suétone [2] et par Tacite [3]. Le premier de ces deux auteurs s'exprime dans les termes suivants :

« *Heredes instituit primos : Tiberium ex parte dimidia et sextante, Liviam ex parte tertia; quos et ferre nomen suum jussit.* »

Il institua héritiers en première ligne : Tibère pour huit onces, Livie pour trois onces; et il leur donna l'ordre de prendre son nom.

C'est à Livie seule, quoi qu'en dise Suétone, que s'adressait cette dernière partie du testament : Tibère

---

(1) Le fr. 63, § 10 Dig., *Ad senat. Trebell.*, 36, 1, nous montre que le préteur dispensait, dans certains cas, l'héritier institué de l'exécution de la condition de prendre le nom du testateur.

(2) Suétone, *Augustus*, 101.

(3) Tacite, *Annales*, liv. I, ch. 8. Voy. encore : Dion Cassius, LVI, 46.

portait le nom d'Auguste et se disait son fils depuis le jour où il avait été adopté entre-vifs par lui.

Tacite se garde de faire cette confusion; il a soin d'indiquer que l'adoption testamentaire ne s'appliquait qu'à Livie :

« *Nihil primo Senatus die agi passus nisi de supremis Augusti, cujus testamentum, illatum per virgines Vestae, Tiberium et Liviam heredes habuit; Livia in familiam Juliam nomenque Augustae assumebatur.* »

Le premier jour, le Sénat consacra toute la séance à l'examen des dernières volontés d'Auguste. Dans son testament, qui fut déposé par les Vestales, celui-ci instituait héritiers Tibère et Livie; de plus il adoptait Livie.

L'adoption testamentaire de Livie par Auguste est indiquée en termes aussi précis et aussi formels que possible. Aussi, si Livie ne s'était pas contentée de prendre les noms d'Auguste; si, de plus, elle avait changé sa filiation et avait indiqué celui-ci comme étant son père, il me serait difficile de soutenir que l'adoption testamentaire n'entraînait pas un changement de famille. Mais comme Livie a continué à se dire fille de Drusus, même après la mort d'Auguste, il s'ensuit que l'adoption testamentaire de Livie par Auguste vient fournir une preuve à l'appui de ma théorie.

Pour démontrer que Livie n'a pas changé sa filiation après la mort d'Auguste, il me suffira de signaler les deux inscriptions suivantes. La première [1] nous donne le nom de Livie du vivant d'Auguste :

LIVIAE · *DRVSI* · *F*

AVGVSTI

MATRI · *TI* · *CAESARIS* · *ET*

DRVSI · *GERMANICI*

SVPERAEQVANI · PVBLICE

A Livie fille de Drusus, femme d'Auguste [2]*, mère de Tibère César et de Drusus Germanicus. Les habitants de Superaequum ont élevé ce monument aux frais du trésor public.*

Voici la seconde inscription [3]; elle est toujours relative à Livie, mais postérieure à la mort d'Auguste :

AVGVSTAE · IVLIAE

DRVSI · F

DIVI · AVGVSTI

A Augusta Julia, fille de Drusus, veuve du dieu Auguste.

(1) Wilmanns, n° 658. — On écrit en capitales penchées les parties d'une inscription qui ont été vues, mais qui ne sont plus actuellement sur le monument.

(2) J'ai traduit *Livia Augusti* par Livie, femme d'Auguste. A la fin de la République et au commencement de l'Empire, c'était encore l'usage dans les grandes familles d'écrire le nom du mari au génitif à côté de celui de la femme, sans mettre entre les deux le mot *conjux* ou *uxor*. *Livia Augusti* a donc le même sens que *Livia uxor Augusti.*

(3) *C. I. L.*, t. IX, n° 4514; voy. aussi t. X, n°s 459 et 799.

C'est bien de Livie qu'il s'agit dans cette inscription qui mentionne la femme ou plutôt la veuve d'Auguste. Celui-ci, après sa mort, avait été élevé au rang des dieux : c'est pourquoi il est appelé *Divus Augustus*. Livie a pris les noms d'Auguste en vertu de l'adoption testamentaire contenue dans le testament de celui-ci, elle est appelée Augusta Julia, mais elle continue à se dire fille de Drusus. Elle n'a donc pas changé sa filiation ; par suite, elle n'a pas changé de famille. Ce fait s'explique facilement dans ma manière d'entendre l'adoption testamentaire.

VIII. — Galba fut adopté par le testament de la seconde femme de son père ; c'est ce que nous dit Suétone [1] :

« *Adoptatus a noverca sua, Livium nomen et Ocellae cognomen assumpsit, mutato praenomine ; nam et Lucium mox pro Servio usque ad tempus imperii usurpavit.* »

Adopté par sa belle-mère, il prit le gentilitium Livius et le cognomen Ocella ; il changea aussi son praenomen, prit celui de Lucius au lieu de celui de Servius et le conserva jusqu'au moment où il s'empara du pouvoir.

Suétone se contente de dire que Galba fut adopté, sans ajouter par testament ou entre-vifs ; mais, je n'hésite pas à dire qu'il s'agit dans l'espèce d'une adoption

(1) Suétone, *Galba*, 4.

testamentaire. L'adoption entre-vifs était, en effet, défendue aux femmes d'une manière absolue. Donc, quand on parle d'adoption réalisée par une femme, on sous-entend nécessairement qu'il s'agit d'une adoption testamentaire. D'après Suétone, Galba aurait conservé les noms L. Livius Ocella jusqu'au jour de son avènement à l'empire; puis, il les aurait quittés à ce moment pour reprendre son nom primitif Ser. Sulpicius Galba. Il est plus exact de dire qu'il n'avait jamais quitté son *gentilitium* ni son *cognomen* originaires, et qu'il s'était contenté d'y joindre les noms L. Livius Ocella. A l'appui de ce que j'avance, je puis citer une tessère trouvée à Rome [1], et mentionnant le consulat de Galba. Celui-ci y est désigné sous le nom de L. Sulpicius; ce qui nous indique bien qu'il avait conservé son *gentilitium* même après l'adoption, et que, par conséquent, celle-ci n'avait pas eu pour résultat de lui faire changer de famille. J'ajoute que les noms L. Livius ne se rencontrent que sur les monnaies grecques d'Alexandrie; on ne les trouve pas sur les monnaies romaines, ni dans les inscriptions latines. Dans tous les cas, arrivé au pouvoir, Galba ne tint plus compte de l'adoption testamentaire; il reprit purement et simplement son *praenomen* Servius et ne mentionna plus dans la notation de son nom ni Livius, ni Ocella [2]. Cet empereur suivit donc l'exem-

---

[1] *C. I. L.*, t. I, n° 770.

[2] Voy. les noms donnés à Galba dans un diplôme militaire rapporté par Wilmanns, n° 915.

ple déjà donné par Tibère, c'est-à-dire que, à partir d'un certain moment, il cessa de porter les noms de l'adoptant. Cette manière d'agir peut s'expliquer, je l'ai déjà fait remarquer à l'occasion du cas de Tibère, quand on ne voit dans l'adoption testamentaire qu'une institution d'héritier sous la condition que l'institué prendra le nom du testateur; mais elle ne s'explique plus du tout quand on voit dans l'adoption testamentaire une véritable adoption, faisant passer l'adopté de sa famille dans celle de l'adoptant.

IX. — Les deux frères Titius Lucanus et Titius Tullus ont été adoptés testamentairement par Cn. Domitius Afer, mort en 812 *u. c.* Cette adoption testamentaire nous est signalée par Pline le Jeune dans l'une de ses lettres [1] :

«... *Quin etiam Domitius Afer, qui illos in nomen assumpsit.* »

« *Bien plus Domitius Afer, qui les avait adoptés par son testament.....* »

Il nous est parvenu une inscription [2] qui nous donne intégralement les noms de l'un des deux frères et son *cursus honorum* :

---

[1] Pline le Jeune, *Lettres,* VIII, 18.

[2] Wilmanns, nᵒ 1148. Le personnage désigné par cette inscription est le trisaïeul maternel de Marc-Aurèle. Voy. Borghesi, *Œuvres,* tome III, page 45.

CN · DOMITIO SEX · F · VEL

AFRO TITIO MARCELLO

CVRVIO · LVCANO

COS · PROCOS · PROVINCIAE AFRICAE

5   LEGATO EIVSDEM PROVINCIAE TVLI

FRATRIS SVI · SEPTEMVIRO · EPVLONVM

PRAETORIO LEGATO PROVINCIAE AFR

IMP · CAES · AVG · PRAEF · AVXILIORVM OMNIVM

ADVERSVS GERMANOS · DONATO AB

10   IMP · VESPASIANO AUG · ET T · CAESAR · AVG · F · CORONIS

MVRALI VALLARI · AVREα · HASTIS PVRIS III

VEXILLIS II · ADLECTO INTER PATRICIOS · PRAETORI

TR · PL · QVAEST · PROPRAETORE PROVINCIAE AFRIC

TRIB · MIL · LEG · V · ALAVDAE · IIII VIR · VIARVM · CVRAND ·

15   PATRONO

OPTIMO

D · D

Cnaeo Domitio, Sexti filio, Velina, Afro Titio Marcello Curvio Lucano; consuli, proconsuli provinciae Africae; legato ejusdem provinciae Tuli fratris sui; septemviro Epulonum; praetorio legato provinciae Africae Imperatoris Caesaris Augusti; praefecto auxiliorum omnium adversus Germanos; donato ab Imperatore Vespasiano Augusto et Tito Caesare Augusti filio coronis murali, vallari, aurea, hastis puris tribus, vexillis duobus; adlecto inter patricios; praetori; tribuno plebis; quaestori pro praetore provinciae Africae; tribuno militum legionis quintae Alaudae; quatuorviro

viarum curandarum. Patrono optimo. Decreto decurio-
num.

*Monument élevé en vertu d'un décret des décurions
à Cn. Domitius Afer Titius Marcellus Curvius Lucanus, fils de Sex. Titius, inscrit dans la tribu Velina;
consul; proconsul de la province d'Afrique; légat de
son frère Tulus dans la même province; septemvir
Epulon; légat préteur chargé par l'empereur du commandement de l'armée d'Afrique; préfet chargé du
commandement de toutes les troupes auxiliaires dans la
guerre de Germanie; gratifié par l'empereur Vespasien
et son fils Titus de trois couronnes, obsidionale, mu-
rale et dorée; trois hastes pures et deux vexillum;
admis au rang des patriciens; préteur; tribun du
peuple; questeur propréteur de la province d'Afrique;
tribun militaire de la légion cinquième l'Alouette;
membre du collège chargé de l'entretien des routes. A
l'excellent patron de la colonie.*

L'inscription nous donne le *cursus honorum* complet d'un personnage qui a parcouru la carrière sénatoriale. Conformément à un usage fréquemment
suivi, le consulat est mis à part, en tête de la liste des
fonctions exercées par le personnage; puis, celles-ci
sont données dans l'ordre inverse. De telle sorte que,
pour avoir l'ordre chronologique dans lequel les
fonctions ont été exercées, il faut lire l'inscription
de bas en haut. Les premières charges remplies par
notre personnage sont indiquées les dernières.

Ce n'est pas au point de vue du *cursus honorum* que l'inscription présente de l'intérêt pour la question que nous examinons, mais bien au point de vue des noms qui y sont indiqués. Le personnage désigné a été adopté testamentairement par Cn. Domitius Afer : c'est Pline le Jeune qui nous le dit. L'adopté a pris les *praenomen, gentilitium* et *cognomen* de l'adoptant, il a ajouté ces éléments à son nom originaire, mais c'est tout : notre personnage n'a pas changé sa filiation. Adopté par Cn. Domitius Afer, il continue à se dire, l'inscription nous le prouve, fils de Sex. Titius. Cette filiation ne peut s'expliquer que si on admet que l'adoption testamentaire n'opère pas un changement de famille.

X. — Un dernier cas d'adoption testamentaire qui peut être placé sur la même ligne que les cas déjà cités, est celui de Pline le Jeune. On sait que celui-ci a été adopté par son oncle maternel C. Plinius Secundus. Cette adoption a été faite par testament et non pas entre-vifs : l'exactitude de cette proposition a été démontrée d'une manière irréfutable par M. Mommsen dans sa notice sur Pline et ses œuvres. Il suffit, en effet, de lire les lettres de Pline pour constater que celui-ci continue d'appeler l'adoptant son oncle, *avunculus*. S'il y avait eu une adoption entre-vifs, Pline l'Ancien serait devenu, au point de vue du droit tout au moins, le père de Pline le Jeune;

et cependant celui-ci ne lui donne qu'une seule fois
le nom de *pater* [1].

« *Avunculus meus, idemque per adoptionem pater,
historias, et quidem religiossissime, scripsit.* »

Mon oncle, le même qui devint mon père par adoption, écrivit très scrupuleusement son histoire naturelle.

Cette manière de parler nous indique déjà que
l'adoption de Pline par son oncle n'était pas une véritable adoption, mais une adoption testamentaire.

Ce n'est pas tout. Pline nous apprend [2] que son
père en mourant lui nomma un tuteur par testament, et que celui-ci entra en fonction :

« ..... *Praeterea quod ille tutor mihi relictus, affectum parentis exhibuit.* »

*De plus, parce que tuteur désigné par le testament
de mon père, il montra pour moi l'affection d'un père.*

Il résulte de là que Pline, à la mort de son père,
était *sui juris*, puisqu'il lui a été donné un tuteur
et que celui-ci est entré en fonction. Donc, l'adoption
de Pline par son oncle n'a pas eu lieu du vivant de
son père ; car, s'il en était autrement, il eût été im-

(1) Pline le Jeune, *Lettres*, V, 8, § 5.
(2) Pline le Jeune, *Lettres*, II, 1, § 8.

possible de lui donner un tuteur à la mort de celui-
ci : Pline le Jeune aurait à ce moment été placé sous
la *patria potestas* de son oncle et non sous celle de
son père. Une adoption entre-vifs n'a pas pu être
effectuée dans l'intervalle qui s'écoule depuis la mort
du père de Pline le Jeune jusqu'au moment où celui-
ci est devenu pubère; car ce n'est que plus tard, par
un rescrit d'Antonin le Pieux, que l'adrogation des
impubères fut permise. Donc, l'adoption de Pline
par son oncle est une adoption testamentaire [1].

Cela admis, il faut rechercher quelle a été l'influence de cette adoption sur la filiation de l'adopté.
Pour résoudre cette question, il suffit de rechercher
quel était le nom de Pline le Jeune avant l'adoption, et ensuite quel est ce nom après l'adoption.

On admet généralement que l'inscription suivante [2]
se réfère au père de Pline le Jeune; s'il en est ainsi,
elle nous donne le nom porté par Pline au moment
de la mort de son père :

L · CAECILIVS · L · FILIVS · cIlo ·

IIII · VIR · A · P ·

QVI · TESTAMENTO · SVO · HS · N · XXX · MVNICIPIBVS · COMENSIBVS

LEGAVIT · QVORVM · REDITV · QUOTANNIS · PER · NEPTVNALIA · OLEVM

IN · CAMPO · ET · IN · THERMIS · ET · BALINEIS · OMNIBVS · QVAE · SVNT

COMI · POPVLO · PRAEBERETVR · T · F · I · ET

----

[1] Pline le Jeune ne prit la toge virile que peu de temps avant la mort
de son oncle.

[2] Gruter, pag. 376, n° 5.

L·CAECILIO·L·F·VALENTI·ET·L·CAECILIO·L·F·SECVNDO·ET·LVTVLAE
PICTI · F · CONTVBERNALI ·
AETAS · PROPERAVIT · FACIENDVM · FVIT · NOLI · PLANGERE · MATER
10   MATER · ROGAT · QVAM · PRIMVM · DVCATIS · SE · AD · VOS

Lucius Caecilius, Lucii filius, Cilo, quatuorvir aedilitia potestate qui, testamento suo, sestertium nummum triginta (millia) municipibus Comensibus legavit, ex quorum reditu quotannis per Neptunalia oleum in campo et in thermis et balineis omnibus quae sunt Comi praeberentur testamento fieri jussit et Lucio Caecilio Lucii filio Valenti, et Publio Caecilio Lucii filio Secundo, et Lutulae Picti filiae contubernali. Aetas properavit; faciendum fuit. Noli plangere, mater. Mater rogat quam primum ducatis se ad vos.

L. Caecilius Cilo, fils de L. Caecilius, quatuorvir revêtu de la puissance édilitienne qui, par son testament, a légué au municipe de Côme quarante mille sesterces. Il a ordonné, par son testament, qu'avec le revenu de cette somme il serait distribué chaque année, aux fêtes de Neptune, de l'huile sur la place publique, dans les thermes et dans les bains de la ville de Côme. Il a chargé de l'exécution de cette disposition L. Caecilius Valens fils de L. Caecilius, P. Caecilius Secundus fils de L. Caecilius, et Lutula fille de Pictus, sa concubine. Il fut frappé d'une mort prématurée; mère console-toi. Mânes, sa mère vous demande de l'appeler près de vous le plus tôt possible.

Pline nous apprend que son père mourut à la fleur de l'âge, alors que lui-même n'avait pas encore atteint sa puberté, et qu'il avait fait en mourant des legs à la ville de Côme, sa patrie. Le personnage auquel se réfère l'inscription ci-dessus est mort, lui aussi, prématurément après avoir exercé à Côme les fonctions de quatuorvir investi de la puissance édilitienne [1]. De plus, l'inscription nous apprend qu'il a fait des legs au profit du municipe de Côme. Tels sont les motifs qui me conduisent à identifier le personnage de l'inscription avec le père de Pline le Jeune. Toutefois on peut formuler une objection contre cette manière de voir ; l'inscription nous dit, en effet, que L. Caecilius Cilo confie l'exécution de son testament à sa concubine Lutula, fille de Pictus. Or, Pline nous apprend que sa mère a survécu à son père ; il y a donc dans cette mention de l'inscription un obstacle qui semble s'opposer à l'identification qui vient d'être faite. On peut écarter l'objection en disant que, étant données les mœurs de l'époque, il est permis de supposer que le mariage du père de Pline avec la mère de celui-ci avait été dissous par un divorce.

Étant admis, conformément à l'opinion généralement suivie, que notre inscription désigne le père de Pline, cette inscription nous fait connaître le nom de

---

[1] Cela nous indique qu'il y avait à Côme quatre magistrats. Deux d'entre eux étaient chargés des fonctions remplies à Rome par les édiles ; on les appelait *quatuorviri aedilitia potestate ;* les deux autres chargés de rendre la justice étaient appelés *quatuorviri juridicundo.*

ce dernier avant son adoption par le testament de son oncle. Ce nom était P. Caecilius L. f. Secundus.

Voici une autre inscription [1] qui nous donne le nom officiel de Pline le Jeune après son adoption :

C · PLINIO · L · F ·

OVF · CAECILIO

SECUNDO COS

AVG · CVR ALVEI · TIBER

ET RIP*ar et cloac ar* · VRB

5.

. . . .

Caio Plinio, Lucii filio, Oufentina, Caecilio Secundo, consuli, auguri, curatori alvei Tiberis et riparum et cloacarum Urbis.....

Monument élevé à C. Plinius Caecilius Secundus, fils de L. Caecilius, inscrit dans la tribu Oufentina, augure, curateur du lit et des rives du Tibre et des égouts de la ville.....

L'inscription est incomplète, car elle ne donne pas tout le *cursus honorum* de Pline. Elle nous suffit telle qu'elle est, puisqu'elle nous donne le nom porté par notre personnage à un moment où celui-ci avait déjà exercé le consulat, c'est-à-dire longtemps après la mort de Pline l'Ancien [2]. Ce nom est noté de la

____

(1) Wilmanns, n° 1162 *a*.

(2) Pline l'Ancien est mort lors de l'éruption du Vésuve en 832 *u. c.;* Pline le Jeune a été consul *suffectus* en l'année 853 *u. c.*

manière suivante : C. Plinius L. f. Caecilius Secundus. En le comparant à celui qui nous est donné par l'inscription précédente, on voit que Pline, à la suite de l'adoption testamentaire réalisée par le testament de son oncle, a pris le *praenomen* et le *gentilitium* de celui-ci en l'ajoutant à son nom. Il n'a pas eu à prendre le *cognomen* de l'adoptant, car il le portait déjà avant l'adoption. La comparaison des deux noms nous prouve aussi que l'adoption testamentaire n'a pas eu pour effet de faire passer Pline de sa famille d'origine dans sa famille adoptive. Pline continue, en effet, à se dire fils de L. Caecilius; il note sa filiation en indiquant son père par le sang, et non pas en désignant son père adoptif. La notation serait différente si, par l'adoption testamentaire, Pline était passé dans la famille de son père adoptif. Le cas de Pline le Jeune me fournit donc une nouvelle preuve à l'appui de ma manière d'entendre les effets de l'adoption testamentaire.

Les cas d'adoption qui viennent d'être passés en revue ne sont pas les seuls que nous fassent connaître les auteurs. C'est ainsi que Cicéron nous en signale encore deux autres, l'un dans le *De officiis* [1] : « *Sed quum Basilus M. Satrium, sororis filium, nomen suum ferre voluisset, eumque fecisset heredem.....; »* l'autre, dans *Brutus* [2] : « *Quid Crassum, inquam, illum cen-*

____

(1) Cic., *De officiis*, III, 8.
(2) Cic., *Brutus*, 58.

*ses, istius Liciniae filium, Crassi testamento qui fuit
adoptatus?* » Mais ces cas d'adoption testamentaire,
et d'autres que je pourrais citer ne présentent pas
d'intérêt dans la question traitée ; car, ou bien on
ne sait pas si l'adopté par le testament a accepté l'hérédité, ou bien on ignore quel était exactement le
nom de l'adopté, soit avant, soit après l'adoption. Je
m'en tiendrai donc à la liste qui vient d'être dressée ;
cette liste suffit d'ailleurs pour fournir des éléments
de décision.

En consultant le tableau contenant les cas d'adoption testamentaire, on voit que ce genre d'adoption
était permis aux femmes. La liste donnée ci-dessus
nous indique, en effet, que P. Cornelius Dolabella,
le gendre de Cicéron, a été adopté par le testament
d'une femme appelée Livia, et que Ser. Sulpicius
Galba a été adopté par le testament de sa belle-mère
Livia Ocella. Cette seule circonstance suffit pour nous
conduire à décider qu'il faut faire une profonde
différence entre l'adoption testamentaire et l'adoption
entre-vifs. Celle-ci était encore formellement interdite
aux femmes au moment où Gaius écrivait ses *Commentaires*. Ce jurisconsulte nous dit en effet[1] :

« *Feminae vero nullo modo adoptare possunt, quia
ne quidem naturales liberos in potestate habent.* »

Les femmes ne peuvent aucunement adopter ; elles

[1] Gaius, *Com.*, I, § 104.

*ne peuvent pas acquérir la puissance paternelle sur un
enfant adoptif, puisqu'elles ne l'ont pas même sur
leurs propres enfants.*

Si on admet que l'adoption testamentaire avait
pour résultat, pendant la période républicaine et
les premières années de l'Empire, de faire passer
l'adopté dans la famille de l'adoptant et de le mettre
dans la même situation à tous les points de vue qu'un
enfant né des justes noces de celui-ci, il faut reconnaître que l'adoption testamentaire produisait ces
effets, alors même qu'elle émanait d'une femme. Il
n'y a pas de motif pour établir des distinctions entre
le cas où le testament contenant une adoption a été
fait par un homme et celui où il a été fait par une
femme; d'ailleurs, M. Mommsen ne fait aucune différence entre les deux cas, et il le dit formellement.
S'il en est ainsi, on aboutit à une véritable impasse.
Je suppose, en effet, que tel citoyen romain a été
adopté dans le testament d'une femme, et j'admets
pour un instant que cette adoption a pour effet de
faire changer de famille à l'adopté. Une fois l'adoption réalisée, il faudra que l'adopté prenne un *praenomen,* un *gentilitium* et une filiation. La femme a
un *gentilitium;* c'est ce *gentilitium* que prendra l'a-
dopté. La femme n'a pas de *praenomen;* l'adopté
prendra celui du père de la femme. Cette seconde
décision est déjà un peu plus délicate, mais on doit
l'admettre sans difficulté. En effet, on peut bien sup-

poser que les choses se passeront dans l'espèce comme en cas d'affranchissement ; or, lorsqu'une femme affranchit l'un de ses esclaves de manière à en faire un citoyen romain, l'affranchi prend le *praenomen* du père de la femme. Jusqu'ici, il n'y a pas de difficulté. Mais, si l'adopté change de famille, il ne lui suffit pas de prendre le *gentilitium* de la femme adoptante et le *praenomen* du père de celle-ci (cela se ferait même en supposant que l'adoption testamentaire n'entraîne pas de changement de famille), il lui faut de plus changer sa filiation, et c'est précisément cette modification qui est le signe distinctif du changement de famille. L'adopté, dans notre hypothèse, changera donc de filiation ; par conséquent, il en prendra une nouvelle ; mais où ira-t-il chercher cette filiation ? Il ne peut pas indiquer que l'adoptante est son père ; il suffit de formuler une pareille idée pour en faire voir toute l'absurdité. M. Mommsen cherche à sortir de la difficulté en disant que l'adopté indiquera comme étant son père, le père de l'adoptante. C'est une solution que je ne puis admettre : elle n'est justifiée par rien. On ne peut plus raisonner dans l'espèce par analogie de ce qui se passe en cas d'affranchissement. Car, s'il est vrai que l'affranchi prend le *prae-nomen* du père de sa patronne, il est tout aussi vrai qu'il se dit l'affranchi de cette patronne, et non pas l'affranchi de son père. D'ailleurs, on ne comprend pas comment la femme adoptante pourrait faire considérer l'adopté comme étant le fils de son propre père alors que les enfants nés *ex justis nuptiis* ou en dehors des justes noces ne sont rattachés par aucun lien civil au père de leur mère. Faut-il reconnaître à la fille le droit de composer la famille de son *paterfamilias* comme elle l'entend? Il suffit de formuler une telle question pour y répondre. Il est donc inadmissible que celui qui a été adopté testamentairement par une femme, puisse se dire le fils du père de la testatrice. Mais alors où l'adopté ira-t-il chercher sa nouvelle filiation, puisqu'il lui en faut nécessairement une? La question est insoluble dans le système de M. Mommsen.

Il n'y a qu'un moyen de sortir de l'impasse, c'est d'abandonner le système qui voit dans l'adoption testamentaire une véritable adoption, et de décider qu'il n'y a là qu'une institution d'héritier sous la condition imposée à l'institué de prendre le nom du testateur. Ce système admis, on comprend que l'adoption testamentaire puisse être réalisée par une femme. Dès lors que l'adopté par testament ne change pas de famille et qu'il conserve sa filiation originaire, il n'y a pas de difficulté à lui donner le *nomen gentilitium* de la femme adoptante et le *praenomen* du père de celle-ci.

Le tableau donné ci-dessus fait voir en second lieu qu'en principe l'adopté par testament ne change pas sa filiation originaire, qu'il continue à se dire, même après l'adoption testamentaire réalisée, le fils de son père naturel. Sur les huit cas d'adoption testamentaire réalisée par un homme qui sont rapportés dans ma liste, il en est cinq dans lesquels l'adopté continue à se dire fils de son père naturel; il n'y en a que trois dans lesquels la filiation de l'adopté se réfère au père adoptif. Ces trois cas sont ceux de Q. Caecilius Metellus Pius Scipio, d'Octave et d'Atticus. Ils permettent aux adversaires du système que je défends de diriger contre lui une objection dont la gravité ne m'échappe pas. C'est pourquoi je vais maintenant examiner d'un peu plus près ces trois hypothèses d'adoption testamentaire et discuter la valeur de l'objection à laquelle je fais allusion.

Je prends en premier lieu le cas d'Octave. On a vu que le testament de César contenait une adoption testamentaire en sa faveur. Il est inutile de revenir sur ce point, mais il est bon de rechercher de quelle manière Octave a réclamé l'exécution du testament de son grand-oncle. Cette recherche nous fera voir que, dans son cas, il y a quelque chose de plus qu'une adoption testamentaire. Dès le mois d'avril de l'année 710 *u. c.*, bien peu de temps après la mort du dictateur, puisque celui-ci avait été frappé aux ides de mars, Octave venu à Rome déclara que son intention était d'accepter le testament de César. Dans ce but, il fit une déclaration solennelle d'acceptation devant le préteur [1] C. Antonius, frère de Marc-Antoine. Une

(1) Cette adition solennelle de l'hérédité de César par Octave est men-

telle déclaration suffisait, dans ma manière de voir, pour réaliser l'adoption testamentaire et donner à l'adopté le droit de porter les noms de César. Cela ne suffisait pas à l'ambition d'Octave, qui voulait pouvoir se dire fils de César, persuadé avec raison qu'un tel titre lui faciliterait la réalisation de ses projets. Mais pour pouvoir se dire fils de C. Julius Caesar, il fallait à Octave quelque chose de plus qu'une adoption testamentaire. Il lui fallait une loi curiate autorisant le changement de famille et le faisant passer de la *gens* Octavia dans la *gens* Julia en qualité de fils de César. Octave s'adressa à Antoine et lui demanda de réunir les comices par curies pour leur faire approuver son adrogation par César. Le consul, qui avait deviné les desseins ambitieux du jeune Octave, refusa d'accéder à ses désirs, et Dion Cassius [1] nous le montre employant tous les moyens pour empêcher Octave de réunir les comices par curies. Vaincu par le mauvais vouloir d'Antoine, il fut bien obligé de se contenter provisoirement de l'adoption testamentaire. S'il est vrai de dire que la seule acceptation solennelle de l'hérédité suffisait pour réaliser une adoption testamentaire, les inscriptions officielles doivent nous montrer Octave prenant les noms de César à partir

tionnée par Appien, *Guerre civile*, liv. III, § 14. Appien, dans ce passage, nous dit formellement que cette déclaration faite devant le préteur avait pour but d'accepter l'adoption et que c'était l'usage à Rome de faire ratifier de cette manière les adoptions testamentaires.

(1) Dion Cassius, XLV, 5.

du mois d'avril de l'année 710 *u. c.;* et s'il est vrai
de dire que l'adoption testamentaire n'entraînait pas
un changement de famille, les mêmes inscriptions
doivent nous montrer Octave prenant les noms de
César sans faire figurer celui-ci dans la mention de
sa filiation. Les deux consuls de l'année 711 *u. c.*
étaient A. Hirtius Pansa et C. Vibius Pansa. Ils péri-
rent tous les deux dans la guerre de Modène, Hirtius,
le 27 avril en combattant ; Vibius, le lendemain des
suites des blessures reçues dans le combat. Les deux
consuls morts, Octave fut nommé consul *suffectus*
avec son parent Pedius par une assemblée du peuple
réunie à Rome le 22 septembre. A la fin d'octobre
de la même année, Octave fit la paix avec Antoine.
Il eut une conférence avec lui et Lépide dans une île
du Reno : c'est dans cette conférence que furent
arrêtées les bases du triumvirat. Octave, Antoine et
Lépide rentrèrent à Rome, et prirent le titre de *triumviri Reipublicae constituendae*. Le 27 novembre, un
plébiscite ratifia le triumvirat. Octave et son collègue
Pedius se démirent du consulat; C. Carrinas et P.
Ventidius furent nommés consuls à leur place.

Dans l'année 711 *u. c.* on trouve donc six consuls
et trois triumvirs dont les noms nous sont donnés par
les fastes colotiani [1]. Les fastes capitolins qui ne
nous sont parvenus que par fragments ne nous don-

---

(1) Voy. *C. I. L.*, t. I, p. 466. Les fastes colotiani sont ainsi appelés
du nom du propriétaire du jardin dans lequel a été trouvée la table de
bronze sur laquelle ils sont gravés.

nent pas ces noms; il nous manque précisément les
tables sur lesquelles étaient inscrits les noms de tous
ces magistrats. Voici une copie des fastes colotiani :

```
C · VIBIVS · C · F · PANSA          A · HIRTIVS · A · F
   C · IVLIVS · CAESAR                Q · PEDIVS · Q · F
s v F                                              s v F
   C · CARRINAS · C · F             P · VENTIDIVS · P · F
m · æMILIVS  | M · ANTONIVS |  IMP · CAESAR · III · VIR · R · P · C
```

Cette inscription nous donne le nom d'Octave, d'a-
bord consul *suffectus*, puis *triumvir Reipublicae constituendae*. Le nom n'est pas le même dans les deux
cas. Comme consul, Octave est désigné sous le nom
de C. Julius Caesar; comme triumvir, sous le nom
de Imp. Caesar. Le nom d'Octave consul est celui
de Jules César. Octave avait le droit de le porter dès
avant le mois de septembre de l'année 711 *u. c.*,
puisque, au mois d'avril 710 *u. c.*, il avait accepté
solennellement devant le préteur l'hérédité et, par
conséquent, réalisé l'adoption testamentaire contenue
dans le testament de César. Cette adoption testamentaire lui donnait le droit de prendre les noms de
César, mais non celui de se dire fils de César; c'est
ce que l'inscription indique en donnant à Octave le
prénom Caius qu'il portait avant l'adoption. Une fois
consul chef constitutionnel de la République, Octave
réunit une assemblée des curies à Rome et lui fit
consacrer son entrée dans la *gens* Julia comme fils

de César [1]. Notre inscription fait allusion à ce changement survenu dans l'état civil d'Octave du 22 septembre au 27 novembre, puisqu'elle lui donne le prénom *Imperator* lorsqu'elle le désigne comme triumvir. Cette circonstance que, dans un cas, Octave porte le prénom Caius, et dans l'autre, le prénom *Imperator* indique que, au moment où il fut investi du consulat, il n'était pas encore fils de César, mais qu'il l'était devenu au moment où il se fit nommer triumvir. Il est facile de démontrer l'exactitude de cette proposition.

Dion énumérant les honneurs accordés par le Sénat à César nous dit qu'un sénatus-consulte décida que César conserverait, sa vie durant, l'*imperium* et le titre d'*Imperator*. De plus, ce sénatus-consulte décida que ce dernier titre lui servirait de *praenomen*, et que le dictateur le transmettrait à ses enfants légitimes ou adoptifs [2]. Du jour où Octave se fut fait attribuer par le vote d'une assemblée politique la qualité de fils de César, il a pu prendre le prénom *Imperator* et il n'y a pas manqué; le sénatus-consulte rappelé par Dion lui en donnait le droit. Mais aussi longtemps qu'il n'y eut à son profit qu'une adoption testamentaire, Octave se contentait du prénom *Caius;* il ne pouvait prendre celui d'*Imperator,* puisqu'il n'était pas encore légalement le fils de César.

(1) Appien, *Guerre civile,* III, § 94.
(2) Dion Cassius, XLIII, 44 ; XLIIII, 5.

J'avais donc raison de dire que l'adoption testamentaire d'Octave par César confirmait le système que j'ai admis sur les effets de cette sorte d'adoption, bien que, au premier abord, elle semblât le contredire. L'étude qui vient d'être faite met, en effet, en relief cette idée que, dans le cas du fils de César, il y a deux choses distinctes : d'abord une adoption testamentaire, ensuite une mesure politique au moyen de laquelle Octave faisait consacrer par le pouvoir législatif son entrée dans la *gens* Julia. Marc-Antoine, consul au moment de la mort de César, ne put pas empêcher Octave d'accepter solennellement devant le préteur (c'était un frère de Marc-Antoine) l'hérédité de César et l'adoption testamentaire faite par celui-ci, car il n'y avait là qu'une mesure juridique. Mais, aussi longtemps qu'Antoine fut consul, il empêcha Octave de réunir une assemblée des curies pour consacrer son passage de la *gens* Octavia dans la *gens* Julia, car c'était là une mesure purement politique. Une fois l'adition d'hérédité faite solennellement, Octave prend le nom de Julius; par conséquent, il est adopté testamentairement. Cette prise de nom constitue si bien l'essence de l'adoption testamentaire que les auteurs qui veulent nous indiquer un cas d'adoption de ce genre, emploient ordinairement l'expression *illum testamento heredem instituit, et nomen suum ferre jussit.* Tout en prenant le nom de César, Octave ne s'en disait pas encore le fils; ce n'est que plus tard qu'il opéra ce changement dans sa filiation. Mais alors il y eut plus qu'une adoption testamentaire, il y eut une adoption politique approuvée par le pouvoir législatif. Octave a dû attendre le jour où élevé au consulat il était maître du pouvoir pour faire consacrer cette mesure par une assemblée du peuple [1].

Le cas de Scipion adopté par Q. Caecilius Metellus Pius semble également contraire à ma théorie. Ce

[1] La preuve de ce que j'avance m'est encore fournie par les fastes capitolins (Voy. *C. I. L.* t. I, p. 440). Ces fastes désignent Octave consul *suffectus* en 711 *u. c.* de la manière suivante :

C · IVLIVS · C · F.......

POSTEA · IMP.......

EST..... .

C. Julius, C. filius..... qui postea Imperator appellatus est.

Cette notation nous prouve qu'Octave, au moment de son élévation au consulat pour la première fois, avait le droit de prendre les noms de César, mais qu'il n'avait pas celui de s'en dire le fils. Il a le droit de prendre les noms de César, puisque les fastes l'appellent C. Julius. C'est le résultat de l'adoption testamentaire faite à son profit. Octave n'a pas encore le droit de se dire fils de César, puisque les fastes l'appellent *Caii filius*, c'est-à-dire fils de C. Octavius, et non pas fils de C. Julius, car alors on aurait écrit *Divi filius*. D'ailleurs si, au mois de septembre 711 *u. c.*, Octave eût déjà été fils de César, il aurait pris le prénom *Imperator*. Les fastes nous montrent clairement qu'il ne l'a pris que plus tard.

En l'année 717 *u. c.*, Octave fut consul pour la deuxième fois. Voici les noms sous lesquels les fastes le désignent :

IMP · CAESAR · DIVI.......

ce qui nous prouve qu'Octave ne se contentait plus de prendre les noms de César, mais qu'il s'en disait le fils. Il en avait le droit depuis le jour où il avait fait ratifier par l'assemblée curiate l'adrogation politique, mais non testamentaire, qui lui donnait la qualité de fils de César et le faisait passer de la *gens* Octavia dans la *gens* Julia.

Scipion était fils de P. Cornelius Scipio Nasica. Si l'on en croit Cicéron, il se serait appelé, après son adoption testamentaire par Metellus, Q. Caecilius Q. f. Metellus Pius Scipio. Si la notation donnée par Cicéron est exacte, il faudrait décider que notre Scipion a changé sa filiation par le fait seul de l'adoption testamentaire ; car rien dans son cas ne justifie la mesure politique que l'on rencontre dans le cas d'Octave. Aussi je ne puis admettre l'exactitude du texte de Cicéron : Dion Cassius et Appien nous donnent, en effet, sur notre personnage et sur son nom des renseignements qui me permettent d'écarter ce texte.

C'est Dion Cassius [1], qui nous fait connaître l'adoption testamentaire de Scipion par Caecilius Metellus ; mais au moment même où il rappelle cette adoption, il continue à appeler l'adopté fils de Nasica, et il ajoute que Scipion n'a pris que le *cognomen* de Caecilius Metellus. Si notre personnage continue à être le fils de Nasica, il ne peut pas se dire fils de Q. Caecilius.

Q. Caecilius Metellus Pius Scipio était un très grand personnage et il a joué un rôle important dans la lutte de César contre Pompée, dont il était le beau-père. Il assistait à la bataille de Pharsale ; après la défaite des troupes de son gendre, il se réfugia en Afrique et continua la lutte avec opiniâtreté. Vaincu sur tous les champs de bataille, il se donna la mort

______

[1] Dion Cassius, XL, 54.

en se précipitant dans la mer. En raison même du rôle considérable qu'il a joué dans la guerre civile, notre personnage est très souvent cité par Appien et, chose singulière, quand cet auteur lui donne un *prae-nomen,* il lui donne toujours celui de *Lucius* (1) et jamais celui de *Quintus.* Cette persistance d'Appien à appeler notre personnage L. Scipio, celle de Dion Cassius à l'appeler fils de Nasica seraient incompréhensible si ce Scipion était réellement sorti de la *gens* Cornelia pour entrer dans la *gens* Caecilia, d'autant plus que le nom officiel du beau-père de Pompée et de l'un des adversaires les plus opiniâtres de César devait être connu. Tout cela nous indique que Cicéron a mal noté le nom de Scipion et qu'il a écrit *Q. f.* là où il fallait mettre *P. f.*

Reste le cas d'Atticus. Après l'adoption testamentaire d'Atticus par son oncle Q. Caecilius, Cicéron appelle son ami Q. Caecilius Q. f. Pomponianus Atticus. Il me sera facile d'écarter l'argument tiré de cette notation contre le système admis par moi sur l'adoption testamentaire et ses effets. Il est à remarquer, en effet, que cette notation du nom d'Atticus ne se rencontre que dans la suscription d'une lettre de Cicéron qui adresse ses félicitations à son ami à l'occasion de l'héritage qui vient de lui écheoir. Dès lors, il ne faut voir dans cette rédaction qu'un procédé

---

(1) Appien, *Guerre civile,* II, §§ 24, 87, 95, 100 et 101.

employé par l'auteur de la lettre pour apprendre à
son ami qu'il connaît tout ce qui vient de se passer.
Cicéron appelle son correspondant Q. Caecilius, fils
de Q. Caecilius, tout simplement parce qu'il veut
rappeler que celui-ci a été institué héritier par
Q. Caecilius et qu'il a pris l'hérédité du testateur
comme l'aurait prise un fils. Il n'y a rien d'officiel
dans une telle notation. Il n'est donc pas possible
d'en conclure que l'adoption testamentaire entraînait
un changement de filiation, d'autant moins que,
dans les lettres suivantes, Cicéron continue d'appeler
son correspondant Pomponius.

Les observations présentées suffisent pour écarter
toute objection qui prétendrait s'appuyer sur les trois
cas d'adoption testamentaire qui, dans le tableau
dressé ci-dessus, semblent au premier abord con-
traires à ma manière d'entendre l'adoption testamentaire. Pour compléter la démonstration du système
admis, il ne me reste plus qu'à examiner et à réfuter
un argument invoqué par M. Mommsen et par ceux
qui soutiennent sa théorie. Voici comment on peut le
formuler. L'adoption testamentaire réalisée, l'adopté
prend le *gentilitium* de l'adoptant et l'inscrit dans la
notation officielle de son nom à la place occupée normalement par l'élément qui indique la famille. C'est
ainsi que Pline écrit le *gentilitium* Plinius immédiatement après le *praenomen* Caius. De même, Titius
Lucanus, après son adoption par Domitius Afer, écrit

le *gentilitium* Domitius immédiatement après le *prae-nomen* Cnaeus. Cette manière de noter le nom de l'adopté indique que celui-ci a changé de famille par l'effet de l'adoption. Voilà l'argument. Je le réfute en disant que, dans le cas d'une adoption testamentaire, la règle suivant laquelle le *gentilitium* occupe la première place après le *praenomen* souffre une exception. Dans ce cas, pour avoir le véritable *gentilitium* de l'adopté, il faut prendre dans la série des éléments composant son nom complet, non pas le premier *gentilitium* après le *praenomen,* mais le premier *gentilitium* après l'indication de la filiation. Cette exception à la règle est imposée par cette circonstance, que la filiation originaire de l'adopté ne change pas ; de telle sorte que, si on lisait le nom de celui-ci en considérant le premier *gentilitium* placé après le *praenomen* comme le véritable *gentilitium,* on ne désignerait pas le personnage d'une manière exacte. Voici un exemple qui fera comprendre la portée de cette dernière obser-vation, et prouvera que l'exception faite à la règle générale est fondée. On sait que le nom complet de Pline le Jeune après son adoption testamentaire par son oncle est : *C. Plinius L. f. Oufentina (tribu) Cae-cilius Secundus.* En lisant ce nom sans tenir compte de l'exception aux règles générales qui, suivant moi, existait en cas d'adoption testamentaire, voici à quel résultat on aboutit : *C. Plinius Caecilius Secundus, fils de L. Plinius, inscrit dans la tribu Oufentina.* C. Plinius, fils de L. Plinius, c'est une leçon inadmissible : le père adoptif de Pline le Jeune, Pline l'Ancien, s'appelle Caius et non pas Lucius. Donc le Lucius dont Pline se dit le fils, c'est Lucius Caecilius. Ce qui prouve que, pour avoir le véritable *gentilitium* de Pline le Jeune, il faut prendre non pas le premier élément qui, dans son nom complet, se trouve après le *praenomen,* mais le premier *gentilitium* après l'indication de la filiation. C'est ce *gentilitium* qu'il faut répéter au génitif, pour avoir la filiation exacte. En raisonnant sur le nom de *Cn. Domitius Sex. f. Afer Titius Marcellus,* on aboutit exactement au même résultat. Il est dès lors démontré que l'argument formulé plus haut à l'appui du système soutenu par M. Mommsen, est mal fondé. Cet argument repose sur une erreur : il ne tient pas compte d'une exception aux règles générales admise en cas d'adoption testamentaire.

On conçoit que cette manière exceptionnelle de noter le nom en cas d'adoption testamentaire dut paraître bizarre à certaines personnes. Il n'y a donc pas lieu de s'étonner que certains personnages aient écarté un système de notation qui avait pour effet de rejeter après l'indication de la filiation le *gentilitium,* c'est-à-dire le nom qu'il faut répéter au génitif pour avoir la véritable filiation ; ni qu'ils se soient efforcés de replacer leur *gentilitium* immédiatement avant l'indication de la filiation. Tel est le cas de l'un des consuls de l'année 824 *u. c.* dont le nom complet nous est donné par une inscription [1] qui contient son *cursus honorum*. Cette inscription est assez longue, c'est pourquoi je me contente d'en détacher les premières lignes qui désignent le personnage par tous ses noms ; c'est là d'ailleurs la seule chose qui m'intéresse en ce moment :

c· CALPE*tano*

- RANT*io*

QVIRINAL*i*

*va*LERIO· P· F· POMP· F*esto*

. . . .

Caio Calpetano Rantio Quirinali Valerio, Publii filio, Pomptina, Festo...

Monument élevé à C. Calpetanus Rantius Quirinalis Valerius Festus, fils de P. Valerius, inscrit dans la tribu Pomptina.....

Le nom complet donné par cette inscription est donc *C. Calpetanus Rantius Quirinalis Valerius P. f. Pomptina (tribu) Festus.* Ce nom ainsi noté a excité l'étonnement de certaines personnes ; et cependant il est très facile de l'expliquer si on admet qu'il désigne un personnage appelé originairement P. Valerius Festus qui a été adopté par le testament de C. Rantius Calpetanus Quirinalis. Si, après l'adoption réalisée, Valerius Festus avait écrit son nom suivant les

____

[1] Wilmanns, n° 1147.

mêmes règles que Pline le Jeune, il l'aurait noté :
C. Rantius Calpetanus Quirinalis P. f. Valerius Festus. Une telle notation qui rejette le véritable *gentilitium* après l'indication de la filiation ne lui a pas plu ; Valerius Festus a pensé qu'il était plus rationnel de placer ce *gentilitium* immédiatement avant l'indication de la filiation, et après les éléments qui composent le nom de celui qui l'avait adopté dans son testament. Les fastes nous donnent le nom de notre personnage ; ils l'écrivent : *C. Valerius Festus* [1]. Cette notation vient confirmer la conjecture formulée ci-dessus.

Le nom de l'adoptant était placé en première ligne pour satisfaire à la condition imposée par le testateur. Cela ne présenta pas d'inconvénient aussi longtemps que l'on usa de l'adoption testamentaire avec modération. Mais, du jour où les adoptions testamentaires se multiplièrent, il fallut en revenir à l'ancienne règle et placer le véritable *gentilitium* de l'adopté après son *praenomen,* immédiatement avant l'indication de sa filiation. Ce retour à la règle, cet abandon de l'exception était imposé par la force même des choses ; il fallait, en effet, donner un moyen de reconnaître le véritable *gentilitium* de la personne désignée, au milieu des nombreux *cognomen* qui lui étaient attribués. Le *gentilitium* de l'adoptant qui, même dans la méthode de notation indiquée en premier lieu,

_____

(1) Marini, *Atti,* I, p. 129.

n'était qu'un *cognomen* fut donc remis à sa place
naturelle, après l'indication de la filiation et de la
tribu.

Pour résumer en quelques brèves formules toutes
les observations que je viens de développer sur l'a-
doption testamentaire, je dirai :

1° L'adoption testamentaire a toujours été distincte
par ses effets de l'adoption entre-vifs.

2° L'adoption testamentaire, même pendant la durée de la période républicaine, n'était pas autre chose
qu'une institution d'héritier faite sous la condition
que l'institué prendrait le nom du testateur. Il n'y a
jamais eu de différence entre l'adoption testamentaire
et cette institution d'héritier à laquelle font souvent
allusion les jurisconsultes de l'époque classique.

3° L'adoption testamentaire laissait l'adopté dans sa
famille d'origine. Elle ne lui faisait pas perdre ses
droits de succession dans cette famille; mais, réciproquement, elle ne lui en faisait acquérir aucun
dans la famille de l'adoptant. L'adopté ne perdait pas
ses droits de patronage sur ses affranchis par l'effet de
l'adoption testamentaire, mais il n'acquérait pas non
plus ces droits de patronage sur les affranchis de l'a-
doptant.

4° L'adoption testamentaire entraînait un changement de *praenomen* : l'adopté prenait celui de l'a-
doptant. Elle n'entraînait pas de changement de *gentilitium* : le *gentilitium* de l'adoptant pris par l'adopté

avait dans le nom complet de celui-ci, le caractère et la fonction d'un *cognomen*.

5° L'adoption testamentaire modifiait dans une certaine mesure la composition du nom de l'adopté; le changement opéré devait être sanctionné par un magistrat : c'est pourquoi l'adition d'hérédité devait, lorsque le testament contenait une adoption testamentaire, être faite solennellement en présence du préteur [1].

L'adoption testamentaire est l'institution qui a exercé la plus grande influence sur le développement du *cognomen* et, par là, sur l'altération des règles qui gouvernaient la composition du nom des citoyens romains. Rien ne s'opposait à ce qu'une première adoption testamentaire fût suivie de beaucoup d'autres : en pratique, ce fait se présentait très souvent. Chacune de ces adoptions compliquait le nom en y ajoutant des éléments nouveaux et entraînait une augmentation exagérée du nombre des *cognomen*. A partir d'une certaine époque, les adoptés par testament inscrivirent dans leur nom tous les noms (*praenomen, gentilitium* et *cognomen*) de l'adoptant; aussi vit-on dès le premier siècle de l'ère chrétienne les noms des citoyens romains s'allonger d'une manière démesurée. Wilmanns donne dans son recueil sous le nu-

---

[1] Voyez, dans le même sens, Cujas, *Observat.*, VII, 7; Daremberg et Saglio, *Dictionnaire des antiquités grecques et romaines,* au mot *Adoptio testamentaria.*

méro 1194 une inscription bien connue qui contient
le *cursus honorum* d'un personnage affublé de trente-
huit noms, y compris le *praenomen,* le *gentilitium* et
le *cognomen.* Ce personnage avait rempli des fonctions municipales à Tibur; puis, il était devenu le
patron de ce municipe. L'inscription à laquelle je fais
allusion est gravée sur un monument élevé en son
honneur par le municipe. On l'appelait ordinairement
Q. Pompeius, Q. f., Senecio Sosius Priscus, ce qui lui
donnait déjà trois *cognomen.* C'est entre le premier et
le troisième de ces *cognomen* que notre personnage a
inséré toute une série de noms empruntés à ses aïeux
les plus illustres. Dans la liste des noms pris par Q.
Pompeius, on rencontre notamment ceux de deux
de ses aïeux maternels, son arrière-grand-père et son
grand-père. Q. Pompeius a pris ces noms et il les a
inscrits en entier, *praenomen, nomen gentilitium* et *co-*
gnomen dans la série de ses noms. L'un de ces deux
aïeux, Sex. Julius Frontinus, est l'auteur d'un traité
sur les aqueducs de Rome; il avait été trois fois consul. Il était très rare sous l'Empire qu'un particulier
exerçât trois fois le consulat : c'était déjà un grand
honneur de l'exercer deux fois. Les plus hautes
charges de l'Empire, notamment celle de *praefectus*
urbi, étaient réservées à des personnages ayant exercé
deux fois le consulat. Q. Pompeius Priscus fut lui-
même consul en l'année 922 *u. c.* On comprend qu'il
se soit plu à rappeler le souvenir de ses illustres
aïeux. L'inscription prouve de plus que l'usage s'était

établi de faire figurer dans le nom non-seulement les noms des aïeux paternels, mais encore ceux des aïeux de la ligne maternelle. D'ailleurs il semble bien que l'adoptant, dans l'adoption testamentaire, était ordinairement un parent de l'adopté dans la ligne maternelle : c'est ce qui eut lieu notamment pour Pomponius Atticus, pour Octave et pour Pline le Jeune. Aussi, est-il très probable que le développement pris dès la fin du premier siècle de l'ère chrétienne par l'adoption testamentaire et signalé par l'augmentation exagérée des éléments composant le nom, est dû en grande partie au changement qui tendait à s'opérer dans l'organisation de la famille. Les ascendants maternels trouvaient dans l'adoption testamentaire un moyen de corriger la rigueur du droit civil et d'appeler à leur succession leurs descendants *ex filia*.

L'inscription citée, qui nous donne un exemple si frappant de l'usage de joindre à son nom les noms de ses aïeux maternels, très probablement à la suite d'adoptions testamentaires, est du règne de Marc-Aurèle. Q. Pompeius Priscus a, en effet, exercé le consulat en l'année 922 *u. c.* [1]. Le sénatus-consulte Orphitien qui vint donner aux enfants des droits dans la succession ab intestat de leur mère est de l'année 931 *u. c., Orphito et Rufo consulibus.* Le sénatus-con-

---

(1) C'est quelques années après que Q. Pompeius Priscus eut exercé le consulat que le monument lui a été élevé. Au moment de l'érection, l'inscription l'indique, ce personnage était praefectus alimentorum ; c'était une charge consulaire qui consistait à surveiller les distributions d'aliments faites aux enfants des citoyens pauvres.

sulte Orphitien est donc à peu près de la même année que notre inscription. Ce rapprochement me permet de conjecturer que ce sénatus-consulte n'a fait que consacrer un usage qui s'était peu à peu établi sous l'empire de mœurs nouvelles. La mère faisant son testament appelait habituellement ses enfants à son hérédité, de telle sorte que le sénatus-consulte s'est contenté de donner des droits de succession ab intestat à ceux qui recevaient habituellement des droits de succession par le testament. L'étude de l'adoption testamentaire nous prouve que de telles institutions d'héritiers étaient faites non-seulement par la mère, mais par tous les ascendants maternels; aussi une logique rigoureuse aurait-elle exigé que le droit de succéder fût reconnu à l'enfant, non-seulement dans la succession ab intestat de sa mère, mais encore dans celle de tous ses parents de la ligne maternelle. En l'année 931 *u. c.* (178 de l'ère chrétienne), la famille agnatique présentait encore trop de force et de résistance pour qu'une pareille réforme fût possible. Les sénatus-consultes Orphitien et Tertullien [1] marquent

(1) Le sénatus-consulte Tertullien donnait des droits de succession ab intestat à la mère à l'égard de ses enfants. Il est certainement antérieur au sénatus-consulte Orphitien. Justinien nous dit qu'il est du règne d'Hadrien. Les institutions d'héritier faites en faveur des enfants par leur mère s'étant multipliées, le Sénat jugea bon, à un moment donné, d'intervenir pour établir l'équilibre. C'est dans cette idée qu'il appela la mère dans une certaine mesure à la succession de ses enfants prédécédés. Ceux-ci trouvaient une protection suffisante dans l'usage de plus en plus fréquent de l'adoption testamentaire; aussi, n'est-ce que quelques années plus tard que le Sénat songea à consacrer législativement leurs droits.

la première étape d'une réforme qui ne devait accomplir son évolution complète que plusieurs siècles plus tard, sous l'influence de Justinien.

On peut aussi considérer comme ayant influé sur l'accroissement des éléments constitutifs du nom la coutume de donner des sobriquets. Le *cognomen* à l'origine n'était souvent qu'un sobriquet. Lorsqu'il fut admis officiellement comme élément constitutif du nom, il perdit ce caractère; mais l'usage d'imposer des sobriquets persista. Le sobriquet accepté ou subi par tel ou tel individu devint souvent le nom sous lequel celui à qui il s'appliquait était le plus connu et avec lequel il passait à la postérité. C'est ainsi que *Caligula* n'est ni un *cognomen* ni un *agnomen* : c'est un sobriquet; aussi ne figure-t-il pas dans le nom officiel du successeur de Tibère. Il en est de même de *Caracalla*. Quand le sobriquet est noté dans la liste des noms d'un personnage, il est généralement rejeté à la fin. L'usage de donner des sobriquets n'a pas exercé sur le développement des éléments du nom la même influence que les trois causes qui ont été étudiées; c'est pourquoi je me contente de le signaler sans insister.

Le nombre des *cognomen* et *agnomen* s'étant multiplié outre mesure, il fallut nécessairement imaginer un procédé pour indiquer le nom sous lequel tel personnage était connu. Une indication de ce genre était surtout nécessaire lorsqu'une inscription qui comprenait une longue série de noms était gravée sur un monument élevé en l'honneur d'un personnage. Il fallait, dans cette hypothèse, indiquer avec plus de précision quelle était la personne que l'on voulait honorer; par suite, signaler dans la série des noms celui d'entre eux sous lequel le personnage était connu. C'est pour-atteindre ce but que l'on gravait quelquefois, en tête de l'inscription un nom isolé : c'était celui qui était porté habituellement par le personnage désigné dans l'inscription. Le recueil d'inscriptions de Wilmanns nous donne des exemples de cette manière de procéder [1]. Dans d'autres inscriptions, on rencontre les expressions *qui et, sive, idem, cui et qui vocitatur,* suivies d'un nom qui est toujours le nom sous lequel la personne désignée est connue du public. Ce nom qui, quelquefois, est placé en tête de l'inscription ne fait pas toujours partie du nom officiel; car, souvent ce n'est qu'un sobriquet. Les fragments du Vatican nous donnent un exemple de cette manière de procéder [2]. Le personnage auquel est adressé le rescrit contenu dans le § 42 y est appelé : *Aurelio Laureo cui et Enucentrio. — A Aurelius Laureus, qui est aussi appelé Enucentrius.*

[1] Wilmanns, n° 1630.

[2] Voy. dans le recueil de Wilmanns : *signo,* n° 2715 ; *qui et,* n° 2716; dans cette dernière inscription, *Caligatus* placé immédiatement après *qui et* est un sobriquet; *sive,* n° 2658.

CHAPITRE IV.

DE LA FILIATION.

Le *cognomen* n'est pas placé immédiatement après le *nomen gentilitium;* entre ces deux éléments du nom complet il faut en placer deux autres : l'indication de la filiation et celle de la tribu. La filiation est donnée immédiatement après le *nomen gentilitium;* elle occupe donc la troisième place dans la série du nom complet.

Les citoyens romains sont ou bien des ingénus ou bien des affranchis. Les ingénus seuls ont une filiation qu'ils peuvent indiquer; les affranchis n'en ont pas. Dans le nom officiel des affranchis, la filiation est remplacée par l'indication du patron. Le patron est en quelque sorte le père de l'affranchi, puisque c'est lui qui l'a appelé à la vie civile. Il y a donc une différence entre la notation du nom d'un citoyen romain affranchi et celle du nom d'un citoyen romain ingénu. Cette différence permettait de distinguer au premier coup d'œil l'ingénu de l'affranchi.

Citoyen romain ingénu. — Le nom du citoyen romain ingénu fait mention de sa filiation. Elle est

donnée immédiatement après le *nomen gentilitium*
et, en règle générale, par le *praenomen* du père au
génitif suivi du mot *filius*. Le *praenomen* est écrit
en abrégé conformément à la règle bien connue ; le
mot *filius* est, lui aussi, souvent écrit en abrégé ; mais,
dans la plupart des cas, il est noté par un F.

Certaines inscriptions nous montrent, par exception
à la règle qui vient d'être formulée, la filiation indiquée par le mot *filius* précédé, non plus du *praenomen*, mais du nom complet ou même du *cognomen*
du père. Voici deux inscriptions qui nous fournissent
des exemples de cette dérogation à la règle générale :

D M

D IVLIO D

IVLI FESTI

FIL VOLT MOD

5.   ESTINO PATRONO

PIENTISSIMO LIBERTI

EIVS CVRAVERVNT (1)

*Diis Manibus ; Decimo Julio, Decimi Julii Festi filio,
Voltinia, Modestino ; patrono pientissimo liberti ejus
curaverunt.*

*Aux dieux Mânes, à D. Julius Modestinus, fils de
D. Julius Festus, inscrit dans la tribu Voltinia. Ses
affranchis ont fait élever ce monument au meilleur des
patrons.*

(1) Allmer, *Inscript. de Vienne*, t. III, p. 248, n° 575.

Dans cette inscription, la filiation est donnée au moyen du mot *filius* précédé du nom complet du père ; dans l'inscription suivante [1], le mot *filius* est précédé du *praenomen* et du *cognomen* du père :

Q · FABIVS · Q · AEMILIANI · F · Q · N ·
MAXIMVS.........

Quintus Fabius, Quinti Aemiliani filius, Quinti nepos, Maximus.

Q. Fabius Maximus, fils de Q. Fabius Aemilianus, petit-fils de Q. Fabius.

Dans d'autres inscriptions, le *praenomen* disparaît complètement pour laisser le *cognomen* seul [2].

Affranchis. — L'esclave, au moment de l'affranchissement, prenait le *praenomen* et le *nomen gentilitium* de son patron, et, comme *cognomen*, son ancien nom d'esclave. Je parle bien entendu d'un affranchi fait citoyen romain ; je n'ai pas, en effet, à traiter dans cette étude de la condition ni, par suite, du nom des affranchis Latins Juniens ou déditices. L'affranchi rappelait sa qualité en indiquant dans son nom, à la place occupée par la filiation dans celui des ingénus, le nom de son patron. Cette indication se faisait au moyen du mot *libertus* précédé du *praenomen*

(1) *Id., eod.,* t. I, p. 1, no 1.
(2) *Id., eod.,* t. II, p. 499, no 304.

du patron. Le *praenomen* était écrit en abrégé conformément à la règle; quant au mot *libertus* ordinairement abrégé, il était noté LIB et plus souvent
L. Le nom suivant [1] est celui d'un affranchi :

T · SCVTRIVS · T · L · FAB · SABINIANVS

*Titus Scutrius, Titi libertus, Fabia (tribu), Sabinia-
nus.*

*T. Scutrius Sabinianus, affranchi de T. Scutrius,
inscrit dans la tribu Fabia.*

De même que, dans le nom des ingénus, la filiation est indiquée quelquefois et par exception au
moyen du mot *filius* précédé du *cognomen* du père;
de même, dans le nom de l'affranchi, le nom du
patron est quelquefois donné par le mot *libertus* précédé du *cognomen* de ce patron et non pas de son
praenomen. Tel est le cas de l'inscription suivante [2] :

D M

C · VALERI

MONTANI · LIB ·

AMABILIS

5.   AVENTINVS · LIB

PATRONO OPTIMO

(1) Wilmanns, n° 1500, ligne 10.

(2) Allmer, *Inscript. de Vienne,* t. III, p. 33, n° 373; voy. aussi, t. III,
p. 251, n° 576. Un tel procédé de notation était utile quand on voulait
désigner avec précision le patron de l'affranchi et qu'il y avait plusieurs
membres de la même famille portant le même *praenomen.*

Diis Manibus Caii Valerii Montani liberti, Amabilis. Aventinus libertus, patrono optimo.

Aux dieux Mânes, à C. Valerius Amabilis, affranchi de C. Valerius Montanus. Monument élevé par l'affranchi Aventinus au meilleur des patrons.

Le monument funèbre est élevé par un affranchi à son patron, qui est lui-même un affranchi. Le nom du patron de celui-ci est indiqué par un *cognomen*, et non plus par un *praenomen*; il n'y a du reste aucune difficulté à reconstituer ce nom, puisque la règle est que l'affranchi prend au moment de l'affranchissement le *praenomen* et le *gentilitium* de son patron.

Cette règle comportait un certain nombre d'exceptions. Un grand nombre d'inscriptions nous montrent des affranchis qui ont chacun un *praenomen* autre que celui de leur patron [1]; d'autres, en fort petit nombre [2], il est vrai, sont relatives à des affranchis qui portent un *gentilitium* différent de celui de leur patron. Le premier de ces deux faits peut s'expliquer facilement; mais il n'en est pas de même du second.

[1] Voy. Orelli-Henzen, nᵒˢ 6380-6384.

[2] Les inscriptions présentées par les recueils comme donnant l'exemple d'une dérogation à la règle que l'affranchi prend le *gentilitium* de son patron, sont généralement mal choisies; car, lorsqu'on les examine de plus près, on voit que, loin de déroger à la règle, elles n'en sont que l'application pure et simple. Tel est le cas de deux inscriptions du recueil de Wilmanns classées sous les numéros 728 et 2652, et d'une inscription du recueil d'Orelli-Henzen, nᵒ 6379. Il me sera facile de fournir la

On comprend que l'affranchi reçoive un autre *praenomen* que celui de son patron. Il était en effet obligé de prendre le *praenomen* qui lui était imposé;

preuve de ce que j'avance. Voici d'abord l'inscription numéro 728 (recueil de Wilmanns) :

L · COCCEIVS · L

C · POSTVMI · L ·

AVCTVS · ARCITECT

Lucius Cocceius, Lucii (Coccei et) Caii Postumii libertus, Auctus architectus.

Je la traduis de la manière suivante : *Fait par l'architecte L. Cocceius Auctus, affranchi de L. Cocceius et de C. Postumius.* Cette lecture, sur l'exactitude de laquelle il n'y a pas de doute, nous prouve que l'affranchi Auctus était, pendant son esclavage, l'objet d'un droit de copropriété : il appartenait à deux maîtres qui s'appelaient l'un L. Cocceius, l'autre C. Postumius. Affranchi par ses deux maîtres, Auctus a pris, au moment de l'affranchissement, le *gentilitium* de l'un d'eux; il n'a pas pris celui de l'autre parce qu'il ne pouvait pas prendre deux *gentilitium*. Prenant le *gentilitium* Cocceius, il lui suffisait de désigner son patron L. Cocceius par le *praenomen* de celui-ci, Lucius; car, d'après la règle générale, ce *praenomen* devait être accompagné du *gentilitium* qui le précède, répété au génitif. Il fallait au contraire donner le *gentilitium* de son autre patron; car, si Auctus s'était contenté de mettre dans son nom le *praenomen* Caius, on aurait cru, à la lecture de l'inscription, qu'il s'agissait d'un affranchi ayant pour patron deux individus appelés Cocceius, l'un Lucius et l'autre Caius. C'est pour éviter cette confusion que l'affranchi met dans son nom le *praenomen* et le *gentilitium* de son second patron, C. Postumius.

La seconde inscription qui est présentée par Wilmanns comme contenant une dérogation à la règle, est classée sous le numéro 2652. Elle s'explique de la même manière que la précédente; mais elle offre une difficulté de plus. L'affranchi désigné par cette inscription avait été pendant son esclavage la copropriété de trois maîtres. Deux de ces maîtres s'appelaient Cn. et A. Caecilius; le troisième, Q. Flaminius. Voici cette inscription :

Q · CAECILIVS · CN · A · Q · FLAMINI · LEIBERTVS · IVNONE · SEISPITEI

MATRI · REGINAE

et il pouvait se faire que, pour tel ou tel motif, le patron voulût lui donner un *praenomen* autre que le sien. De même il arrivait souvent que le fils prenait

Je la traduis de la manière suivante : *A Junon protectrice, mère, reine, Q. Caecilius, affranchi de Cn. et A. Caecilius et de Q. Flaminius.*

L'affranchi qui a fait graver cette inscription a reçu, au moment de son affranchissement, le *gentilitium* Caecilius porté par deux de ses maîtres, et le *praenomen* du troisième. Cette inscription nous donne donc tout simplement une application du principe que tout esclave affranchi prend le *praenomen* et le *cognomen* de son patron. Dans l'espèce, si l'affranchi ne porte pas le *gentilitium* Flaminius, ce n'est pas par dérogation à la règle, mais parce qu'il ne peut pas avoir deux *gentilitium*.

Il faut remarquer dans cette dernière inscription que l'affranchi ne porte pas de *cognomen* : c'est un indice de l'ancienneté de l'inscription, qui vient s'ajouter à celui qui est fourni par l'orthographe. Les affranchis citoyens romains prirent, en effet, des *cognomen* dès le commencement de la deuxième guerre punique, et même auparavant. Cette circonstance que, dans les premiers temps de la République, les affranchis ne prenaient pas de *cognomen* vient confirmer l'origine patricienne que j'ai attribuée à cet élément du nom.

La troisième inscription qui est présentée à tort comme exemple d'une dérogation aux principes généraux sur la formation du nom des affranchis, se trouve dans le recueil d'Orelli-Henzen, sous le n° 6379 :

L · VALERIVS · M · F · OVF · GIDDO

L · CALPVRNIVS · M · L · MENOPHIL

VALERIANVS

VALERIA · L · L · TRVPHERA

Lucius Valerius, Marci filius, Oufentina, Giddo; Lucius Calpurnius, Marci libertus, Menophilus Valerianus; Valeria, Lucii liberta, Truphera.

L. Valerius Giddo, fils de M. Valerius, inscrit dans la tribu Oufentina; L. Calpurnius Menophilus Valerianus, affranchi de M. Calpurnius; Valeria Truphera, affranchie de L. Valerius.

La lecture que je donne de l'inscription est contraire à celle qui est

un *praenomen* autre que celui de son père. Le fait
devait se produire souvent dans les affranchissements,
car les inscriptions qui nous signalent un affranchi

admise par Henzen (Orelli-Henzen, n° 6379) et approuvée par Marquardt
(*Handbuch der Römischen Alterthümer*, t. I, p. 21, note 3). Ces auteurs
prétendent, en effet, que L. Calpurnius Menophilus Valerianus a été affranchi par M. Valerius Giddo, père du premier personnage indiqué par
l'inscription. Ce point de départ admis, ils font remarquer que cet affranchi
ne porte ni le *praenomen* ni le *gentilitium* de son patron. L'inscription me
paraît beaucoup plus simple et plus facile à expliquer quand on ne voit
dans notre affranchi qu'un esclave qui appartint d'abord à L. Valerius,
puis, fut aliéné par lui au profit de M. Calpurnius. Celui-ci, après avoir
gardé cet esclave dans son patrimoine pendant un temps plus ou moins
long, l'affranchit, peut-être en exécution d'une condition qui lui avait été
imposée, au moment de l'acquisition, par le propriétaire précédent. Le patron a donné à l'affranchi son *gentilitium* suivant la règle; ensuite, le
praenomen du maître duquel il tenait l'esclave. Deux motifs me conduisent
à adopter cette nouvelle interprétation.

Si L. Calpurnius Menophilus était l'affranchi d'un patron appelé M.
Valerius, le nom de cet affranchi serait noté de la manière suivante :
L. Calpurnius, M. Valerii libertus, Menophilus Valerianus. L'indication du
patron ne se faisait par un seul *praenomen* au génitif et suivi du mot
libertus, que dans le cas où le *gentilitium* qui devait être placé à la suite
de ce *praenomen* était celui qui le précédait immédiatement dans la notation du nom. Les deux inscriptions étudiées au commencement de cette
note prouvent implicitement l'existence de cette règle. Dès lors, la notation
donnée par notre inscription *L. Calpurnius, M. L.* doit nécessairement
se lire *L. Calpurnius, M. Calpurnii libertus.* Tel est le premier motif qui
justifie l'interprétation indiquée.

Voici le second. Le deuxième *cognomen*, Valerianus, porté par notre
affranchi indique qu'étant esclave cet affranchi a appartenu à un maître
appelé Valerius, du patrimoine duquel il est sorti pour devenir la propriété
d'un autre maître. Il arrivait souvent, en effet, que l'esclave prenait un
surnom qui rappelait que, à un moment donné, il avait appartenu à tel
maître, et qui était tiré du nom de celui-ci. Les inscriptions nous donnent
plusieurs exemples de ce fait. Après avoir appartenu à un maître appelé
Valerius, notre Menophilus devint la propriété de M. Calpurnius; il prit
alors en souvenir de son ancien maître le surnom Valerianus, qu'il a
conservé comme *cognomen* après son affranchissement.

N.-H. M.   20

portant un *praenomen* autre que celui du patron, sont relativement nombreuses.

Les inscriptions qui se réfèrent à un affranchi portant un *gentilitium* différent de celui de son patron sont très rares : la plupart de celles qui ont été invoquées à titre d'exemple ont été mal comprises et disent exactement le contraire de ce qu'on leur fait dire. Je ne veux pas dire toutefois que le fait ne peut se rencontrer : une telle affirmation serait en effet contredite par un passage de Cicéron. Dans une de ses lettres à Atticus [1], Cicéron rappelle qu'en affranchissant Dionysius, le précepteur de son fils, il lui a donné son *praenomen*, Marcus, et le *gentilitium* de son ami :

« ..... *Ut est ex me et ex te junctus Dionysius, M. Pomponius.* »

De même que Dionysius se rattache par son nom à vous et à moi, puisqu'il s'appelle M. Pomponius.

Il résulte de là qu'un esclave affranchi par M. Tullius Cicero s'appelait, après l'affranchissement, M. Pomponius Dionysius. Ce texte prouve donc qu'il pouvait se faire qu'un affranchi portât un *gentilitium* différent de celui du patron.

Comment expliquer ce fait? L'explication généralement admise consiste à dire qu'il était permis au

____

(1) Cic., *Epist. ad Atticum*, IV, 15, § 1.

maître qui affranchissait son esclave d'imposer à celui-ci le *gentilitium* qui lui convenait. On prétend,
dans cette manière de voir, que le patron pouvait donner à l'affranchi le nom de l'un de ses amis pour
faire honneur à celui-ci. Cette explication n'est pas
satisfaisante. L'esclave affranchi par son maître est,
en effet, appelé par lui à la vie civile; de telle sorte
que le lien entre le patron et son affranchi présente
une certaine analogie avec le lien qui unit le fils à
son père. De même qu'il n'est pas admissible que le
fils porte un autre *gentilitium* que son père, de même
je ne puis admettre qu'un patron ait le droit de donner arbitrairement à son affranchi tel *gentilitium* qu'il
lui plaît de choisir; c'est son propre *gentilitium* qu'il
lui transmet et non pas un autre.

Cela posé, comment expliquer que, dans un affranchissement entre-vifs tout au moins, l'affranchi puisse
prendre un autre *gentilitium* que celui de son patron?
Je suis convaincu que la solution de la difficulté ne
doit pas être cherchée ailleurs que dans certaines règles
du droit romain. Voici de quelle manière je la ré-
sous. L'esclave, à Rome, était rangé au nombre des
res mancipi [1]. On sait que la tradition appliquée
à une *res mancipi* ne pouvait pas transférer à l'*accipiens* le *dominium ex jure Quiritium* sur cette chose;
elle ne lui transmettait que l'*in bonis*. Au point de
vue du droit civil, le *tradens* continuait à être pro-

_____

[1] Ulpien, *Règles*, XIX, § 1.

priétaire de la *res mancipi;* mais le droit prétorien assurait à l'*accipiens* la plupart des avantages de la propriété et lui donnait les moyens de se faire maintenir en possession, même à l'encontre du *tradens.* En supposant que le propriétaire d'un esclave se contente d'en faire tradition à l'acheteur, celui-ci n'aura que l'*in bonis* sur cet esclave, le *nudum jus Quiritium* appartiendra toujours au vendeur. Celui des deux intéressés qui a l'*in bonis* a en réalité la puissance dominicale; il est certain que celle-ci ne pourrait être exercée par l'autre; c'est ce qui nous est dit expressément par Gaius [1].

« ..... *Ita demum servum in potestate domini esse dicemus, si in bonis ejus sit, etiamsi simul ex jure Quiritium ejusdem non sit; nam, qui nudum jus Quiritium in servo habet, is potestatem habere non intellegitur.*

« ..... *De telle sorte que celui-là seul qui a l'esclave* in bonis *peut s'en dire propriétaire; et cela, alors même qu'il n'aurait pas la propriété quiritaire; celui qui n'a sur l'esclave qu'un* nudum jus Quiritium *ne peut pas être considéré comme ayant la puissance dominicale.*

Celui qui avait l'esclave *in bonis,* bien qu'il eût la *dominica potestas* sur cet esclave, ne pouvait pas l'affranchir de manière à en faire un citoyen romain.

_____

[1] Gaius, *Com.* I, § 54.

Avant la loi *Junia Norbana*, l'affranchissement conféré
à l'esclave par celui qui n'avait que l'*in bonis* ne produisait aucun effet au point de vue de la loi ; il ne
faisait que donner une liberté de fait reconnue par le
préteur et protégée par lui. A partir de la loi *Junia
Norbana*, les choses changèrent de face. Une disposition de cette loi donnait une valeur légale à l'affranchissement réalisé par celui qui n'avait que l'*in bonis ;*
l'esclave affranchi dans de pareilles circonstances était
libre même aux yeux de la loi, mais il n'était pas citoyen romain. Celui qui n'avait que l'*in bonis* sur l'esclave ne pouvait, en l'affranchissant, en faire un citoyen
romain : il n'en faisait qu'un Latin Junien [1]. Pour
que l'affranchissement conférât à l'affranchi la qualité
de citoyen romain, il fallait qu'il fût consenti à la
fois par celui qui avait l'*in bonis* et par celui qui avait
le *nudum jus Quiritium* [2].

En supposant qu'un affranchissement *vindicta* soit
consenti de concert par celui qui a l'*in bonis* sur l'esclave et par celui qui n'a sur lui que le *nudum jus
Quiritium*, il faut se demander suivant quelles règles
on donnera un nom à l'esclave et à qui seront attribués les droits de patronage. La solution de cette
question me paraît facile à trouver. Celui qui a le
nudum jus Quiritium est le seul propriétaire aux yeux
du droit civil ; mais, en fait et au point de vue du

(1) Ulpien, *Règles*, I, § 16.
(2) Cela est dit implicitement par Gaius, *Com.* I, § 167.

droit prétorien, c'est celui qui a l'*in bonis* qui est le *dominus*, puisque c'est lui seul qui a l'exercice de la *dominica potestas*. Dès lors, il faut dire que l'affranchi prendra le *gentilitium* de celui qui a sur lui le *nudum jus Quiritium*, et que c'est à celui qui a l'*in bonis* que seront attribués les droits de patronage. Celui qui a les droits de patronage est en réalité le patron de l'affranchi ; c'est donc lui que l'affranchi présentera comme son patron bien qu'il ne porte pas son *gentilitium*, puisqu'il a pris le *gentilitium* de celui qui avait le *nudum jus Quiritium*.

J'explique donc ce fait possible d'un affranchi qui porte un autre *gentilitium* que son patron en disant que ce fait suppose un affranchissement consenti à un moment où la propriété sur l'esclave était partagée entre une personne ayant l'*in bonis* et une autre ayant le *nudum jus Quiritium*, et d'accord entre ces deux intéressés [1]. Quand l'affranchi portait un *gentilitium*

[1] L'explication qui peut rendre compte du nom M. Pomponius Dionysius donné à un affranchi de Cicéron, repose sur le principe indiqué au texte, mais elle suppose une complication. Cicéron, dans la lettre citée page 306, rappelle le fait de l'affranchissement du précepteur de son fils, sans nous dire dans quelles circonstances, ni de quelle manière cet affranchissement s'est produit. On peut donc admettre que celui-ci a eu lieu en présence d'Atticus ; que Cicéron a commencé par lui manciper son esclave ; puis, qu'Atticus devenu propriétaire par cette mancipation a refait tradition de cet esclave à Cicéron, et que c'est seulement après l'accomplissement de ces formalités préliminaires que l'affranchissement a été réalisé. Cette hypothèse est nécessaire pour expliquer comment l'affranchi qui a Cicéron pour patron porte le *gentilitium* d'Atticus. Il est probable que Cicéron était seul propriétaire *ex jure Quiritium* de l'esclave auquel il confiait l'instruction de son fils.

autre que celui de son patron, il ne pouvait, dans son nom complet, désigner ce patron par son *prae-nomen* : il lui fallait ajouter son *gentilitium*.

Quand un esclave était la propriété d'une citoyenne romaine et qu'il était affranchi par celle-ci, il prenait le *gentilitium* de sa patronne suivant la règle; mais il ne pouvait pas prendre le *praenomen* de celle-ci, puisqu'elle n'en avait pas : il prenait alors le *prae-nomen* du père de sa patronne.

Je pourrais citer plusieurs inscriptions à l'appui de la règle qui vient d'être formulée : je me contenterai d'en signaler une [1].

C · VOLVMNIVS

VOLVMNIAE · C · F

LIBERTVS · ISIDORVS

SIBI · ET · SVEIS

V

5

Caius Volumnius, Volumniae Caii filiae libertus, Isidorus; sibi et sueis. Vivus.

Monument élevé de son vivant pour lui et les siens par C. Volumnius Isidorus, affranchi de Volumnia, fille de C. Volumnius.

L'inscription nous montre donc qu'une femme appelée Volumnia, fille de C. Volumnius, ayant affran-

___
[1] Fabretti, *Inscriptionum antiquarum..... explicatio,* page 438, n° 41.

chi l'un de ses esclaves, celui-ci a pris, après l'affranchissement, le nom de C. Volumnius Isidorus, c'est-à-dire le *gentilitium* de sa patronne et le *praenomen* du père de celle-ci. Cette inscription prouve donc l'exactitude de la règle signalée.

Les explications données établissent qu'il y avait une différence dans la notation entre le nom d'un citoyen romain ingénu et celui d'un citoyen romain affranchi. Souvent la différence se réduisait à peu de chose : l'ingénu mettait la lettre F là où l'affranchi mettait la lettre L. Mais, si légère qu'elle fût, cette différence permettait de reconnaître au premier coup d'œil les ingénus et les affranchis. La différence entre la condition juridique de ces deux catégories de citoyens est considérable ; aussi conçoit-on facilement que les Romains aient imaginé de la marquer par un signe extérieur.

Quand on compare la condition juridique d'un citoyen romain affranchi à celle d'un ingénu, on constate que la première est inférieure à la seconde. L'infériorité existe soit au point de vue du droit public soit au point de vue du droit privé.

Droit public. — L'infériorité de l'affranchi apparaît dans trois circonstances :

1° L'affranchi citoyen romain a le droit de prendre part aux assemblées du peuple ; il vote certainement dans les assemblées par tribus ; mais son droit de vote se réduit à peu de choses, car les censeurs prennent soin de réunir tous les affranchis dans les quatre tribus urbaines et de les exclure des tribus rurales. Les quatre tribus urbaines étant de beaucoup les plus nombreuses, le vote individuel d'un membre de ces tribus n'a pas beaucoup d'importance.

2° L'affranchi était en principe exclu du service militaire dans les légions; il n'était dérogé à cette règle que dans les circonstances graves, sous l'empire d'un péril imminent. C'est ce qui fut fait en l'année 458 *u. c.*, alors que les Samnites quittant leur pays s'avancèrent en Étrurie, soulevèrent les Étrusques et les Gaulois cisalpins pour marcher avec eux sur Rome. Le danger parut alors si grand que les consuls se décidèrent à enrôler les affranchis :

« *Nec ingenui modo aut juniores sacramento adacti, sed seniorum etiam cohortes factae libertinique centuriati* [1]. »

On ne se contenta pas d'enrôler les juniores *ingénus, mais on fit des cohortes de* seniores *et des centuries d'affranchis.*

Le même fait se reproduisit au cours de la deuxième guerre punique.

Cette incapacité des affranchis de servir dans les légions survécut à la République. Suétone nous dit

[1] Tite-Live, *Ann.*, X, 21.

en effet qu'Auguste ne recourut que deux fois à des
levées d'affranchis. Auguste prit cette mesure extrême
notamment après la défaite de Varus, alors qu'il lui
fallut prendre des précautions contre une invasion
possible de Germains.

On employait plus facilement les affranchis sur la
flotte. Le service sur celle-ci étant considéré par les
Romains comme étant d'un ordre inférieur, les ingénus préféraient s'enrôler dans les légions; on prenait
des affranchis pour compléter les cadres de la flotte.

Les affranchis étaient aussi admis à servir dans le
corps des vigiles. Ce corps des vigiles avait été organisé par Auguste pour faire à Rome le service des in-
cendies et de la garde de nuit. Il ne faut pas confondre
les vigiles avec les cohortes urbaines; il y avait là deux
corps différents. Le service dans les cohortes urbaines,
qui constituaient à proprement parler la garde de
Rome, était réservé aux citoyens romains; tandis que
les affranchis pouvaient entrer dans les vigiles alors
même qu'ils n'étaient pas citoyens romains, mais seulement Latins Juniens. Ulpien [1] nous apprend, en
effet, que le Latin Junien pouvait servir dans les vigiles, puisqu'il nous dit que c'était pour lui le moyen
d'acquérir la cité romaine *militia*.

3° Les affranchis pouvaient avoir la qualité de citoyens romains, mais ce n'était pas des citoyens *optimo jure :* les affranchis n'avaient pas le *jus hono-*

---

[1] Ulpien, *Règles*, III, § 5.

rum. Non-seulement les magistratures de Rome leur étaient interdites, mais il en était de même des magistratures municipales. La loi *Visellia* [1] prononçait en effet des peines contre les affranchis qui usurpaient les honneurs municipaux.

Droit privé. — L'infériorité de la condition de l'affranchi comparée à celle de l'ingénu se manifestait aussi au point de vue du droit privé : elle tenait alors à l'existence des *jura patronatus*. Le patron de l'affranchi et, après sa mort, ses enfants avaient droit à la tutelle et à la succession de l'affranchi; ils avaient aussi droit à l'*obsequium* ou *reverentia*.

Ces rapides observations suffisent pour donner une idée de la différence entre la condition juridique des affranchis et celle des ingénus, et pour faire comprendre pourquoi les Romains avaient introduit dans le nom de l'affranchi un élément qui lui donnait une physionomie particulière et le distinguait du nom de l'ingénu.

On voit apparaître dès le commencement de l'Empire deux institutions qui avaient pour but de relever l'affranchi de son état d'infériorité et de le faire monter au rang d'ingénu ; je veux parler du *jus aureorum annulorum* et de la *restitutio natalium* [2]. Ces deux

(1) Const. unique, *Ad legem Viselliam*, Code, IX, 21.

(2) Tacite et Suétone nous montrent Galba d'abord, Vitellius ensuite, donnant le *jus aureorum annulorum* à l'un de leurs affranchis (Suétone, *Galba*,

institutions avaient pour but l'une et l'autre de donner à l'affranchi des droits réservés aux ingénus; mais l'effet de la *restitutio natalium* était beaucoup plus complet que celui du *jus aureorum annulorum*.

Cette dernière institution n'avait d'effet qu'au point de vue du droit public. L'affranchi qui obtenait du prince le *jus aureorum annulorum* pouvait prétendre aux honneurs, mais il restait soumis aux droits de patronage. La *restitutio natalium* avait aussi pour résultat de donner aux affranchis l'aptitude aux honneurs; mais, de plus, elle anéantissait les droits de patronage. C'est ainsi que le patron ne pouvait plus prétendre aucun droit dans la succession de l'affranchi qui avait obtenu la *restitutio natalium*. C'est à l'empereur seul qu'appartenait le pouvoir de conférer à l'affranchi soit le *jus aureorum*, soit la *restitutio natalium;* mais, comme ce dernier bénéfice exerçait une certaine influence au point de vue du droit privé puisqu'il anéantissait les droits de patronage, il n'était accordé que du consentement du patron.

Le changement favorable introduit dans la condition de l'affranchi par l'obtention du *jus aureorum annulorum* ou de la *restitutio natalium* se manifestait par des signes extérieurs. Lorsqu'il obtenait le *jus aureorum annulorum*, l'affranchi acquérait le

14; Tacite, *Histoire*, I, 13; II, 57). La *restitutio natalium* est une institution qui, très probablement, n'a été organisée qu'après le *jus aureorum annulorum;* toutefois, Pline le Jeune y fait allusion dans sa correspondance avec Trajan, *Lettres*, X, 78.

droit de porter l'anneau d'or ; lorsqu'il obtenait la *restitutio natalium*, il modifiait son nom de manière à en faire disparaître l'élément rappelant qu'il avait été esclave : il ne se disait plus affranchi de tel ou tel patron.

La notation du nom d'un affranchi qui avait obtenu la *restitutio natalium* était différente suivant que cet affranchi était né dans l'esclavage, ou que, né ingénu, il était tombé dans l'esclavage depuis sa naissance. Dans le premier cas, il ne pouvait pas se dire fils d'un tel ; car, légalement, il n'avait pas de père. Aussi, dans cette hypothèse, l'affranchi gratifié de la *restitutio natalium* supprimait-il de son nom tout ce qui indiquait qu'il était l'affranchi de telle personne ; mais il ne pouvait remplacer l'élément supprimé par l'indication d'une filiation qui n'existait pas. Dans la seconde hypothèse, c'est-à-dire lorsqu'un individu né ingénu subissait une *maxima capitis deminutio*, puis sortait de l'esclavage par un affranchissement, la *restitutio natalium* avait pour résultat d'effacer complètement le temps d'esclavage, de faire considérer cet esclavage comme n'ayant pas eu lieu, et par suite de restituer à l'affranchi sa filiation d'origine. En d'autres termes, lorsque l'affranchi qui obtenait la *restitutio natalium* était né libre, non-seulement il effaçait de son nom l'élément indiquant qu'il était l'affranchi de tel ou tel patron, mais, de plus, il remplaçait l'élément supprimé par l'indication de sa filiation d'origine.

La différence qui existe après l'obtention de la *restitutio natalium* entre l'affranchi né dans la servitude et celui qui est né ingénu, résulte des textes du Digeste, notamment des fragments 2 et 5 § 1, Dig., *De natalibus restituendis*, 40, 11. Le fragment 5 § 1 est de Modestin; ce jurisconsulte s'exprime dans les termes suivants :

« *Libertinus, qui natalibus restitutus est, perinde habetur, atque si ingenuus natus, medio tempore maculam servitutis non sustinuisset.* »

L'affranchi qui obtient la restitutio natalium *doit être mis dans la même situation que si, né ingénu, il n'avait pas subi dans l'intervalle la tache de l'esclavage.*

Dans le fragment 2, le jurisconsulte Marcien nous dit :

« *Interdum et servi nati ex post facto juris interventu ingenui fiunt; ut ecce si libertinus a principe natalibus suis restitutus fuerit. Illis enim utique natalibus restituitur, in quibus initio omnes homines fuerunt, non in quibus ipse nascitur, quum servus natus esset.....* »

Il arrive quelquefois que, par un fait postérieur à l'affranchissement, celui qui est né dans l'esclavage se trouve élevé au rang d'ingénu; c'est ce qui a lieu lors-

que l'affranchi obtient de l'empereur la restitutio natalium. *On lui restitue alors l'état qui, à l'origine,
était celui de tous les hommes, mais non celui dans
lequel il est né, puisque, par hypothèse, notre affranchi est né esclave.*

Il résulte de ces deux textes d'abord, que l'affranchi après avoir obtenu la *restitutio natalium*
doit être mis dans le même état que s'il n'avait pas
subi l'esclavage ; ensuite, que si l'affranchi qui obtient
la *restitutio natalium* est né dans l'esclavage, on ne
lui restitue pas l'état qu'il avait au moment de sa
naissance, puisqu'à ce moment il n'en avait aucun,
mais celui qui, à l'origine, appartenait à tous les
hommes. La combinaison de ces deux idées nous
conduit à faire, après que la *restitutio natalium* a été
obtenue, une différence entre l'affranchi né dans la
servitude et celui qui, né ingénu, a subi à un moment
donné une *maxima capitis deminutio*. Le premier ne
peut pas reprendre une filiation qu'il n'a jamais eue ;
le second reprend sa filiation d'origine ; de telle sorte
que, après avoir obtenu la *restitutio natalium,* il est
dans la même situation que s'il n'avait jamais cessé
d'être ingénu. Le nom de celui-ci est formé de la
même manière que s'il n'avait pas subi de *maxima
capitis deminutio.*

Aussi, s'il est vrai de dire que la *restitutio natalium*
avait pour but de mettre l'affranchi qui l'obtenait
sur la même ligne qu'un ingénu, on peut conjecturer

qu'à l'origine ce bénéfice n'était accordé qu'à l'affranchi qui, né libre, avait subi une *maxima capitis deminutio* à un moment donné. Cette conjecture s'appuie sur un texte [1] dans lequel le jurisconsulte Ulpien nous dit :

« *A principe natalibus suis restitutum eum, qui se ingenuum natum principi affirmavit, si ex ancilla natus est, nihil videri impetrasse.* »

L'affranchi qui, pour obtenir du prince la restitutio natalium, *s'est dit né ingénu, est considéré comme n'ayant rien obtenu si, en réalité, il était né d'une mère esclave.*

Ce texte nous montre qu'un affranchi avait intérêt à affirmer qu'il était ingénu pour obtenir du prince la *restitutio natalium*. L'effet du bénéfice était le même et ne pouvait être accordé que du consentement du patron, sans distinguer s'il s'appliquait à un affranchi né dans l'esclavage ou à un affranchi né ingénu ; il s'ensuit que, pour donner à notre texte un sens acceptable, il faut supposer qu'à l'origine de l'institution l'affranchi né ingénu seul pouvait obtenir la *restitutio natalium*.

Dans tous les cas, le fragment cité ci-dessus prouve qu'il faut faire une différence, au point de vue des effets de la *restitutio natalium*, entre l'affranchi in-

---

[1] Fr. 1, Dig., *De natalibus restituendis*, 40, 11.

génu et celui qui est né dans l'esclavage. Cette différence se manifestait dans le nom : dans le premier
cas, l'affranchi élevé au rang d'ingénu prenait une
filiation qu'il n'avait pas dans l'autre cas.

L'indication de la filiation dans la notation du nom
du citoyen romain était donc un signe permettant de
distinguer un ingénu d'un affranchi. Souvent, on ne
se contentait pas de donner le nom du père; on y
ajoutait celui du grand-père. Cela se présente notamment dans les fastes capitolins : les noms des consuls
nous y sont, en effet, donnés avec le nom du père et
celui du grand-père. Cet usage s'explique facilement.
L'enfant né d'un affranchi est, au point de vue légal,
un ingénu; mais il faut reconnaître que les Romains
distinguaient soigneusement celui qui était né d'un
ingénu, du fils d'un affranchi : celui-ci n'était pas considéré comme un véritable ingénu. Les mœurs, sinon
la loi, décidaient que la qualité d'affranchi se transmettait dans une certaine mesure au fils de l'affranchi. C'est ainsi que l'enfant d'un affranchi ne pouvait
porter à son cou la bulle d'or, ornement qui, à l'origine, était réservé aux enfants des familles patriciennes
et qui, ensuite, avait été pris par les grandes familles
plébéiennes. Les enfants d'affranchis devaient se contenter d'un ornement du même genre, mais en cuir.
Le mariage entre les descendants d'un affranchi au
premier degré et les membres des grandes familles
était considéré comme une inconvenance. Ce n'est pas

tout. Si la loi reconnaissait aux fils d'affranchis le *jus
honorum* qu'elle refusait aux affranchis, il n'en est
pas moins vrai que l'histoire nous montre que les
Romains n'admettaient pas en fait que les fils d'affranchis pussent s'élever aux honneurs. En l'année 442
u. c., le censeur Ap. Claudius fit entrer au Sénat des
petits-fils d'affranchis; cette mesure excita un tel
scandale que, l'année suivante, les consuls n'hésitè-
rent pas à rayer de la liste ces nouveaux sénateurs.
Longtemps après, au huitième siècle de la fondation
de Rome, on s'étonnait encore qu'Horace, fils d'affranchi, eût pu s'élever au grade de tribun légionnaire.

Étant données de telles mœurs, on comprend que
les fils d'ingénus aient voulu annoncer leur qualité
par un signe extérieur. Ils atteignirent le but proposé en donnant dans leur nom l'indication de leur
père et celle de leur grand-père. On ne devait pas
s'arrêter là. C'était un honneur d'être petit-fils d'ingénu ; c'était faire preuve de noblesse que d'indiquer
qu'on ne comptait que des ingénus parmi ses ancêtres. Aussi, les grands personnages avaient-ils pris
l'habitude de faire figurer dans leur nom, non-seulement celui de leur père, mais encore celui de leur
aïeul et de leur bisaïeul. Voici, à titre d'exemple,
l'inscription (1) gravée sur le tombeau de L. Munatius
Plancus, le fondateur de Lyon.

(1) Wilmanns, n° 1112.

L · MVNATIVS · L · F · L · N · L · PRON
PLANCVS · COS · CENS · IMP · ITER · VII · vIr
EPVLON · TRIVMP · EX · RAETIS · AEDEM ⁚ SATVRNI
FECIT · DE · MANIBIS · AGROS · DIVISIT · IN · ITALIA
5   BENEVENTI · IN · GALLIA · COLONIAS · DEDVXIT
LVGVDVNVM · ET · RAVRICAM

Lucius Munatius, Lucii filius, Lucii nepos, Lucii pronepos, Plancus; consul, censor, imperator iterum, septemvir Epulonum; triumphavit ex Raetis; aedem Saturni fecit de manibiis; agros divisit in Italia Beneventi; in Galliam colonias deduxit Lugdunum et Rauricam.

L. Munatius Plancus, fils de L. Munatius, petit-fils de L. Munatius, arrière-petit-fils de L. Munatius; consul, censeur, proclamé deux fois imperator par l'armée victorieuse, septemvir Epulon; il triompha des Rhétiens; il reconstruisit le temple de Saturne avec les sommes produites par sa part de butin; il fut chargé de faire des distributions de terres aux vétérans en Italie, sur le territoire de Bénévent. Il présida à l'établissement de colonies en Gaule, à Lyon et à Raurica [1].

L. Munatius Plancus fut consul en l'année 712 *u. c.* et censeur en l'année 732 *u. c.* Ce fut l'un des derniers censeurs; son collègue dans la censure était

____

(1) Raurica s'élevait sur l'emplacement d'Augst, sur le Rhin à quelques kilomètres de Bâle.

Aemilius Paullus. Ces deux censeurs montrèrent une extrême mollesse dans l'exercice de leurs fonctions; ils ne procédèrent pas aux opérations du cens, et ils se démirent de leur charge avant l'arrivée du terme mis à la durée de leurs pouvoirs. A partir de cette époque, l'empereur se réserva quelques-unes des attributions des censeurs et confia les autres à des fonctionnaires.

L. Munatius Plancus fut proclamé deux fois *imperator* par ses troupes victorieuses : la première fois, à la suite de ses victoires sur les Rhétiens; la seconde fois, probablement en l'année 720 *u. c.* à la suite de victoires sur les Arméniens. C'est aux vétérans des légions 6ᵉ et 30ᵉ établis à Bénévent qu'il fit des distributions de terres. Enfin, c'est lui qui a fondé Lyon et Raurica.

Munatius Plancus a joué un grand rôle dans les années qui ont suivi la mort de César; c'était un grand personnage : on comprend dès lors que, pour faire preuve de noblesse, il ait fait entrer dans l'indication de sa filiation le nom de son père, de son aïeul et de son bisaïeul.

L'usage de prendre un *praenomen* d'abord, puis un *cognomen* fut un usage patricien; il est probable que l'usage d'indiquer la filiation a la même origine. C'est ce qu'il est permis d'induire des paroles mises par Tite-Live [1] dans la bouche de P. Decius Mus :

____

[1] Tite-Live, *Ann.*, X, 8.

« *En unquam fando audistis patricios primo esse factos non de coelo demissos, sed qui patrem ciere possent, id est nihil ultra quam ingenuos?* »

N'avez-vous pas entendu dire que les patriciens ont été faits à un moment donné? Les patriciens ne sont pas descendus du ciel; ils ne sont pas autre chose que ceux qui peuvent désigner leur père, c'est-à-dire pas autre chose que des ingénus.

On peut conclure de là que, à un certain moment, les patriciens seuls indiquaient dans leur nom la filiation. Cette indication, dans la suite, fut donnée par tous les ingénus.

CHAPITRE V.

DE LA TRIBU.

Pour compléter cette étude de la notation du nom, il ne me reste plus qu'à parler de l'indication de la tribu. Cet élément se trouve placé après la filiation, immédiatement avant le *cognomen*. C'est le signe caractéristique qui annonçait la qualité de citoyen romain. Pour qu'un individu quelconque puisse faire figurer dans son nom la mention d'une tribu, il faut qu'il soit inscrit dans cette tribu et, par conséquent, qu'il soit citoyen romain; car il n'y a que des citoyens romains qui puissent figurer dans une tribu romaine.

La division du peuple par tribus n'était pas la seule admise par la constitution romaine; à côté, il faut placer la division par centuries dont l'origine remonte à Servius Tullius. Il est bien certain que, pour être inscrit dans une centurie, il fallait être citoyen romain; de telle sorte que l'inscription dans l'une des centuries annonçait la qualité de citoyen romain aussi bien que l'inscription dans l'une des tribus. Dès lors, on peut se demander pourquoi c'est la mention de la tribu, et non celle de la centurie, qui a été adoptée pour indiquer dans le *nomen* la qualité de citoyen romain. Il suffit de faire remarquer pour

répondre à cette question que, à un moment donné,
l'ancienne constitution de Servius Tullius a subi une
transformation qui a eu pour résultat de faire rentrer la division du peuple romain par classes et par
centuries dans la division par tribus. On est loin
d'être d'accord sur le point de savoir quel fut le
caractère de cette transformation ; mais on admet que
cette modification de la constitution a eu pour résultat de faire de la tribu la base de la distribution du
peuple en classes et en centuries. Du jour où cette
transformation a été accomplie, pour figurer dans
une classe quelconque, il fallait nécessairement être
inscrit dans une tribu, puisque ce sont les membres
composant la tribu qui sont divisés en classes. L'inscription dans une tribu étant devenue la condition
essentielle de l'inscription dans une classe, il était
naturel de la considérer comme le signe caractéristique de la qualité de citoyen romain.

On discute non-seulement sur la portée de la réforme à laquelle je viens de faire allusion, mais encore sur la date à laquelle elle aurait été réalisée.
Il est des historiens qui prétendent qu'elle était déjà
accomplie au moment de la rédaction de la loi des
Douze Tables. C'est peut-être en fixer la date trop
tôt. Dans tous les cas, il semble certain que la nouvelle constitution était déjà en vigueur avant le commencement de la deuxième guerre punique, c'est-
à-dire avant les premières années du sixième siècle
de la fondation de Rome.

L'inscription la plus ancienne qui donne la mention de la tribu à côté du nom est une inscription [1] dont voici la traduction :

Caius Ovius, Oufentina (tribu) fecit.

Fait par C. Ovius, inscrit dans la tribu Oufentina.

La tribu *Oufentina* ayant été créée en l'année 436 *u. c.*, notre inscription n'est donc pas antérieure à cette date ; mais elle a été gravée avant le commencement de la deuxième guerre punique : la forme des lettres l'indique. C'est pourquoi j'ai décidé que la révision subie par la constitution de Servius Tullius était déjà accomplie dans les premières années du sixième siècle de la fondation de Rome.

Nombre des tribus. — C'est généralement à Servius Tullius que l'on attribue la division du peuple romain en tribus ; mais on n'est pas d'accord sur le point de savoir quel fut le nombre des tribus créées par lui. Servius Tullius a certainement organisé les quatre tribus urbaines, dont les noms étaient *Esquilina, Collina, Palatina* et *Succusana* ou *Suburana*. Mais tandis que, parmi les historiens, les uns prétendent que les quatre tribus urbaines sont les seules qui aient été créées par Servius Tullius et que celui-ci avait ratta-

____

[1] *C. I. L.*, t. I, n° 51. Cette inscription est gravée sur le cou d'une Méduse de bronze.

ché à ces quatre tribus tout le territoire de Rome divisé en vingt-six *pagus*, les autres soutiennent que Servius Tullius avait créé vingt-six tribus rurales à côté de ces quatre tribus urbaines. De telle sorte que, dans cette manière de voir, les vingt-six *pagus* dont l'existence est admise par les partisans de la première opinion, étaient de véritables tribus rurales, distinctes des tribus urbaines. Cette dernière opinion me semble la plus probable [1]. Il faut donc reconnaître qu'au temps de Servius Tullius il y avait trente tribus romaines, dont quatre urbaines et vingt-six rurales.

Dans les premiers temps de la République, pendant les premières années après l'expulsion des rois, le nombre des tribus rurales diminue singulièrement. Au lieu de vingt-six, on n'en trouve plus que seize. On a expliqué ce fait en disant que les Romains perdirent une partie considérable de leur territoire dans la guerre malheureuse qu'ils soutinrent contre Porsenna. Le démembrement du territoire de Rome après cette guerre est certain : il y est fait allusion par Denys, Plutarque et Tite-Live. Il est dès lors rationnel de considérer ce fait comme la cause qui a entraîné la diminution du nombre des tribus rurales.

J'ai donné le nom des quatre tribus urbaines; voici celui des seize premières tribus rurales dans l'ordre alphabétique : *Aemilia, Camilia, Claudia, Cornelia,*

____

[1] Elle s'appuie sur un texte de Denys d'Halicarnasse, liv. IV, ch. 15; elle a été adoptée par Kubitschek, *De romanarum tribuum origine ac propagatione.*

Fabia, Galeria, Horatia, Lemonia, Menenia, Papiria, Pollia, Pupinia, Romilia, Sergia, Veturia et *Voltinia*.

Tous ces noms de tribus, à l'exception de quatre, correspondent à des noms de *gens* connues. On ne connaît pas de *gens* ayant le nom des tribus *Camilia, Lemonia, Pollia* et *Voltinia*, mais on peut décider par analogie, qu'à l'origine il y avait quatre *gens* qui portaient les mêmes noms, et qui ont disparu dans des circonstances inconnues. A côté de chacune des douze autres tribus rurales, on trouve une *gens* désignée par le même nom; toutes ces *gens* sont des *gens* patriciennes. Il faut cependant remarquer que tous les membres connus des *gens Galeria* et *Pupinia* sont des plébéiens; mais on ne peut pas conclure de là que les *gens Galeria* et *Pupinia* fussent plébéiennes : il peut très bien se faire que ces deux *gens* aient compris des familles patriciennes et plébéiennes, et que nous ne connaissions que des membres appartenant aux familles plébéiennes. A chaque tribu rurale primitive correspond donc une *gens* : telle est la règle. Ce fait est à noter; il peut s'expliquer par cette idée que le territoire assigné à chaque tribu rurale primitive était occupé surtout par l'une des grandes *gens* de Rome.

Le nombre des tribus rurales augmenta à mesure que s'étendit le territoire de Rome. Voici les dates auxquelles furent créées les quinze dernières tribus.

En l'année 261, ou peut-être 283 *u. c.*, fut formée avec le territoire de *Crustumeria* une tribu appelée

Clustumina. Cette tribu reçut un nom de territoire comme les anciennes tribus urbaines, et non pas un nom de *gens* comme les seize premières tribus rurales.

En l'année 367 *u. c.* furent organisées quatre tribus nouvelles : la *Stellatina,* la *Tromentina,* la *Sabbatina* et l'*Arnensis*.

En l'année 396 *u. c.,* deux nouvelles tribus : la *Pomptina* et la *Poblilia*.

En l'année 422 *u. c.,* furent créées les tribus *Maecia* et *Scaptia*.

En l'année 436 *u. c.,* les tribus *Oufentina* et *Falerna*.

En l'année 455 *u. c.,* les tribus *Aniensis* et *Teretina*.

En l'année 513 *u. c.,* les tribus *Velina* et *Quirina*.

Toutes ces tribus, y comprise la dernière, ont pris leur dénomination d'un nom de lieu et non plus d'un nom de *gens*. Festus [1], qui nous fait connaître l'origine de la tribu *Quirina,* nous dit :

« *Quirina tribus a Curensibus Sabinis appellationem* » *videtur traxisse.* »

La tribu Quirina semble avoir pris son nom de Cures, ville des Sabins.

Le nombre de trente-cinq tribus fut définitif. Il semble cependant que, après la guerre sociale, lors-

____

[1] Festus, v° *Quirina*.

que le droit de cité fut accordé aux Italiens, on créa huit ou dix nouvelles tribus dans lesquelles furent répartis les nouveaux citoyens romains[1]. Mais ces nouvelles tribus ont dû disparaître de bonne heure; car, après Sylla, on ne rencontre plus que les trente-cinq anciennes tribus. On suppose que les nouvelles tribus furent supprimées par Cinna qui aurait réparti les Italiens dans les anciennes tribus.

Le nombre des tribus ayant été fixé d'une manière invariable à trente-cinq, on étendait le territoire des anciennes tribus lorsqu'on fondait une nouvelle colonie romaine; le territoire de cette colonie était attribué à telle ou telle des trente-cinq tribus et tous ses habitants étaient inscrits en masse dans une même tribu. C'est ainsi que la cité de Vienne ayant été élevée au rang de colonie romaine, les Allobroges furent tous inscrits dans la tribu *Voltinia*. Les colons romains de Forum Julii (Fréjus) furent inscrits dans la tribu *Aniensis;* ceux d'Arelate (Arles), dans la tribu *Teretina;* ceux de Carthage, dans la tribu *Arnensis....*, etc.

Le nombre des tribus n'a pas été augmenté depuis la fin de la République jusqu'au moment où Caracalla donna la qualité de citoyen romain à tous les sujets de l'Empire : il n'y eut pendant toute cette période que trente-cinq tribus. On a contesté l'exactitude de cette proposition ; on a prétendu que le nom-

---

[1] Voy. Velleius Paterculus, II, 20 ; Appien, *Guerre civile,* I, 49.

bre des tribus avait été augmenté par les triumvirs et par Auguste ; on a soutenu qu'à certains moments il avait été créé de nouvelles tribus dans lesquelles on inscrivait les colonies formées de vétérans, et qui étaient appelées pour cette raison tribus militaires. Cette opinion n'est pas exacte. Il y a, en effet, des monuments épigraphiques qui prouvent d'une manière péremptoire que les tribus étaient encore au nombre de trente-cinq sous le règne de Tibère et sous le règne de Trajan, c'est-à-dire après la création des colonies de vétérans qui auraient été la cause de l'organisation de nouvelles tribus.

Voici les deux inscriptions auxquelles je fais allusion. La première [1] est gravée sur une table de marbre qui servait de revêtement à un piédestal sur lequel reposaient deux statues élevées l'une en l'honneur de Drusus, frère de Tibère, et l'autre en l'honneur de Germanicus, fils de Drusus et fils adoptif de Tibère.

PLEPS · VRBANA · QVINQVE · ET
TRIGINTA · TRIBVVM
GERMANICO · CAESARI
TI · AVGVSTI · F
5   DIVI · AVGVSTI N
AVGVRI · FLAMINI · AVGUSTALI
COS · ITERVM · IMP · ITERVM
AERE · CONLATO

[1] Wilmanns, n° 679 ; voy. aussi n° 888.

La statue a été élevée au moyen d'une souscription publique (*aere conlato*). Elle est l'œuvre du peuple urbain des trente-cinq tribus, c'est-à-dire de tous les citoyens romains habitant Rome. Enfin, cette inscription a conservé l'orthographe archaïque *Pleps* au lieu de *Plebs*. Ainsi, sous le principat de Tibère, pour indiquer qu'une statue a été élevée à Germanicus (fils par adoption de l'empereur Tibère, petit-fils du dieu Auguste) par le peuple tout entier, on nous dit qu'elle a été élevée par les citoyens des trente-cinq tribus. C'est bien nous indiquer qu'il n'y avait que trente-cinq tribus qui comprenaient tous les citoyens romains et, par conséquent, qu'il n'y avait pas de tribus militaires renfermant les colonies fondées par les triumvirs avec les vétérans de César, ou par Auguste après la victoire d'Actium avec ses légionnaires.

Au moment où le monument a été élevé, Germanicus avait déjà été adopté par Tibère, puisque l'inscription l'appelle fils de l'empereur Tibère, et il était augure et *flamen augustalis*. Auguste, après sa mort, avait été élevé au rang des dieux, et un collège de prêtres avait été créé pour veiller au culte du nouveau dieu. Ces prêtres étaient appelés *sodales augustales*. Germanicus faisait partie de leur collège, puisqu'il est appelé *flamen augustalis*.

Il faut se garder de confondre les *sodales augustales* avec les *seviri augustales*. Les *sodales augustales* formaient un grand collège de Rome, dans

lequel n'étaient admis que les hauts personnages de
l'Empire. Les *augustales* ou *seviri augustales* étaient
répandus sur tout le territoire, et formaient un collège composé de gens qui appartenaient aux dernières
classes : les *seviri augustales* sont, dans la plupart
des cas, des affranchis ou même des esclaves.

Germanicus, lors de l'érection de sa statue, avait
été consul deux fois; de plus il avait été deux fois
proclamé *imperator* par les troupes placées sous sa
direction.

La seconde inscription [1] qui nous donne le nombre
des tribus romaines pendant la période impériale est
du règne de Trajan. Elle a été trouvée dans le grand
cirque :

IMP · CAESARI

DIVI NERVAE F

NERVAE TRAIANO

AVG · GERMANICO

DACICO · PONTIFICI

MAXIMO · TRIBVNIC

POT · $\overline{\text{VII}}$ · IMP · $\overline{\text{IIII}}$ · COS · $\overline{\text{V}}$ · P · P

TRIBVS · $\overline{\text{XXXV}}$

QVOD LIBERALITATE

OPTIMI PRINCIPIS

COMMODA EARVM ETIAM

LOCORVM ADIECTIONE

AMPLIATA SINT

5 — MAXIMO · TRIBVNIC

10 — OPTIMI PRINCIPIS

----

(1) Orelli, n° 3065.

Cette inscription a été gravée sur un monument élevé en l'honneur de l'empereur César Nerva Trajan, fils du dieu Nerva. Ce monument est postérieur à la guerre contre les Daces, puisque l'empereur y est appelé Germanicus, Dacicus. Au moment de l'érection du monument, Trajan avait été proclamé quatrè fois *imperator* par les troupes victorieuses, et il avait exercé le consulat cinq fois. D'ailleurs l'inscription est datée, puisqu'elle nous dit que l'empereur était revêtu de la puissance tribunitienne pour la septième fois au moment où elle a été gravée; cela nous indique que le monument est de l'année 856 *u. c.*

Trajan avait augmenté le nombre des places dans le grand cirque afin d'en permettre l'accès à un plus grand nombre de citoyens; de plus, il avait pris des dispositions pour améliorer l'installation de ceux qui y étaient admis. C'est dans l'intention de lui témoigner leur gratitude que les citoyens des trente-cinq tribus lui ont élevé le monument. Tout le peuple avait contribué à l'édification de ce monument. Telle est l'idée que l'inscription veut exprimer en disant que celui-ci est l'œuvre des trente-cinq tribus. Puisque ces tribus comprennent tout le peuple, cette inscription nous prouve que, à l'époque de Trajan, le nombre des tribus romaines n'avait pas été augmenté et qu'il était resté fixé à trente-cinq. C'est donc là le nombre demeuré invariable depuis les dernières années de la République.

La tribu était héréditaire, en ce sens que le fils

était inscrit dans la même tribu que son père, et cela sans faire de distinction entre le fils né *ex justis nuptiis* et celui qui était entré dans la famille par l'effet d'une adoption. On admet sans contestation la règle posée en tant qu'elle s'applique aux enfants issus du mariage, mais on en a contesté l'existence en tant qu'elle s'applique aux enfants adoptifs. Pour en refuser l'application dans cette dernière hypothèse, on invoque l'inscription suivante [1] :

L · LVCCIO L · F · PAL ·

VMMIDIO · SE

CVNDO · DECVR

L · LVCCI · L · FIL · TER ·

5   H̄IBERI · I̅I̅ · VIRI ·

ITER · Q̅ · Q̅ · PATRON

COL · ALVMNO

COLLEGIUM · FA

BRVM · QVIB · EX · S · C ·

10   COIRE LICET

L · D · D · D ·

Lucio Luccio, Lucii filio, Palatina (tribu) Ummidio Secundo decurioni, Lucii Luccii, Lucii filii, Teretina (tribu), Hiberi duumviri iterum quinquennalis patroni collegii alumno. Collegium fabrum, quibus ex senatusconsulto coire licet. Loco dato decreto decurionum.

Monument élevé à L. Luccius Ummidius Secundus,

<hr>

(1) *C. I. L.*, t. X, n° 5198.

*fils de L. Luccius, inscrit dans la tribu Palatina, dé-
curion, alumnus de L. Luccius Hiberus, fils de L.
Luccius, inscrit dans la tribu Teretina, duumvir quinquennalis pour la seconde fois, par le collège des ouvriers en métaux qui ont obtenu par sénatusconsulte
le droit de former une association. L'emplacement a été
donné par un décret des décurions.*

Cette inscription nous montre un père et son fils
adoptif inscrit dans deux tribus différentes : Ummidius Secundus, qui est dit fils de Luccius, ne peut être
que le fils adoptif de celui-ci; il est inscrit dans la
tribu Palatina, tandis que son père est inscrit dans
la tribu Teretina. Donc, dit-on, cette inscription
prouve que le fils adoptif ne prenait pas la tribu de
son père adoptif; que l'adopté ne quittait pas la tribu
de son père naturel pour entrer dans celle de son
père adoptif.

Je réponds à l'argument tiré de l'inscription en
disant que Ummidius Secundus était l'*alumnus* [1] et
non pas le fils adoptif de Luccius Hiberus; ce qui était
bien différent. La condition de l'*alumnus,* même en
la supposant la plus favorable possible, présentait
toujours beaucoup d'analogie avec celle de l'affranchi.
Dès lors il n'est pas étonnant qu'un *alumnus* soit
inscrit dans une tribu autre que celle de l'*alitor;* car
les affranchis n'étaient pas inscrits dans la même

____

[1] Voy. Pline le Jeune, *Lettres*, X, 71.

tribu que leurs patrons : ils étaient généralement réunis dans les tribus urbaines.

Procédés employés pour désigner la tribu. — La tribu est ordinairement indiquée par son nom à l'ablatif. On considère dans cette manière de procéder le nom de la tribu comme un adjectif qui s'accorde avec le mot *tribus,* sous-entendu dans la plupart des cas. Ce n'est que très rarement que ce mot *tribus* est donné en toutes lettres ou en abréviation. Quelquefois le nom de la tribu prend le cas du nom du personnage désigné, de telle sorte que la tribu se présente alors sous la forme d'un *cognomen.* Des exemples sont nécessaires pour faire comprendre la portée de ces observations.

En principe, la tribu est indiquée par son nom à l'ablatif, le mot *tribus* étant sous-entendu ; c'est ce qui se rencontre dans l'inscription suivante [1] qui donne le nom de la tribu en toutes lettres :

D · M ·

· M · MVNATIO

· M · F FABIA · PRIMI

NO · VEXILAR · COH ·   *sic*

5   V · VIC · SEVERIANE ·

QVI · VIX · ANN · XXVIII

DIEB · XXVIIII · MVNA

TIVS · ZETHVS ·

· PATER ·

____

(1) *C. I. L.,* t. X, n° 1767.

Diis Manibus, Marco Munatio, Marci filio, Fabia (tribu), Primino vexillario cohortis quintae vigilum severianae; qui vixit annis octo et viginti, diebus novem et viginti; Munatius Zethus pater.

Aux dieux Mânes; à M. Munatius Priminus, fils de M. Munatius, inscrit dans la tribu Fabia, porte-étendard (1) *de la cohorte des vigiles cinquième severiana; il vécut vingt-huit ans et vingt-neuf jours. Ce monument lui a été élevé par son père.*

Dans l'inscription ci-dessus, le nom de la tribu est donné en toutes lettres ; mais, ordinairement, les inscriptions le donnent en abrégé. La tribu est notée de cette dernière manière dans l'inscription suivante (2) :

---

(1) Le *vexillarius* est le porte-étendard de la cohorte. L'*aquila* était l'enseigne de la légion, portée par l'*aquilifer*, qui faisait toujours partie de la première cohorte. Le *vexillum*, enseigne de la cohorte, était une sorte de bannière. Le *signum*, enseigne de la centurie, consistait en une hampe surmontée d'une main et ornée de plusieurs disques; la main faisait probablement allusion au manipule qui, sous la République, fut l'unité tactique.

La cinquième cohorte des vigiles de notre inscription porte le nom de *severiana*, c'est-à-dire le nom de Sévère. Ce surnom nous donne approximativement la date à laquelle le monument a été construit, puisque ce n'est qu'à partir de Sévère que les corps de troupe ont pris des surnoms tirés du nom des empereurs.

(2) Wilmanns, n° 1163.

Q · IVLIO · M · F · VOLT

PROCVLO COS XV VIR

SACRIS FACIVNDIS · FETIALI CVR

OPERVM PVBLICORVM · LEG · AVG

5   P · P · AD CENSVS PROVINCIAE LVG

DVNENSIS · LEG · AVG P · P · REGION

TRANSPADANAE · LEGATO LEG · VI

FERRAT · PRAET · TR · PL · AB · ACTIS

IMP · TRAIANI · AVG · TR · LEG · IIII · SCY

10   THIC · Q · AVGVSTOR · III · VIRO · A · A · A · F · F

ANTIATES PVBLICE

PATRONO

*Quinto Julio, Marci filio, Voltinia (tribu), Proculo;
consuli, quindecemviro sacris faciundis, fetiali, curatori operum publicorum; legato Augusti pro praetore ad census provinciae Lugdunensis; legato Augusti
pro praetore regionis Transpadanae; legato legionis
sextae ferratae; praetori; tribuno plebis; ab actis
Imperatoris Traiani Augusti; tribuno legionis quartae
scythicae; quaestori Augustorum; triumviro auro,
argento, aere flando feriundo. Antiates publice, patrono* (1).

____

(1) Cette inscription nous donne le *cursus honorum* d'un personnage
de rang sénatorial qui a rempli des fonctions militaires, civiles et religieuses.

Le *cursus honorum* est dans l'ordre inverse, c'est-à-dire que les plus
hautes fonctions remplies par le personnage sont indiquées en première

Les habitants d'Antium ont élevé ce monument par souscription publique à leur patron Q. Julius Proculus, fils de M. Julius, inscrit dans la tribu Voltinia, consul, quindecemvir chargé de la surveillance des sacrifices; fécial; curateur chargé de veiller sur les édifices publics; légat propréteur de l'empereur pour recevoir le cens dans la province lyonnaise; légat propréteur de l'empereur de la région Transpadane; légat de la légion sixième ferrata; préteur; tribun du peuple; secrétaire de l'empereur Trajan; tribun de la légion quatrième scythique; questeur des empereurs;

ligne; de telle sorte que, pour avoir l'ordre des charges remplies successivement par Q. Julius Proculus, il faut lire l'inscription en commençant par les dernières lignes. Il y a toutefois trois fonctions qui ne sont pas indiquées dans la série à la place où elles devraient l'être; je veux parler du consulat, des fonctions de quindecemvir chargé de veiller aux sacrifices, et de fécial; ces deux dernières sont des fonctions religieuses. Cette manière d'indiquer le consulat et les fonctions religieuses en première ligne et en dehors de la série des fonctions civiles ou militaires n'est que l'application d'une règle généralement suivie. Il est de règle, en effet, dans les inscriptions donnant le *cursus honorum* d'un personnage que le consulat soit indiqué en première ligne, et que les fonctions sacerdotales soient réunies, mais indiquées en dehors de la liste des fonctions civiles ou militaires. La mention des fonctions sacerdotales se trouve tantôt en tête de l'inscription, tantôt à la fin. Dans l'inscription donnée dans le texte, ces fonctions sont placées en tête.

Q. Julius Proculus a débuté dans la carrière par les fonctions de *triumvir auro argento aere flando feriundo*, triumvir chargé de surveiller la fabrication des monnaies d'or, d'argent et de cuivre. C'était l'une des charges du vigintivirat. Après cela, il a été questeur des empereurs. Les empereurs dont il est question sont Nerva et Trajan. Le *quaestor Augusti* avait pour fonction de porter au Sénat les communications de l'empereur. Notre personnage a rempli cette charge avant d'avoir fait du service militaire; il a donc été dérogé en sa faveur à la règle générale. En principe, le jeune citoyen romain, après qu'il avait rempli les charges du

triumvir chargé de surveiller la fabrication des mon-
naies d'or, d'argent et de cuivre.

Notre personnage était inscrit dans la tribu *Vol-*
tinia. Le nom de cette tribu est noté par abréviation :
ce procédé de notation était celui qui était généralement employé.

Il arrivait quelquefois que le nom de la tribu, au
lieu d'être écrit à l'ablatif, se présentait comme un
adjectif qui s'accordait avec le *nomen* du personnage
désigné et non plus avec le mot *tribus* sous-entendu.

viginlivirat, était tenu de servir pendant un certain temps dans l'armée;
et ce n'est qu'après avoir satisfait à cette obligation, qu'il pouvait être
élevé aux magistratures supérieures.

Après avoir rempli les fonctions de *quaestor Augusti,* le futur patron
d'Antium est entré dans une légion : il a servi en qualité de tribun de la
légion quatrième scythique. C'est de cette manière que débutaient dans
l'armée les jeunes gens qui appartenaient aux familles sénatoriales; ils y
entraient, non pas comme légionnaires ni même comme centurions, mais
en qualité de préfets d'une cohorte ou de tribuns légionnaires, c'est-à-dire
en qualité d'officiers supérieurs.

Après avoir servi pendant le temps prescrit par la loi, Julius Proculus
est rentré dans la carrière civile : il a été successivement secrétaire de
l'empereur Trajan, tribun du peuple, préteur. Puis, il est retourné dans
l'armée, mais avec un grade supérieur, puisqu'il a été légat de la légion
sixième ferrata. Le légat était le chef de la légion. Ces hautes fonctions
militaires remplies, notre personnage a été nommé légat propréteur de
l'empereur dans la région Transpadane; puis, légat propréteur de l'empereur chargé de faire les opérations du recensement dans la Gaule lyonnaise. Enfin, il a été élevé aux fonctions de *curator operum publicorum.*
Voici ce qu'il faut entendre par là : les *curatores operum publicorum* ou
curatores locorum publicorum judicandorum étaient au nombre de cinq;
ils avaient pour mission de veiller à ce qu'on n'empiétât pas sur le domaine public, de surveiller les édifices publics, de les faire réparer et de
les tenir en bon état.

Cette notation de la tribu est irrégulière et ne se rencontre guère que dans les provinces. Voici une inscription [1] qui nous donne un exemple de cette manière de procéder :

Q · ENNIVS

PAPIRVS

IVSTVS

P · V

AN XVIIII

5

Quintus Ennius, Papirius, Justus; pius vixit annis decem et novem.

Q. Ennius Justus, inscrit dans la tribu Papiria; il a vécu pieusement dix-neuf ans.

En résumé, l'indication de la tribu est donnée généralement par le nom de la tribu à l'ablatif et ordinairement écrit en abrégé.

Le tableau ci-dessous donne l'abréviation du nom des différentes tribus classées dans l'ordre alphabétique.

Nom des tribus.	*Abréviations le plus fréquemment employées.*
Aemilia	AEM, AIM (forme archaïque), AEMIL.
Aniensis	AN, ANI, ANIES.
Arnensis	ARN, AR, ARNIEN, HARN.

(1) Renier, *Inscriptions de l'Algérie,* n° 2978. Voy. aussi n° 4247 ; dans cette dernière inscription, il s'agit de la tribu *Arnensis*.

Nom des tribus.	*Abréviations le plus fréquemment employées.*
Camilia	CAM, CAMIL.
Claudia	CLA. (1)
Clustumina (2) ou *Crustumina*	CLV, CRV, CLVST, CRVS.
Collina	COL, COLLIN, COLL.
Cornelia	COR, CORN, CORNEL.
Esquilina	ESQ, ESQVIL.
Fabia	FAB.
Falerna	FAL, FALE.
Galeria	GAL, GALER.
Horatia	HOR.
Lemonia	LEM, LEMON.
Maecia	MAE, MAIC (forme archaïque), MAEC.
Menenia	MEN.
Oufentina (3) ou *Offentina*	OVF, OF, OFF.
Palatina	PAL, PALAT.
Papiria	PAP, PAPIR.
Poblilia ou *Publilia*	POB, POP (formes archaïques), PUB, PVBL (formes plus récentes).
Pollia	POL, POLL.

(1) Cette abréviation désigne toujours la tribu ; elle ne désigne jamais le *nomen gentilitium* Claudius. Celui-ci s'abrège CL. Mais il faut remarquer que cette dernière abréviation s'applique aussi quelquefois à la tribu. Le sens de ce dernier sigle est donc fixé par la place qu'il occupe dans la série des noms.

(2) La première forme est la plus ancienne.

(3) C'était dans cette tribu que se trouvaient inscrits les habitants de la Gaule cisalpine.

Nom des tribus.	*Abréviations le plus fréquemment employées.*
Pomptina	POM, POMP, POMPT.
Pupinia	PVP, PVPIN.
Quirina	QVI, QVIR, Q.
Romilia	ROM, ROMIL.
Sabatina	SAB, SABATIN.
Scaptia	SCA, SCAP, SCAPT.
Sergia	SER, SERG.
Stellatina	STEL, ST, STE, STELLAT.
Succusana ou *Suburana*	SVB, SVC.
Teretina	TER, TERETIN.
Tromentina	TRO, TROM.
Velina	VEL, VELL.
Voltinia	VOL, VOLT.
Voturia ou *Veturia*	VOT, VET.

Le tableau ci-dessus qui contient les abréviations les plus fréquemment employées du nom des tribus nous montre que, en principe, le nom de la tribu s'abrège par trois lettres. Il n'y a que deux exceptions à cette règle; l'une se rencontre dans la tribu *Aniensis* et l'autre dans la tribu *Stellatina*. Le nom de la première de ces deux tribus s'abrège ordinairement par deux lettres; celui de la seconde, par quatre.

La mention de la tribu était, dans le nom, le signe indicatif par excellence de la qualité de citoyen romain. L'esclave qui appartenait à un citoyen romain

pouvait être affranchi par lui de telle manière qu'il
devenait citoyen romain. Dans ce cas, l'affranchi
était inscrit dans l'une des tribus, ordinairement
dans l'une des tribus urbaines. L'affranchissement
pouvait se faire dans des circonstances telles que l'affranchi devenait Latin Junien et non pas citoyen romain; dans ce cas, l'affranchi n'était inscrit dans
aucune tribu. Les vigiles pouvaient être recrutés
parmi les affranchis Latins Juniens. On sait que,
après avoir servi pendant trois ans dans ce corps, les
affranchis Latins Juniens acquéraient la qualité de
citoyen romain. Aussi rencontrait-on dans le corps
des vigiles des citoyens romains et des Latins Juniens. Les premiers, pour se distinguer des seconds,
avaient soin de faire figurer dans la notation de leur
nom la tribu dans laquelle ils étaient inscrits.

Il nous a été conservé quelques inscriptions qui
nous donnent de longues listes de vigiles; quelques-
uns des noms portés sur ces listes contiennent la mention d'une tribu, les autres ne présentent rien de pareil. La différence entre ces deux notations peut être
expliquée facilement par la remarque faite ci-dessus.

Le *praenomen*, le *nomen gentilitium*, la filiation,
la tribu, le *cognomen* forment par leur réunion le
nom des citoyens romains. Le nom ainsi composé est,
comme je l'ai indiqué, l'un des signes extérieurs qui
annoncent la qualité de citoyen romain : il permet de
distinguer les citoyens des non citoyens. Ces divers

éléments sont les éléments essentiels du nom, mais ce ne sont pas les seuls. Dès la fin du premier siècle de l'ère chrétienne, on ajouta ordinairement à ces divers éléments l'indication du domicile du personnage désigné. La connaissance du domicile importait à différents points de vue. Pour faire connaître ce domicile, on employait divers procédés que je vais décrire rapidement.

De l'indication du domicile légal. — Premier mode de notation. — La ville dont un personnage est originaire et dans laquelle il a son domicile légal est indiquée après le nom complet, c'est-à-dire après le *cognomen* puisqu'en principe ce dernier élément est donné en dernier lieu.

L'inscription suivante [1] me fournit un exemple de cette première manière d'indiquer le domicile légal :

C · MARCIVS · C · F

SERG · SALVIANVS

NORBA

GENIO · CENTVRIAE

5   COH · X · PR · ┐ · MARI · BASSI

IN · QVA · MILITAVIT · A · XIIX

VOTO · SVSCEPTO ·

MISSVS · HONESTA · MISSI

(1) Wilmanns, nº 1507. Voy. aussi, Allmer, *Inscript. de Vienne*, tome I, p. 357, nº 88 et p. 368, nº 90.

ONE · PR NON IANVARIAS
10   Q · FABIO CATVLLINO · M · FLAVIO
APRO COS
ANIMO LIBENS ARAM SVA PECVNIA
POSVIT

Caius Marcius, Caii filius, Sergia (tribu), Salvianus Norba, Genio centuriae cohortis decimae praetoriae centurionis Marii Bassi, in qua militavit annis decem et octo. Voto suscepto. Missus honesta missione pridie nonas januarias, Quinto Fabio Catullino, Marco Flavio Apro consulibus [1]. *Animo libens aram sua pecunia posuit.*

C. Marcius Salvianus, fils de C. Marcius, inscrit dans la tribu Sergia, domicilié à Norba a élevé cet autel au Génie de la centurie de la dixième cohorte prétorienne commandée par le centurion Marius Bassus. Il obtint son congé la veille des nones de janvier, sous le consulat de Q. Fabius Catullinus et de M. Flavius Aper. Son vœu ayant été accompli, c'est le cœur joyeux qu'il éleva cet autel à ses frais.

C. Marcius Salvianus était domicilié légalement à Norba [2]; cette indication du domicile légal se trouve immédiatement à la suite du nom complet.

(1) Année 883 *u. c.*
(2) Ville du Latium.

Deuxième mode. — Le nom de la cité dont le personnage est originaire est quelquefois indiqué après la tribu, immédiatement avant le *cognomen.*

L'inscription suivante [1] en donne un exemple :

DEO · SOL · IN

VICTO · MI

THRAE

M · AVREL

5   M · F · SERGI

A · CARNV

NTO · SABI

NVS · PRAE

FECT · LEG

10   III · AVG · P · V ·

MAXIMI

NIANAE V S L M

Deo Soli invicto Mithrae, Marcus Aurelius Marci filius, Sergia (tribu), Carnunto [2]*, Sabinus; praefectus legionis tertiae augustae, piae, vindicis, maximianae; votum solvit libens merito.*

Monument élevé à l'invincible dieu Soleil, à Mithra par M. Aurelius Sabinus, fils de M. Aurelius, inscrit dans la tribu Sergia, originaire de Carnuntum; préfet de la légion troisième augusta, pieuse, vengeresse, maximienne. Content, M. Aurelius Sabinus exécuta le vœu fait au dieu qui le méritait.

<hr>

(1) Renier, *Inscriptions de l'Algérie,* n° 98 ; Wilmanns, n° 1470.

(2) Ville de la Haute-Pannonie , sur le Danube.

Troisième mode. — Le nom de la cité dans laquelle se trouve domicilié le personnage désigné par l'inscription est précédé du mot *domo*. Telle est la notation donnée par l'inscription suivante [1] :

TIB · ANTISTIO · FAVS

TI · FIL · QVIRINA · MARCI

ANO · DOMO · CIRCINA

· · · · · · · · · · · ·

Tiberio Antistio Fausti filio, Quirina (tribu), Marciano, domo Circina.....

A Ti. Antistius Marcianus, fils de Ti. Antistius Faustus, inscrit dans la tribu Quirina, originaire de Circina.....

Il faut noter la manière dont la filiation est indiquée. L'inscription, au lieu de placer le *praenomen* du père devant le mot *filius,* y a mis le *cognomen.*

Dans l'inscription ci-dessus, le mot *domo* est écrit en toutes lettres; mais il arrive quelquefois qu'il est noté par la seule lettre D :

C · ALBVCIVS

FAL · D · INTIMILI

M · COH · VIII · PR · M · A

XVII · V · A · XXXV

H · S · E [2]

---

[1] Wilmanns, n° 1269; l'inscription est longue; je n'en donne que les trois premières lignes dans lesquelles est renfermé le nom du personnage.

[2] Muratori, t. II, p. 577, n° 4.

Caius Albucius, Caii filius, Falerna (tribu), domo Intimilio [1]*, miles cohortis octavae praetoriae; militavit annis decem et septem; vixit annis quinque et triginta. Hic situs est.*

C. Albucius, fils de C. Albucius, inscrit dans la tribu Falerna, domicilié à Intemelium, soldat de la huitième cohorte prétorienne. Il a servi pendant dix-sept ans; il a vécu trente-cinq ans. Il repose sous ce tombeau.

Quatrième mode. — Le nom de la cité dont le citoyen romain est originaire se trouve quelquefois accompagné du nom de la province dans laquelle cette cité est située. Cette indication de la province peut être faite de deux manières différentes. On rencontre en premier lieu le nom de la province précédé du mot *natus* ou *natione* écrits en abrégé NAT, NA, N. Dans d'autres circonstances, le nom de la province est placé immédiatement après celui de la cité. Voici un exemple de cette dernière manière de procéder [2] :

D · M

BESVLENO

PRIMIGENIO

VIX · ANN · XI

MENS · VII · D · VIIII

L · BESVLENVS · SEX

5

(1) Aujourd'hui Vintimiglia.
(2) Muratori, t. II, p. 799, n° 4.

FIL · CLV · PHILIPPVS

INTERRAMNA

VNBR

10   TRIB · LEG · XXX · VLP

FEC

IN · FRONT · PEDES · IIII

IN AGRO · PEDES · VIIII · S

Diis Manibus, Besuleno Primigenio; vixit annis un-
decim, mensibus septem, diebus novem. Lucius Besule-
nus, Sexti filius, Clustumina (tribu), Philippus, Inte-
ramna [1] *Umbriae, tribunus legionis trigesimae ulpiae*
fecit. In fronte pedes quatuor, in agro pedes novem
semis.

Aux dieux Mânes, à Besulenus Primigenius; il a
vécu onze ans, sept mois et neuf jours. L. Besulenus
Philippus, fils de Sex. Besulenus, inscrit dans la tribu
Clustumina, originaire d'Interamna dans l'Ombrie,
tribun de la légion trentième ulpienne a élevé ce monu-
ment à son fils. Largeur, quatre pieds; hauteur, neuf
pieds et demi.

L'enfant pour lequel le tombeau a été construit ne
porte pas de *praenomen.* Il n'y a là rien d'étonnant,
puisque l'épitaphe nous apprend que cet enfant est
mort à l'âge de onze ans, c'est-à-dire avant l'âge où le
praenomen était pris officiellement.

(1) Aujourd'hui Terni.

Le *gentilitium Besulenus* n'a pas la forme ordinaire en *ius*. La désinence *enus* nous annonce une origine ombrienne, origine qui est confirmée par l'inscription, puisque celle-ci nous dit que le constructeur du tombeau est domicilié à Interamna dans l'Ombrie. La légion trentième ulpienne était cantonnée dans la Haute Germanie.

L'indication du domicile faisait connaître le lieu où le personnage désigné pouvait exercer les fonctions et où il était tenu de subir les charges municipales. A partir d'une certaine époque, cette indication du domicile fit partie du nom officiel. C'est ce qui résulte d'une longue inscription [1] qui se trouve dans le recueil de Wilmanns. Cette inscription est gravée sur un monument élevé en l'honneur de l'empereur Philippe l'Arabe et de sa femme, l'impératrice Otacilia, par des soldats de la deuxième légion parthique. Voici la partie de l'inscription qui contient une application de la règle qui vient d'être formulée :

. . . .

. . . . QVORVM · NOMI
NA · CVM · TRIBVS · ET PATRI
IS · INSERTA · SVNT · · · · · ·

Dont les noms sont indiqués avec leurs tribus et leurs patries (leurs lieux d'origine).....

[1] Wilmanns, n° 1486.

Cinquième mode. — L'habitude de désigner le municipe d'où était originaire tel citoyen romain nommé dans une inscription, devait conduire peu à peu à un autre procédé pour désigner à la fois la tribu et le domicile. Jusqu'ici, on a vu que la tribu était mentionnée immédiatement après la filiation : cette notation fut changée lorsque se généralisa l'habitude d'indiquer la cité d'où le citoyen était originaire. On donna en première ligne le *praenomen,* le *gentilitium,* la filiation, le *cognomen;* puis, après tous ces éléments, la tribu et le domicile. Cette manière de noter le nom fut en quelque sorte imposée à partir du jour où les empereurs s'avisèrent de concéder la qualité de citoyen romain à tous les habitants d'une cité. Tous ces nouveaux citoyens étant inscrits dans la même tribu, il était naturel de rapprocher le nom de leur tribu du nom de leur cité.

Voici des exemples de cette manière de procéder :

D · M

Q · BIERATO · M · F · CORDO

SAB · MANT · V · AN · XX (1)

Diis Manibus, Quinto Bierato, Marci filio, Cordo, Sabatina (tribu), Mantua; vixit annis viginti.

Aux dieux Mânes, à Q. Bieratus Cordo, fils de M. Bieratus, inscrit dans la tribu Sabatina, originaire de Mantoue; il a vécu vingt ans.

(1) Renier, *Inscript. d'Algérie,* n° 428.

On le voit, l'indication de la tribu ne se trouve pas dans cette inscription entre la filiation et le *cognomen;* cette mention de la tribu est donnée après le *cognomen* et rapprochée du nom de la cité, d'où le personnage était originaire. Les habitants de Mantoue étaient tous inscrits dans la tribu Sabatina.

DIS · MANIBVS

C · IVLIO · C · F ·

LONGINO

DOMO · VOLTINIA

PHILIPPIS · MACEDO

NIA · VETERANVS [1]

· · · · · · · · · ·

Diis Manibus, Caio Julio, Caii filio, Longino, domo Voltinia Philippis Macedonia; veteranus.....

Aux dieux Mânes, à C. Julius Longinus, fils de C. Julius, originaire de Philippes en Macédoine dont les citoyens sont inscrits dans la tribu Voltinia, vétéran...

Les principes qui viennent d'être formulés permettent de lire avec certitude l'inscription suivante [2] dont la lecture a présenté des difficultés :

----

(1) Wilmanns, n° 2095.

(2) Renier, *Inscript. d'Algérie,* n° 1252. Voy. sous le n° 1199 une autre inscription qui présente la même difficulté.

D · M

M VALERIO

POL SECVNDO CAS

SIG LEG III AVG

VIXIT AN XXXI

SEX ANICIVS

CRESCENS OP

LEG EIVSD

AMICO MERENTI

FECIT

5

Diis Manibus, Marco Valerio, Pollia (tribu), Se-cundo, castris, signifero legionis tertiae augustae; vixit annis uno et triginta. Sextus Anicius Crescens, optio [1] *legionis ejusdem, amico merenti fecit.*

Aux dieux Mânes, à M. Valerius Secundus, inscrit dans la tribu Pollia, domicilié dans le camp, porte-en-seigne de la légion troisième augusta; il a vécu trente et un ans. Ce monument a été élevé à son ami qui le méritait par Sex. Anicius Crescens, lieutenant dans la même légion.

Le tombeau a été élevé aux dieux Mânes d'un porte-enseigne de la légion troisième augusta dont le nom était *M. Valerius Pollia Secundus castris*, et qui est mort à l'âge de trente et un ans. Ce *signifer* est

---

(1) L'optio est le lieutenant du centurion. La légion troisième augusta était cantonnée en Algérie à Lambessa, province de Constantine.

citoyen romain, puisqu'il fait partie d'une légion et qu'il est inscrit dans la tribu Pollia. Mais quel est le sens du mot *castris?* C'est dans la réponse à cette question que réside la difficulté de l'interprétation de cette inscription. Je l'ai résolue en traduisant ce mot par : domicilié dans le camp. Il me faut prouver l'exactitude de cette interprétation.

Les légions étaient composées exclusivement de citoyens romains; mais elles ne constituaient pas les seules forces militaires de Rome : à côté d'elles se trouvaient les cohortes auxiliaires. Celles-ci recrutées dans les provinces se composaient de pérégrins ou de Latins. Dans certaines circonstances, on puisait dans ces cohortes pour combler les vides des légions. Mais, comme le légionnaire devait être citoyen romain, on conférait la cité romaine à ceux des auxiliaires qui étaient versés dans les légions. Il est probable que M. Valerius Secundus avait profité d'une mesure de ce genre. Élevé à la qualité de citoyen romain, il a été inscrit dans la tribu Pollia; ne possédant rien dans sa patrie d'origine, il était domicilié dans le camp : telle est l'idée exprimée par le mot *castris*. Cette manière de voir est confirmée par un texte du Digeste [1] :

« *Miles ibi domicilium habere videtur ubi meret, si nihil in patria possideat.* »

[1] Fr. 23, § 1 Dig., *Ad municipalem et de incolis*, 50, 1.

Le soldat a son domicile légal dans son camp, toutes les fois qu'il ne possède rien dans sa patrie d'origine.

Après la constitution de Caracalla qui accordait la cité romaine à tous les habitants de l'Empire, l'indication de la tribu dans le nom des citoyens romains ne présentait plus d'intérêt : l'inscription dans une tribu ne constituait plus le signe auquel on reconnaissait un citoyen romain. Aussi, à partir de cette époque, la mention de la tribu disparut-elle du nom. Il importait beaucoup plus, à tous les points de vue, de connaître la cité dans laquelle le citoyen était domicilié que la tribu dans laquelle il pouvait être inscrit.

Ordinairement, les cités portaient plusieurs noms. C'est ainsi qu'une colonie latine qui recevait d'un empereur le titre de colonie romaine, joignait à son nom primitif celui de l'auteur de la concession. D'un autre côté, comme l'usage s'était établi depuis des siècles de mentionner la tribu après la filiation, on conserva quelque chose de cet usage dans la notation des noms. On séparait les différents éléments dont était composé le nom de la cité d'origine, et on mettait l'un de ces éléments immédiatement après l'indication de la filiation du personnage désigné, c'est-à-dire à la place occupée, avant Caracalla, par la mention de la tribu. Voici un exemple [1] qui suffira pour mettre en relief l'usage auquel je fais allusion :

(1) Renier, *Inscript. de l'Algérie*, n° 411.

D M S

T AVRELIVS

T F AELIA VIB

VS ACVINCI

⅃ LEG III AVG P V

V A LX AVRE

LIA CA · · · · · · ·

MARITO BENE

MERENTI FECIT

Diis Manibus sacrum. Titus Aurelius, Titi filius, Aelia, Vibus, Aquinci, centurio legionis tertiae augustae, piae, vindicis; vixit annis sexaginta. Aurelia Ca... marito bene merenti fecit.

Consacré aux dieux Mânes. T. Aurelius Vibus, fils de T. Aurelius, originaire d'Aelia Aquincum [1]*, centurion de la légion troisième augusta, pieuse, vengeresse; il a vécu soixante ans. Aurelia Ca... a élevé ce tombeau à son mari pour reconnaître ses mérites.*

Le mot *Aelia* écrit entre la filiation et le *cognomen* se présente comme un nom de tribu, car il en occupe la place. Mais ce mot *Aelia* ne désigne pas une tribu; ce n'est pas autre chose qu'un adjectif qui forme avec Aquincum le nom de la colonie Aelia Aquincum.

Le procédé de notation qui consiste à décomposer

______

(1) Aujourd'hui Alt-Offen, faubourg de Pesth.

les éléments dont la réunion forme le nom d'une cité et à écrire l'un de ces éléments à la place occupée antérieurement par le nom de la tribu, entre la filiation et le *cognomen,* est le point de départ du système exposé et réfuté page 333, lequel soutient qu'il existait, dès le commencement de l'Empire, un certain nombre de tribus militaires qui étaient venues s'ajouter aux anciennes trente-cinq tribus.

APPENDICE.

L'examen des signes indicatifs de la qualité de
citoyen romain m'a conduit à étudier la formation
du nom chez les Romains. Cette étude n'est pas l'objet principal de mes recherches; mais celles-ci devaient nécessairement y aboutir, car le nom est l'un
des signes auxquels on reconnaît les citoyens romains. On peut même dire que c'est par excellence
le signe indicatif de la qualité de citoyen romain.
N'envisageant que les citoyens romains, je n'ai pas eu
l'occasion de parler des femmes ni des esclaves; c'est
pourquoi je vais ajouter quelques rapides observations sur la constitution de leurs noms. Ces observations sont nécessaires pour compléter la théorie du
nom chez les Romains.

§ 1. *Nom des femmes.* — La femme, en principe,
ne porte pas de *praenomen*. L'auteur du *Traité des
noms* nous dit cependant que, dans l'antiquité, cet
élément du nom était commun à l'homme et à la
femme :

« *Antiquarum mulierum in usu frequenti praenomina fuerunt Rutilla, Caesella, Rodocella, Murcula,
Burra a colore ducta. Ista praenomina a viris tracta
sunt Caia, Lucia, Publia, Numeria. Caeterum Caia
usu super omnia celebrata est*[1]. »

Le *praenomen* qui n'avait pas chez les femmes de
signification politique, ne subit pas la même transformation que le *praenomen* des hommes. Les femmes
ne s'astreignirent pas à choisir leurs *praenomen* sur
une liste plus ou moins étroite; elles les prirent
toujours arbitrairement; de plus, les prénoms ainsi
choisis n'étaient pas abrégés, mais écrits en toutes
lettres. Les *praenomen* des femmes n'étaient donc pas
autre chose que des *cognomen*.

La règle est donc que la femme ne porte que deux
noms, un *gentilitium* et un *cognomen*. Cette règle n'est
pas toutefois sans exceptions; on rencontre en effet
un certain nombre d'inscriptions qui donnent à des
femmes des *praenomen* analogues à ceux des hommes
et abrégés de la même manière [2]. Ces rares exceptions ne font que confirmer la règle.

Des deux noms portés par la femme l'un, le *cognomen,* est choisi arbitrairement; l'autre, le *gentilitium,* lui est donné suivant des règles fixes. La fille,

(1) Valère-Maxime, liv. X.
(2) Voy. Orelli-Henzen, nᵒ 6241; *C. I. L.*, t. VIII, nᵒ 3869; Wilmanns,
nᵒ 11.

avant son mariage, prend le *gentilitium* du *paterfamilias* sous la puissance duquel elle se trouve placée ; après son mariage, elle prend le *gentilitium* de son mari lorsque le mariage a été contracté avec *manus*. La femme, dans ce cas, cesse d'être placée sous la *patria potestas* de son père pour passer sous la *manus* de son mari ; elle quitte donc sa famille d'origine, pour entrer dans la famille de son mari. La femme change de *gens* et par suite de *nomen gentilitium* toutes les fois que son mari appartient à une autre *gens* que son père. Un tel changement explique pourquoi, à l'origine, la femme ne pouvait se marier hors de sa *gens* sans le consentement de celle-ci. Il est fait allusion à ce changement dans la formule consacrée qui était prononcée par la femme au moment de pénétrer pour la première fois dans la maison de son mari. Celui-ci recevait sa femme sur le seuil de sa maison, et lui demandait comment elle s'appelait ; la femme lui répondait : *Ubi tu Caius, ego Caia.*

Le mariage avec *manus* est la plus ancienne forme du mariage à Rome ; mais dès la loi des Douze Tables ce n'est plus la forme exclusive, car à côté de lui existe le mariage sans *manus.*

Cette nouvelle forme de contracter le mariage laisse la femme dans sa famille d'origine. La femme qui se mariait sans *manus* n'entrait pas dans la famille de son mari, elle ne quittait pas sa famille d'origine ; donc, elle ne changeait pas son *nomen gentilitium.* Dès la fin de la période républicaine, le mariage sans *manus* était de beaucoup le plus usité et, sous l'Empire, il finit par supplanter complète-ment le mariage avec *manus*. La femme qui se ma-riait sans passer sous la manus de son mari conser-vait son *gentilitium* d'origine.

La femme plaçait à côté de son *nomen gentilitium* et de son *cognomen* le nom de celui sous la puissance duquel elle était placée, c'est-à-dire le nom de son père, si elle n'était pas mariée ou si elle était mariée sans *manus;* le nom de son mari, lorsqu'elle était placée sous la *manus* de celui-ci. Cette indication cor-respond à celle de la filiation dans le nom des ci-toyens romains et forme le troisième élément cons-titutif du nom des femmes. A l'origine, le nom du père ou celui du mari était placé à la suite de celui de la femme sans en être séparé par le mot *filia* ou *uxor*. Cette notation primitive fut modifiée dans la suite. On commença d'abord par mettre le mot *filia* après ou avant le nom du père de la femme. Les femmes mariées avec *manus* conservèrent plus long-temps l'usage de mettre le nom de leur mari au gé-nitif à la suite du leur, sans mettre entre les deux le mot *uxor* ou *conjux;* mais elles finirent aussi par abandonner l'ancienne notation et par placer l'un ou l'autre de ces deux mots avant le nom de leur mari.

Lorsqu'une femme était mariée sans *manus,* (et on sait que dès les premières années de l'Empire c'était l'hypothèse la plus fréquente), la femme joignait à son *gentilitium,* à son *cognomen* et à l'indication de sa filiation un quatrième élément, l'indication de son mari. On avait conservé l'usage dans les grandes familles, et notamment dans la famille impériale, de mettre le nom du mari au génitif, sans le faire précéder du mot *uxor* ou *conjux*. Le nom de Livie, *Livia, Drusi filia, Augusti* nous a déjà donné un exemple de cette manière de procéder; en voici un autre qui nous est encore donné par la famille impériale [1] :

VALERIA HILARA

NVTRIX

OCTAVIAE CAESARIS AVGVSTI

HIC REQVIESCIT CVM

5   TI · CLAVDIO FRVCTO VIRO

SVO CARISSIMO

TI · CLAVDIVS PRIMVS ET TI · CLAVDIVS

ASTER BENEMERENTIBVS FECERVNT

Valeria Hilara, nourrice d'Octavie, femme de l'empereur César [2] *repose dans ce tombeau à côté de son mari chéri Ti. Claudius Fructus. Ce monument a été élevé à leurs parents, pour reconnaître leurs mérites, par Ti. Claudius Primus et Ti. Claudius Aster.*

Il résulte donc des observations présentées que, durant la période impériale, le nom des femmes romaines se composait de trois éléments : un *gentili-*

____

(1) Orelli, n° 4492.
(2) Néron.

tium, un *cognomen* et l'indication de la filiation. Je ne parle pas du nom du mari, car ce n'était pas un élément essentiel. La filiation est indiquée dans le nom des femmes de la même manière que dans le nom des citoyens, entre le *gentilitium* et le *cognomen.* C'est ainsi que la fille de Pompée est désignée dans une inscription [1] bilingue de la manière suivante :

POMPEIA · CN · F ·

MAGNA

Pompeia Magna, fille de Cn. Pompeius.

Réduit à trois éléments, le nom des citoyennes romaines differt du nom des citoyens en ce qu'il ne contient pas de *praenomen,* ni, en principe, d'indication de tribu.

Les femmes n'étaient pas inscrites dans les tribus ; du moins, il est certain qu'elles ne prenaient pas part aux assemblées du peuple ; c'est pourquoi le nom de la femme indique sa filiation mais ne comprend pas de mention de tribu. Cependant, il arrive quelquefois, contrairement à la règle générale, qu'une inscription relative à une femme donne un nom de tribu. Cette indication de la tribu se rencontre surtout dans les provinces et s'explique par cette idée que, dans

---

[1] Orelli, n° 576.

certains cas, la femme pouvait avoir intérêt à faire
connaître sa qualité de citoyenne romaine. Le procédé
le plus simple pour atteindre le but proposé, c'était
d'indiquer un nom de tribu. L'inscription suivante [1]
fournit un exemple du fait signalé :

D M S

FVFICIA

FVFICI

FILIA

Q VIR

SEPTIMA

V A X L

H S E

*Diis Manibus sacrum. Fuficia, Fufici filia, Quirina
(tribu), Septima vixit annis quadraginta. Hic sita est.*

*Consacré aux dieux Mânes. Tombeau élevé à Fuficia
Septima, fille de Fuficius, inscrite dans la tribu Quirina, qui a vécu quarante ans. Elle repose sous ce
tombeau.*

La femme désignée dans cette inscription porte un
gentilitium et un *cognomen* et sa filiation est notée, le
tout conformément à la règle générale ; mais l'inscription indique de plus que la femme désignée est
inscrite dans la tribu *Quirina ;* cette mention d'une
tribu constitue une dérogation à la règle générale

[1] Renier, *Inscript. de l'Algérie*, n° 2640.

H.-N. M.   24

et n'a pas d'autre objet que d'annoncer la qualité de citoyenne romaine chez celle à qui on l'attribue.

§ II. *Nom des esclaves.* — L'esclave ne porte qu'un seul nom, voilà la règle. Dans les premiers temps de la République, l'esclave était désigné par le *praenomen* de son maître suivi du mot *por* (*puer*). C'est ainsi que l'esclave d'un maître portant le *praenomen* Quintus, Aulus, Marcus, était appelé *Quintipor, Olipor, Marcipor* [1].

Une telle désignation nous fait remonter à l'époque où les Romains n'avaient qu'un petit nombre d'esclaves qui vivaient en commun avec leurs maîtres. Par un seul mot, on désignait l'esclave et on faisait connaître son maître.

Dans la suite, le nombre des esclaves ayant augmenté, il fallut trouver un autre procédé pour les désigner et les distinguer les uns des autres. Dans ce but, on imagina de donner à l'esclave un nom choisi arbitrairement qui rappelait quelquefois l'origine de l'esclave ou même ses fonctions. Ce nom était suivi du mot *servus;* entre les deux mots se plaçait la désignation du maître par son *nomen gentilitium* avec ou sans son *praenomen.*

Enfin, dès la fin de la République, quand on voulait donner normalement le nom d'un esclave, on notait à la suite du nom unique de cet esclave les

____

(1) Festus, *v°* *Quintipor.*

trois noms du maître donnés dans l'ordre habituel et suivis du mot *servus,* souvent écrit en abrégé ser et même s.

PRIMVS LECTICARIVS

L · CANINI GALLI SER

Primus, lecticarius Lucii Caninii Galli servus.

Primus, porte-litière, esclave de L. Caninius Gallus (1).

Il résulte de là que le nom d'un esclave noté régulièrement se compose d'un seul nom, avec l'indication du maître auquel l'esclave appartient.

Lorsque l'esclave passait d'un patrimoine dans un autre par l'effet d'une vente, d'une transmission héréditaire ou par toute autre cause, il arrivait quelquefois que, dans le but de rappeler le souvenir de son ancien maître, on donnait à cet esclave le *cognomen* de ce maître modifié par la désinence *anus.*

L'inscription suivante (2) nous fournit un exemple de cette manière de procéder :

T · FLAVIO

APOLLONIO

A LIBELLIS · F · F

SECVNDVS

(1) Orelli, n° 2871.
(2) Wilmanns, n° 1384.

5
CAESARIS
NOSTRI · SER
CRESCENTIANVS
DISP · XX
.HEREDIT

*Tito Flavio Apollonio, a libellis fisci frumentarii;
Secundus, Caesaris nostri servus, Crescentianus, dis-
pensator vigesimae hereditatium.*

*Monument élevé par Secundus Crescentianus, esclave
de l'empereur, intendant de l'administration chargée
de la perception de l'impôt du vingtième sur les héré-
dités à T. Flavius Apollonius, secrétaire du fisc fru-
mentaire.*

Le monument a été élevé par un esclave appelé Secundus Crescentianus. Cet esclave avait appartenu à
un maître appelé Crescentius; acquis par un nouveau maître d'une manière quelconque, il avait pris
ou on lui avait imposé le *cognomen* Crescentianus
qui rappelait le souvenir de son ancien maître. Les
inscriptions de ce genre qui donnent deux noms à
un esclave contiennent une dérogation à la règle générale en vertu de laquelle l'esclave ne porte qu'un
seul nom.

TABLE DES MATIÈRES.